U0884104

"十四五"职业教育国家规划教材

"十四五"职业教育江苏省规划教材

"十二五"江苏省高等学校重点教材

金融基础

第4版

主　编　张晓华

副主编　程熙瑞

参　编　孙　翊

机械工业出版社

本书是“十四五”职业教育国家规划教材。本书根据高等职业教育人才培养要求，结合编者多年的教学经验，对金融基础知识进行了全面、系统的介绍。本书的主要内容包括货币与货币制度、信用、利息与利率、金融工具、金融机构体系、银行业务、金融市场、货币供求、通货膨胀与通货紧缩、货币政策、国际金融、金融风险与监管。为了便于教学，体现教学方法的改革，创造条件引导学生积极思考、主动参与，本书在编写过程中采用了案例引导模式，同时还有针对性地在正文中插入一些真实案例和资料，每个单元前有学习目标，单元后有复习思考题和技能实训，以强化学生对知识的理解和把握，增强学生的实际业务能力。

本书可作为高等职业教育金融类、财务会计类等财经商贸大类专业教材，也可作为金融企业人员的培训用书；本书注重实用性，语言通俗易懂，也适用于个人和家庭对金融基础知识的了解。

图书在版编目（CIP）数据

金融基础/张晓华主编．—4版．—北京：机械工业出版社，2024.1（2024.9重印）

ISBN 978-7-111-74506-8

Ⅰ．①金…　Ⅱ．①张…　Ⅲ．①金融学—高等职业教育—教材　Ⅳ．①F830

中国国家版本馆CIP数据核字（2023）第243326号

机械工业出版社（北京市百万庄大街22号　邮政编码100037）

策划编辑：孔文梅　　　　责任编辑：孔文梅　董宇佳

责任校对：张爱妮　张　薇　　封面设计：鞠　杨

责任印制：单爱军

北京虎彩文化传播有限公司印刷

2024年9月第4版第2次印刷

184mm×260mm・16.25印张・409千字

标准书号：ISBN 978-7-111-74506-8

定价：49.00元

电话服务　　网络服务

客服电话：010-88361066　　机　工　官　网：www.cmpbook.com

010-88379833　　机　工　官　博：weibo.com/cmp1952

010-68326294　　金　书　网：www.golden-book.com

封底无防伪标均为盗版　　机工教育服务网：www.cmpedu.com

关于“十四五”职业教育
国家规划教材的出版说明

为贯彻落实《中共中央关于认真学习宣传贯彻党的二十大精神的决定》《习近平新时代中国特色社会主义思想进课程教材指南》《职业院校教材管理办法》等文件精神，机械工业出版社与教材编写团队一道，认真执行思政内容进教材、进课堂、进头脑要求，尊重教育规律，遵循学科特点，对教材内容进行了更新，着力落实以下要求：

1. 提升教材铸魂育人功能，培育、践行社会主义核心价值观，教育引导学生树立共产主义远大理想和中国特色社会主义共同理想，坚定“四个自信”，厚植爱国主义情怀，把爱国情、强国志、报国行自觉融入建设社会主义现代化强国、实现中华民族伟大复兴的奋斗之中。同时，弘扬中华优秀传统文化，深入开展宪法法治教育。

2. 注重科学思维方法训练和科学伦理教育，培养学生探索未知、追求真理、勇攀科学高峰的责任感和使命感；强化学生工程伦理教育，培养学生精益求精的大国工匠精神，激发学生科技报国的家国情怀和使命担当。加快构建中国特色哲学社会科学学科体系、学术体系、话语体系。帮助学生了解相关专业和行业领域的国家战略、法律法规和相关政策，引导学生深入社会实践、关注现实问题，培育学生经世济民、诚信服务、德法兼修的职业素养。

3. 教育引导学生深刻理解并自觉实践各行业的职业精神、职业规范，增强职业责任感，培养遵纪守法、爱岗敬业、无私奉献、诚实守信、公道办事、开拓创新的职业品格和行为习惯。

在此基础上，及时更新教材知识内容，体现产业发展的新技术、新工艺、新规范、新标准。加强教材数字化建设，丰富配套资源，形成可听、可视、可练、可互动的融媒体教材。

教材建设需要各方的共同努力，也欢迎相关教材使用院校的师生及时反馈意见和建议，我们将认真组织力量进行研究，在后续重印及再版时吸纳改进，不断推动高质量教材出版。

机械工业出版社

前　言

现代金融已经渗透到社会经济生活的方方面面，现代经济从某种意义上说就是金融经济。金融连接着各行各业、各个经济主体和千家万户的生活，在资源配置中一直处于枢纽地位。金融业作为现代服务业的重要组成部分，从银行、证券、保险到基金、期货、外汇、黄金交易等各个方面都在全面、快速发展。社会各经济主体越来越需要系统了解和掌握金融理论、金融知识。因此，金融基础的教学已成为高校财经类专业的一门必修课程，更是金融类专业的核心课程。

为适应我国金融业快速发展对人才的迫切需求，我们从实用的角度出发，理论联系实际，组织教学经验丰富的教师，完成了本书第4版的修订。

本书的主要特点有：

（1）坚定走中国特色金融发展之路，全面贯彻新发展理念。本书在编写过程中，透过知识讲述，全面贯彻落实党的二十大精神，彰显金融工作的政治性、人民性，强调金融要服务全面加强基础设施建设，做好金融助企纾困，助力全面推进乡村振兴，助力实施区域重大战略和区域协调发展战略，倾力服务保障和改善民生，服务绿色发展，服务共建“一带一路”高质量发展，不断提升金融服务国家战略重点领域和实体经济的质效。金融领域要坚决防范化解金融风险，强化底线思维和风险意识，统筹发展和安全，牢牢守住风险底线。教材内容充分体现了深入落实金融工作“三项任务”，助力全面建设社会主义现代化国家，以中国式现代化全面推进中华民族伟大复兴。

（2）坚持立德树人，培育和践行社会主义核心价值观。本着落实立德树人根本任务，坚持马克思主义指导地位，以习近平新时代中国特色社会主义思想为指导，结合课程实际和育人要求，本书通过融入“爱国情怀”“职业操守”“诚实守信”“法治意识”“民族自信”“工匠精神”“严谨求真”等方面的育人内容，将社会主义核心价值观融入课程教学、人才培养全过程，以培养什么人、怎样培养人、为谁培养人这一根本问题为落脚点，突出世界观、人生观、价值观教育，形成“三全”育人新格局，培养德智体美劳全面发展的社会主义建设者和接班人。

（3）以职业素养培养为重点，以单元教学为主线。本书在编写过程中以履行岗位职责所需要的专业能力、知识能力和素质能力为基本原则，强调学生在学习过程中的主导地位，核心目标是使学生具备从事相应职业所必需的职业能力与素养。在体例结构上以教学单元为切入点，通过单元引例引发学生思考，激发学生渴求了解知识内容的欲望，在知识点解读中有针对性地插入案例或相关资料，便于学生深刻理解和灵活掌握，提高学生学习的自主性和积极性。

（4）体现工作与学习相结合、理论实践一体化。为了适应培养高端技能型人才的职业教育教学特点，将每个教学单元设定的学习目标都分解为能力目标、知识目标和素质目标三大类。以金融在实际工作中的应用方向和具体要求为出发点，以专业岗位的任职要求为指导，通过职业分析确定综合能力，根据能力分析确定能力与素质标准，将能力与素质标准转换为知识内容，每个教学单元最后都以结构图的形式总结了知识内容，使能力的开发、素质的养成和知识的掌握有机地结合在一起。为配合理论实践一体化教学，课后附有复习思考题，并设计了技能实训环节，强化学生职业能力的训练，充分体现职业性、实践性和开放性。

（5）体例模块化，论述风格生动化。本书在编写体例上采用模块单元式的编写方式，使学生在完成学习单元的基础上，真正领悟金融知识的精髓。同时，本书采用贴近生活的典型案例，让学生在学习金融理论的同时，能够更加直观地理解和分析各种金融现象，激发学生学习的积极性，增强学习的趣味性。本书在修订过程中采用新的资料，紧跟金融形势的新变化，对近年发生的热点金融问题进行了梳理和适当的总结，实现学习与应用的相互结合、相互促进。

本书由江苏财经职业技术学院张晓华教授担任主编，江苏食品药品职业技术学院程熙瑞担任副主编，江苏财经职业技术学院孙翊参与了本书的编写。编写分工如下：张晓华编写单元1、单元3、单元4、单元5、单元6、单元9和单元10，程熙瑞编写单元8和单元12，孙翊编写单元2、单元7和单元11。

为方便教学，本书配备电子课件、课后习题答案、试卷及答案、授课计划、教案等教学资源。凡选用本书作为教材的教师均可登录机械工业出版社教育服务网（www.cmpedu.com）免费下载。如有问题请致电010-88379375联系营销人员，服务QQ：945379158。同时，本书还配有线上课程（https://mooc1-1.chaoxing.com/course/202143928.html），课程学习资源包括教案、微课、课件、课程标准、随堂测验、课程思政、习题库、案例库和试卷等，形成“纸质教材+多媒体平台”的新形态一体化教材。

在编写的过程中，我们借鉴了国内外有关的文献资料、论著和教材，引用了相关研究成果，并得到金融行业资深人士的具体指点和帮助，在此，我们表示最诚挚的感谢。同时也感谢机械工业出版社对我们的大力支持和帮助！由于时间及资料所限，本书难免存在不足和不当之处，恳请专家、读者批评指正。

编　者

二维码索引

目　录

模块三 宏 观 金 融

模块一　金融认知

金融与我们的生活息息相关。从日常使用的货币到个人的资产负债，从经常来往的金融机构到各类金融市场，从国内的经济运行到全球的经济环境，金融确实无处不在。在经济生活中，金融有其简单重复的一面，也有其复杂多变的一面。金融是一种制度，是人们认识世界的方式，稳定而有效的金融制度能平衡投资者和创业者之间供给与需求的关系。经济结构、经济效率、经济增长和经济发展都与金融息息相关。让我们从这里走进丰富多彩的金融世界。

单元 1

评价物品价值的标尺——认识货币与货币制度

学习目标

【能力目标】

- 能够正确认识和分析现实经济中的货币现象。
- 能够运用所学货币原理处理简单的经济事务。

【知识目标】

- 了解货币产生和发展的历史，理解货币的本质。
- 了解货币形式的演变过程，认识各种货币形式的特点，重点掌握现代货币形式。
- 理解货币层次划分的意义和依据，了解西方国家货币层次划分的内容，重点掌握我国货币层次的划分。
- 掌握货币在现代经济中的基本功能，理解货币的职能。
- 掌握货币制度的基本内容，了解货币制度的演变，掌握我国人民币制度的有关内容。

【素质目标】

- 理解货币的创新与发展趋势。
- 自觉维护人民币制度。
- 理解数字人民币的研发对“实施科教兴国战略”“健全国家安全体系”的意义。

单元引例

树立正确的金钱观

伴随新时代中国特色社会主义的不断发展，社会物质资源愈加丰富，个人财富拥有量也在不断提升，推动了人民群众生活需求层面标准的提升，人们对于金钱的关注更为热切。与此同时，社会中也出现了消费主义、拜金主义、享乐主义等不良现象，严重影响着人们对金钱的正确认知。金钱并非是万能的，人世间还有更多比金钱更宝贵的东西。与崇高的理想、真挚的情感、伟大的信仰、坚定的初心相比，金钱是能够被放弃和割舍的。透过金钱的迷雾，我们可以看到金钱只不过是一种用于交换的货币财富。如果对于金钱的运用不正确，那么就会严重影响人们的日常生活。既不可以忽视金钱的作用，也不能过于重视金钱，而是要对金钱始终抱有正确的认知，透过金钱现象看到货币本质。

接下来我们将从货币的起源谈起，为大家详细地介绍货币及货币制度的知识，主要包括：货币的产生与发展、货币形态的演进、货币的职能、货币制度的内容及其演进，以及我国的人民币制度。

1.1 孔方兄与阿堵物

案例引入

货币，俗称“钱”，在历史长河里扮演着重要的角色，让人爱恨交加。有人视其为“万能之匙”，有人视其为“万恶之源”。从古人对钱的别称中我们也可对上述态度略知一二。

“孔方兄”是钱的一个代称。西晋初年，社会经济得到一定的恢复发展，统治阶级的贪暴之风也日渐增长。当时整个社会弥漫着对金钱的崇拜，像石崇、王恺斗富的故事众人皆知。而晋武帝为了敛财则大肆卖官鬻爵。当时有正直的人当面将晋武帝司马炎与东汉末年的桓灵二帝相比，说“桓灵卖官，钱入官库”，而今“陛下卖官，钱入私门”。有个叫鲁褒的人，眼瞅着天下纲纪崩坏，心中不满，于是提起笔杆作为武器，写了一篇讽刺世风的文章，叫《钱神论》。文中称铜钱的形状外圆内方，是世上的神宝，世人“亲之如兄，字曰孔方”。

钱还有一个别称是“阿堵物”，来源于西晋王衍的故事。此人出身名门琅琊王氏，风姿秀雅，擅长玄理，为当世所尊崇，据说他口中从不提“钱”字。王衍的老婆想试探其虚实，于是趁他熟睡之时，叫仆人绕着他的床边铺上一大圈钱。王衍早晨醒来见到床边的钱妨碍他行动，便叫来仆人说“举却阿堵物”，就是说“搬走这些东西”。后世遂将“阿堵物”作为钱的代称。

请思考：我们几乎天天与货币打交道，但真正了解它的并不多。是什么让货币这样神奇？它在现代社会中又扮演着什么角色？

知识解读

货币在现代社会扮演着非常重要的角色，可以说无处不在。人们的衣食住行、商品交易、收入支出等处处离不开货币。社会经济的运行、各经济组织的正常运转及其职能作用的发挥也必须依靠货币。货币的存在保证了商品流通的顺利进行，解决了经济生活中的各种难题，货币以其特有的渗透力影响着人们日常生活和社会经济的方方面面。

1.1.1 货币的产生

货币自其产生距今已有几千年的历史。关于货币的产生，众说纷纭。古今中外有各种关于货币起源的学说。

货币的产生

1. 西方学者的货币起源学说

早期一些西方经济学家认为货币是为了克服直接物物交换的困难而产生的，即货币是便利交换的产物。持有这种观点的代表人物如英国经济学家亚当·斯密，他认为货币是聪明人为了克服直接物物交换的困难而协商出来的。原始的以物换物在时间和空间上存在局限性，只有在交换双方同时需要对方的商品，而且在价值量上大致相等时，交换才能实现。随着商品交换的进一步发展，人们发现，如果先用自己的商品去交换一种大家普遍愿意接受的商品，然后再拿这种商品去交换能满足自己需要的其他商品，就会使商品交换变得容易得多。于是通过媒介的商品交换成为交换的主要形式，这种充当商品交换媒介的特殊商品就是货币。货币的出现克服了物物交换的困难，免受"双重巧合"的限制，节省了寻觅交易对象、收集市场信息的时间和资源，把人们从浪费精力的周旋中解脱出来，用于生产更多的产品和提供更多的服务，从而促进了简单商品经济向市场经济的发展。

案例

在卡维里市场上的一次雇船经历

过去有位欧洲人到非洲旅行，他对物物交换的困难有一段生动的描绘。他说："看看我在卡维里市场上雇船到唐汉纳克海岸时，必须以怎样的方式支付雇金，那是很可笑的。船经理沙特要求付以象牙，但是我没有象牙；当时我知道萨里柏有象牙，而他需要呢绒交换；而另外一个人有呢绒但需要用针交换，很幸运，我有针。于是我进行了一系列物物交换，最后把象牙交给船经理沙特，直到这时候，我才从船经理手里雇到船。"

2. 马克思的货币起源说

马克思从商品和商品交换入手，用完整的劳动价值理论论证了货币产生的客观必然性。货币是价值形态与交换发展的必然产物。从历史的角度看，交换发展的过程，可以浓缩为价值形态的演化过程。当商品的价值形态发展到货币形态之后，货币便成了表现其他一切商品价值的价值尺度。商品的价值形态的发展经历了以下四个阶段：

（1）简单的价值形式。一种商品的价值个别地、偶然地表现在其他商品上。

（2）扩大的价值形式。一种商品的价值表现在其他一系列商品上。

（3）一般价值形式。一切商品的价值共同表现在从商品中分离出来、充当一般等价物的商品上。

（4）货币价值形式。货币成为表现其他一切商品价值的固定的一般等价物。

从价值形态的演化过程中可以看出：①货币是一个历史的经济范畴。它并不是从人类社会一开始就存在的，而是在人类社会发展到一定阶段，伴随着商品和商品交换的产生和发展而产生的，所以货币的根源在于商品本身。②货币是商品经济自然发展的产物，它是在商品交换的长期发展过程中，为了适应交换的客观需要而自发地从一般等价物中分离出来的。③货币是交换发展的必然产物，是社会劳动与私人劳动矛盾发展的产物。

从价值形态的演变过程中可以看出货币是价值形态发展的必然结果，而价值形态的发展取决于交换的发展，交换的发展又要受商品经济的内在矛盾——社会劳动与私人劳动这一矛盾发展的制约。因为存在这一矛盾，只有通过交换才能实现商品生产者之间的联系。而直接的物物交换本身就存在着一定的局限性，限制了商品交换的进一步发展，妨碍着商品生产者之间进一步的经济联系。货币就是为了解决这一矛盾而在交换发展过程中自发产生的。

1.1.2　货币的本质

研究货币的本质就是要解决货币是什么的问题。经济学从货币的职能出发给货币下定义，认为货币是指从商品世界中分离出来的固定地充当一般等价物的特殊商品，它反映着商品生产者之间的关系。

1. 货币是商品

货币是商品，它与商品世界的其他商品一样，都是人类劳动的产物，是价值和使用价值的统一体。正因为货币和其他一切商品具有共同的特性，即都是用于交换的人类劳动产品，它才能在长期的生产、交换过程中被逐渐分离出来，成为不同于一般商品的特殊商品，即货币。

2. 货币是特殊商品

货币商品不同于其他商品的特殊性，就在于它具有一般等价物的特性，发挥着一般等价物的作用，这是货币最重要的本质特征。货币商品作为一般等价物，其特性具体表现在以下两个方面：第一，货币能够表现一切商品的价值。所有商品的价值只有通过与货币的比较之后，相互之间才可以比较。第二，货币可以和一切商品进行交换。普通商品的意义在于通过交换满足人们生产或生活方面的特殊需要，而货币的交换能力是超越使用价值特殊性限制的，即货币具有直接交换的性质，谁占有了货币，谁就等于占有了价值和财富。

3. 货币是固定充当一般等价物的特殊商品

人类社会价值形态的历史长河经历了由简单的、偶然的价值形式到扩大的价值形式，再到一般价值形式。在一般价值形态阶段充当一般等价物的商品很多，但它们不是货币，因为它们只是在局部范围内临时性地发挥一般等价物的作用。货币则是固定充当一般等价物的商品，是在一个国家或地区市场范围内长期发挥一般等价物作用的特殊商品。

4. 货币体现一定的社会生产关系

货币作为一般等价物，无论是表现在实物货币上，还是表现在某种货币价值符号上，都只是一种表面现象。马克思指出：“货币代表着一种社会生产关系，却又采取了具有一定属性的自然物的形式。”社会分工要求生产者在社会生产过程中建立必要的联系，而这种联系在私有制社会中只能通过商品交换，通过货币这个一般等价物作为媒介来实现。因此，货币作为一般等价物反映了商品生产者之间的交换关系，体现着产品归不同所有者占有，并通过等价交换形式来实现他们之间的社会联系。

课堂讨论

货币、通货、财富、收入有什么区别与联系？

1.1.3 货币形式的演变

货币形式又称货币形态，是指以什么材料来充当货币。自货币产生以来的几千年中，随着商品交换和信用制度的发展，货币的形式也在不断地发展演进，不同货币形态适应了不同社会生产阶段和历史阶段的需要。从历史上看，货币形式从具体的商品逐渐演变成抽象的符号，经历了由低级到高级不断演变的过程。

1. 实物货币

实物货币是指以自然界存在的某种物品或人们生产的某种物品来充当货币。它是人类历史上最古老的货币，是货币形态发展的最原始形式。中外历史上很多实物充当过货币，如牛羊、盐、烟草、可可、海贝、农具、布帛等。实物货币是货币发展史上不可逾越的阶段。实物货币是以货币商品本身的价值为基础的实物商品，其特点是作为非货币用途的价值和作为货币用途的价值相等，是足值的货币。

思考与提升

贝　币

在我国古代，以贝壳作为货币有着较长的历史。司马迁写道：“农工商交易之路通，而龟贝金钱刀布之币兴焉。所从来久远，自高辛氏之前尚矣，靡得而记云。”贝壳、贝币可以说是我国使用时间最早而且延续时间最长的一种实物货币。贝壳成为货币的条件有以下几点：第一是本身有实用的功能（如其装饰品的用途）；第二是具有天然的单位；第三是坚固耐用；第四是便于携带。尤其是其天然的单位，在熔解金属技术尚不发达的古代，具有独到的天然优势。古代人民使用贝币，多用绳索将它们穿成一串，所以一串也是一单位。贝币最早的货币单位为“朋”，即十枚成一串，两串为一朋。在我国古代的甲骨文中，贝朋两字常连在一起，“贝”字的意义，和现在的“财”字差不多。至今我国的文字中，许多与货币意义有关的字，如财、贵、贫、贱、贷等，都以“贝”字作为偏旁。

问题讨论：我国古代人民为什么选择了贝壳作为货币？

总结提高：我们中华民族的文化源远流长，在铸币上也可以体现出来，从商周早期的贝币开始一直到清末的机制币的出现，在这几千年中我们国家的铸币无论是从数量、质量、精度还是从种类来说，在世界上也是独树一帜的，包括汉唐、明朝对周边国家的文化融合也是起到了很大的作用。作为中华民族的一分子，我们要坚定文化自信，也要代代传承，使光辉灿烂的中华文化永远熠熠生辉。

随着商品生产和商品交换的发展，实物货币不易分割、不易保管、不便携带的特点越来越难以适应日益增加的商品交换对货币的需求。于是，伴随着商品交换的发展，金属替代了实物商品来充当货币，货币形态进入了金属货币时代。

2. 金属货币

金属货币是以金、银、铜、铁等金属作为币材的货币。严格地说，金属货币也是一种实物货币。金属冶炼技术的出现与发展是金属货币广泛使用的前提。金属货币具有价值含量高且稳定、易于计量、便于储藏和携带等优点，这些自然属性使其比一般商品更适宜充当货币材料，所以，世界上几乎所有的国家都采用过金属作为货币。金属货币经历了从贱金属到贵金属、从金属称量制到金属铸币制的发展过程。

金属货币最初以贱金属铜和铁为材料，多数国家和地区采用的是铜，铁由于冶炼技术发展而价值较低，用于交易过于笨重，且易生锈腐蚀不便保存，因此流通范围有限。随着经济的发展和财富的增加，需要用价值量大的贵重金属充当货币，币材向金和银过渡。19 世纪上半叶，金、银代替贱金属成为主要币材。

金属称量制是直接以金属的自然形状流通，并以重量单位为流通计价单位的货币制度。如流通中的金锭、银锭、金元宝、银元宝等均以两、钱等重量单位为流通标准。最早的金属货币采用金属条块的形式，每次交易时都要鉴定成色、称量和分割，这非常麻烦。随着商品交换的发展，金属货币由条块形式发展成铸币形式。金属铸币制是指将金属货币铸成一定形状、一定重量、一定成色的铸造货币，并标明计量单位的货币制度。铸币的出现是货币形式发展的一大进步，奠定了近代货币制度的基础。

金属货币和实物货币一样是足值的货币，其作为金属商品的自身价值与其作为货币的价值是相等的，这样就可以保证其价值的稳定性，从而为商品的生产和交换提供一个稳定的货币环境，有利于商品生产和交换。

但金属货币也存在自身难以克服的缺点，即其数量的多少受制于金属的贮藏量和开采量，无法随着商品数量的增长而同步增长。因此随着生产力的提高，金属货币的数量越来越难以满足大量商品交换对交易媒介的需求，加之大宗交易时，金属货币过于沉重，不便携带，于是，逐渐出现了代用货币。

3. 代用货币

代用货币是贵金属流通制度下，由政府或银行发行的代替金属货币流通的纸币符号。早期的铸币面值与其实际价值是基本一致的，铸币使用频繁，容易磨损而成为不足值货币，但人们只关心铸币上标明的购买力而并不关注其实际重量，仍按足值货币去使用，这使铸币有了可用其他材料制成的符号或象征来替代的可能性。后来，货币发行机构就发行了不具有实际价值的纸质货币来替代金属货币，即代用货币。代用货币作为金属货币的替代物在市场上流通，充当商品交换的媒介，不但有足值的金属货币作为准备，而且可以与所代表的金属货币自由兑换，因而被人们普遍接受和采用。代用货币节省了金银等贵金属的使用，携带方便，易于保管和计量，成本低廉，因而在近代货币史上存在很长时间。但由于代用货币的发行必须以足量的金银作为保证，其发行量受到贵金属准备的限制，不能满足社会经济发展的需要。代用货币逐渐退出货币的历史舞台，被信用货币所取代。

4. 信用货币

信用货币是以信用作为保证，通过一定信用程序发行和流通的货币。它是代用货币进一步发展的产物，其形态与代用货币一样也是纸质货币。但信用货币自身没有价值，不代表任何贵金属，是一种纯粹的价值符号，其购买力远远大于货币币材的价值。信用货币是一种由国家政权强制提供的购买力信用。它作为一般的交换媒介须有两个条件：一是货币发行的立法保障；二是人们对此货币抱有信心。目前世界上几乎所有国家都采用这种货币形态。信用货币是通过银行信贷方式投入流通的，其主要形式是现金和存款货币。现金由中央银行经国家授权发行，是中央银行的负债；存款货币是指能够发挥货币作用的银行存款。信用货币在现代经济中发挥着十分重要的作用，已经成为现代经济主体中主要的货币形式。信用货币完全摆脱了黄金准备的限制，中央银行掌握了发行货币的权力，可控制货币发行量的规模。

延伸阅读 货币防伪

伪造货币的问题与货币制度几乎是同时出现的，尤其是纸币出现后，货币更容易被伪造。为了防范假币，每个国家在货币印制过程中都精心设计和制作了各种防伪措施。货币的一切成分，如纸张、油墨、安全线等材料，都是从尽量缩小使用范围、难以伪造的角度考虑采用，货币的防伪技术成为每个国家的重要机密。现代货币品种繁多，但从其材料上区分，主要是纸币和硬币两大类，二者的防伪特点也各有不同。纸币的防伪措施大都体现在纸张、油墨和印刷技术等几个方面：在纸张中采用水印、安全线、彩色纤维和无色荧光纤维等；油墨上采用有色荧光油墨、无色荧光油墨、磁性油墨、光变油墨、防复印油墨等；印刷技术上使用雕刻凹版、彩虹印刷、对印、接线印刷、缩微文字印刷和隐形图案等。

5. 电子货币

以计算机技术为核心的信息技术的发展，引起了人们生产和生活方式的巨大变革，也又一次推动了货币形态的发展。随着电子商务的迅速发展，开发出了种种的电子支付手段和工具，人们称之为电子货币。电子货币是当代信用货币的一种，是当代科学技术发展过程中出现的电子化、信息化的支付工具。

广义的电子货币所含范围极广，几乎包括了所有与资金有关的电子化的支付工具和支付方式，如信用卡、储蓄卡、借记卡、IC 卡、消费卡、电话卡、燃气卡、电子支票、网络货币等。将电子货币进行分类，有如下几种：

（1）储值卡和信用卡型，如储蓄卡、借记卡和信用卡。

（2）电子支票型。电子支票是指启动支付过程后，计算机屏幕上出现支票图像，出票人用电子方式做成支票并进行电子签名而出票。

以上两种类型都是使用电子技术和支付方式相结合的系统，把存款或其他资金存入另一个账户，没有新的货币形态创造，没有新的信用产生，而只有新的电子化支付方法。对于储值卡和信用卡型的初级“电子货币”，只能视为查询和划拨银行存款的电子工具或者是对现存货币进行支付的电子化工具，并不能真正构成货币形态的一种。

（3）智能卡型，如 IC 卡。智能卡型电子货币可以认为是一种“有限的电子货币”。购买者购买了一定金额的智能卡后，其金额和相关的信息即被记录到附在该卡上的芯片或磁条中，取代了纸币在特定范围内的使用，也脱离了银行账户。持卡人占有、支配该卡就同使用传统货币一样。在收款人的终端上刷卡，即可支付一定的款项，不再涉及银行或其他资金账户。但其受限制之处一方面在于流通范围有限，需借助一定的终端设备；另一方面是还不能像传统货币一样循环使用，以实现个人与个人的支付，卡中余额用完需重新购买或充值。

对智能卡的支配就是对物的支配，对其使用就能实现价款或资金的支付，有限取代纸币的流通，是一种交换媒介形态的革命，所以可以认为智能卡型电子货币是“有限的电子货币”。

（4）数字现金型，是指依靠互联网支持在网络上发行、购买、支付的数字现金。数字现金采用了全新的信用方式，且在形态上从有形的纸币变成无形的信息数字，但又可通过计算机和网络表现出来。货币所有人对其数字现金的控制体现在对含有该货币数量的信息的密码控制上，传统的有形货币就完全变成了以电子信息存在的数字货币，这才是“真正的电子货币”，并且电子货币不再有经济学上货币与现金的区分。

延伸阅读 数字货币

数字货币是指通过结合密码、计算机、大数据、网络以及编程等技术手段，发行具有类似传统法定货币职能和价值的数字形式货币。从数字货币的信用背书和发行方等特点看，目前数字货币可以分为有国家主权信用背书的法定数字货币和私人发行的非法定数字货币两种。

法定数字货币，又称央行数字货币（CBDC），是以国家信用背书，由中央银行发行的数字化形态的法定货币。2015 年，英国央行最先提出法定数字货币的概念。2019 年 6 月，美国 Facebook 公司发布 Libra 1.0 虚拟加密货币后，更多国家央行开启并积极推进法定数字货币的研发计划。

数字人民币（字母缩写按照国际使用惯例暂定为“e-CNY”）是由中国人民银行发行的数字形式的法定货币，由指定运营机构参与运营并向公众兑换，以广义账户体系为基础，支持银行账户松耦合功能，与纸钞、硬币等价，具有价值特征和法偿性，支持可控匿名。数字人民币的概念有两个重点：一是数字人民币是数字形式的法定货币；二是和纸钞、硬币等价，数字人民币主要定位于 M0，也就是流通中的现钞和硬币，与实物人民币长期并存，主要用于满足公众对数字形态现金的需求，助力普惠金融。目前数字人民币研发已基本完成顶层设计、功能研发、系统调试等工作，正遵循稳步、安全、可控、创新、实用的原则，选择部分有代表性的地区开展试点测试。

党的二十大报告中明确提出，要“加快发展数字经济，促进数字经济和实体经济深度融合，打造具有国际竞争力的数字产业集群。优化基础设施布局、结构、功能和系统集成，构建现代化基础设施体系”；同时，还提出要“加强和完善现代金融监管，强化金融稳定保障体系，依法将各类金融活动全部纳入监管，守住不发生系统性风险底线”。从多样化价值属性来看，数字人民币可以有效改善我国跨境支付条件，增强经济金融独立性；通过降低货币运营成本，便利货币政策传导，提高我国金融稳定性，增强经济体应对突发状况的能力；通过畅通信息数据链条，降低金融服务门槛，起到提升反洗钱能力等作用。

1.1.4 货币的职能

货币的职能

货币在商品经济中执行以下五种职能：价值尺度、流通手段、贮藏手段、支付手段和世界货币。前两个是货币的基本职能，也是货币本质最基本的体现；后三个是在基本职能基础上派生的职能。

1. 价值尺度

价值尺度又称价值标准。货币作为价值尺度，就是以货币为尺度来表现和衡量其他一切商品价值的大小。货币之所以能够执行价值尺度的职能，是因为货币本身也具有价值。

商品的价值表现在货币上，就是商品的价格。价格是价值的货币表现。货币执行价值尺度的职能，实际上就是将商品的价值表现为一定的价格。

案例

观念上的货币

有人会问，为什么在商店里，说明商品价值的大小只要摆放一个小小的价目表、写出它的单价即可，而不用摆放与该商品等值的货币？

这是因为，货币执行价值尺度职能时，只是观念上的货币，并不需要现实的货币。例如，一双皮鞋的价格为100元，一件衬衣的价格为50元等。只要人们在头脑里想一下某商品的价格是多少，即表明某一商品值多少钱，而不是真正用商品与货币相交换。正如马克思所说："货币在它的价值尺度功能上，本来也只是作为观念的或想象的货币。"

2. 流通手段

货币作为流通手段，也就是货币充当商品交换的媒介。我们平常从商品买卖过程中所看到的货币的作用，就属于这一种，所以，这种职能又称为购买手段。作为流通手段的货币，不能是观念上的货币，而必须是实实在在的货币。任何一个商品所有者都决不会允许有人凭空话拿走其商品。

在货币执行流通手段这一作用的情况下，商品与商品不再是互相直接交换，而是以货币为媒介来进行交换。商品所有者先把自己的商品换成货币，然后再用货币去交换其他的商品。这种以货币为媒介的商品交换，称为商品流通。

作为流通手段的货币，起初是贵金属条、块，然后发展成铸币，之后又出现了纸币。纸币是从货币作为流通手段的职能中产生的。因为在流通过程中，货币只是交换的手段，人们并不关心货币本身是否有内在价值，而是关心自己手中的货币能否稳定地换到所需要的商品。在现实生活中，磨损的不足值的货币照样可以流通。只要有权威机构保证，币值稳定，充当流通手段的货币也不一定要有内在价值的货币实体来充当，而可以用不足值的或本身没有价值的货币符号来代替。流通手段的这一特点就决定了纸币的产生。

3. 贮藏手段

货币的贮藏手段是指货币作为社会财富的一般代表退出流通领域被贮藏起来。即商品生产者卖出商品以后不随之买进商品，而是将所获得的货币贮藏一部分，以备不时之需。

从本质上讲，发挥贮藏手段职能的货币必须既是实在的货币，又是足值的货币。典型的代表如金银铸币、金银条块等。在金属货币流通的条件下，由于贵金属货币可以自由铸造和熔化，货币作为贮藏手段起着货币流通中的蓄水池作用：当流通中所需要的货币量减少时，多余的金属货币便会被熔化成金属，退出流通成为储藏价值的手段；反之，当流通中所需要的货币量增多时，一部分贮藏货币又会重新进入流通成为流通手段。由于贮藏货币具有这种作用，所以在足值的金属货币流通的条件下，便不会产生流通中货币量过多的现象，即不会发生通货膨胀。

案例

储存在银行的货币

按照货币的基本理论，货币在发挥贮藏手段职能时，必须是真实的、足值的货币。那么，为什么今天人们还常常在家里存放小额度的人民币，甚至将大量的人民币储存在银行不用于流通呢？

从本质上讲，纸币没有储藏价值的功能，因为它仅仅是一张被赋予了法定购买力的纸，具有对商品的要求权。虽然无内在价值，但有国家信誉做保证，因此在纸币价值稳定的前提下，对于个人和单位来说，具有推迟购买力、储藏价值的意义；对于国家和社会来讲，纸币的储藏和储蓄，仅仅是通过银行信用动员社会闲置资金用于社会扩大再生产的一种方式，没有价值储藏的实际意义。

货币作为价值储藏手段并非是独一无二的，任何资产，无论是货币、股票、债券，还是珠宝、土地、房屋、艺术品，都可以用来储藏财富。在价值储藏方面，许多这类资产甚至比货币更具优势：所有者可以获取比货币更高的利息，或者可以享受升值的好处，或者可以享有住宿等权利。既然这些资产是更有利的价值储藏手段，为什么人们还愿意持有货币呢？

这个问题的答案涉及一个十分重要的经济学概念——流动性，即某一资产转化为交易媒介的便利程度和速度。流动性是十分有用的。由于货币本身就是交易媒介，因此货币是流动性最高的资产，它无须转化为他物就可以直接用于购买行为。其他资产在转化为货币的过程中都要支付交易成本。例如，如果你想出售房屋，首先你可能需要先找到房产中介，如果你急需现金支付即将到期的账单，则很可能为了尽快将房屋出售而不得不接受较低的价格。由于货币是最具流动性的资产，虽然它并不是一个十分有利的价值储藏手段，人们仍然愿意持有它。

4．支付手段

当货币不是作为交换媒介，而是作为价值的独立运动形式进行单方面转移时就是货币的支付手段职能。支付手段是由赊销引起的，在赊销中，因为商品的让渡和货币的收入并不是同时进行的，在货币用于偿还赊销款时，已不是流通手段职能，货币付出的同时并没有相应价值商品的流入。没有商品在同时、同地与之相向运动，这是货币支付手段职能的特征。

在现代商品经济中，货币作为支付手段发挥的作用越来越普遍，不仅用于偿还债务，还可用于支付租金、利息、工资和赋税等。例如，财政的收支、银行吸收存款和发放贷款，都是货币作为独立的价值形态而进行的单方面转移；在工资和各种劳动报酬支付中，货币也同样发挥着支付手段职能。

案例

用于工资发放的货币

在现行工资制度下，货币在工资的发放中是执行支付手段职能还是流通手段职能？

分析：二者的区别在于商品的让渡与货币的回流之间是否存在时间间隔。流通手段下为一手交钱、一手交货，钱货两清，商品让渡与货币回流之间不存在时间间隔；支付手段下商品让渡和货币回流之间存在时间间隔。在现行工资制度下，无论是月工资制度还是周工资制度，劳动是每天、每时、每秒进行的，而工资只在某一天发放，因此货币执行支付手段职能而非流通手段职能。

5．世界货币

马克思对贵金属在国际经济中所起的作用做了论述，认为国与国之间的债权、债务关系的产生和清偿导致了货币在世界市场上充当一般等价物的职能。这一作用主要表现在：①作为一般的购买手段，用来购买外国的商品。②作为一般的支付手段，用来平衡国际收支差额。③作为社会财富的代表，由一国转移到另一国。随着贵金属货币退出流通领域，以及黄金在世界范围内的非货币化，当今世界，国际上部分国家的货币充当了国际储备货币的职能，如美元、欧元、日元、英镑、人民币等。国际货币基金组织（IMF）又创设了“特别提款权”（SDR）这一记账单位（又称为纸黄金）作为国际支付手段。

即学即练

单选题

1. 作为价值尺度的货币其特点是（　　）。
   A. 观念货币　B. 现实货币　C. 金属货币　D. 价值实体
2. 发挥流通手段职能的货币，必须是（　　）。
   A. 观念货币　B. 商品　C. 现实货币　D. 金属货币

1.2 纸币与硬币不是真正的钱

案例引入

如今，人们已经不再用金元宝、银锭或铜板买东西了。我们现在见到的钱，基本上是纸币，只有少量硬币。从金融学角度看，这些纸币和硬币并不是真正的钱，因为它们并不是足值货币。

北宋时期，四川缺铜，流通中主要使用铁钱。铁钱易腐烂、价值低，十单位铁钱只相当于一单位铜钱，用起来极为笨重。例如，买一匹布需要铁钱两万，重达500斤！一些聪明且富有的商人就开起了“交子铺”，人们可以把笨重的铁钱交给交子铺保管，同时换取交子铺开出的纸票——交子，然后拿着轻便的交子去买卖货物，交子铺则收取一定比例的保管费。最早的交子印有密码、花押（相当于今天的印章），以防伪造，金额是兑换时临时填写的。后来，有些富商联合起来，共同发行数额已经写好的标准化交子。这种纸制的交子是我国最早的纸币，也是世界上最早的纸币。

有了交子和交子铺，人们可以随时把钱币换成交子用于买卖，也可以随时凭交子从交子铺兑换现钱，大大便利了流通。但是，如果发行交子的商人不讲信用，或者因经营亏损而拿不出别人要兑换的现钱，麻烦就来了。当时，有些交子铺由于经营不善或弄虚作假，交子常常无法兑现，持有交子的人就和开交子铺的富商打起官司来。后来，北宋政府不得不进行干预，禁止私人发行交子，改由政府印制发行官方交子，称为钱引。

今天，大家使用的纸币，如中国的人民币、美国的美元等，是一个国家的法定货币，由这个国家的中央银行统一发行、强制流通，以国家信用为保障，私人不能印制、发行货币。纸币本身没有金属货币那种内在价值，其本身的价值要比国家确定的货币价值要小得多，它只是一种货币价值的符号。

因此，货币用什么材料来制作，是用贝壳还是铜铁？是用金银还是纸张？货币用什么单位来计量？货币分为几种？货币由谁发行？怎么发行？货币发行的依据是什么？这些都要求国家以法律的形式规定下来，这就是货币制度。

请思考：历史上出现过哪些货币制度？这些货币制度是如何演进的？

知识解读

货币的产生，解决了商品交换的困难，但是货币产生以后，如何统一其价值、确定其重量和成色，以及如何有效地组织货币流通并充分发挥货币流通的作用，又成了新的矛盾与问题。这就迫切要求国家制定相关的法律、法规及条例，形成完整的货币制度，来解决上述矛盾与问题。

1.2.1　货币制度的形成

货币制度，又称为“币制”，是指一个国家或地区以法律的形式确立的货币流通结构及其组织形式。其宗旨是加强对货币发行和流通的管理，维持货币币值的稳定，管理国家的经济金融秩序，促进经济稳定、健康发展。货币制度是一个不断完善的过程，也是现代经济条件下经济金融活动赖以存在的基础。

货币制度的发展并不完全与货币本身的发展同步，在实物货币流通时期没有形成货币制度。货币制度是伴随着金属铸币的出现而开始形成的。最早的货币制度出现在国家统一的铸币流通时期。由于早期铸币在形制、重量、成色等方面都有较大的差异，加上民间私铸、盗铸，使货币流通更加混乱，要求国家对此进行管理，这样便产生了国家对货币方面的法律规定。

近代货币制度是随着资本主义经济制度的建立而逐步形成的。在前资本主义时期，金属货币流通在相当长的时期内占有重要地位。但是由于铸币权的分散和铸币的变质、贬值等原因，货币流通呈现混乱状况。资产阶级在取得政权后，先后颁发和实施了有关货币流通的法令和规定，逐步建立了统一的、完整的货币制度。

1.2.2　货币制度的基本内容

货币制度大体涉及这样一些方面的问题：货币材料，货币单位，货币种类，货币的偿付能力，货币铸造、发行和流通的程序，准备制度。

1. 货币材料的确定

货币材料的确定是整个货币制度的基础，也是一种货币制度区别于另一种货币制度的依据。例如，用银、金银并用、用金，或是用纸来作为货币材料，就分别构成了银本位制、金银复本位制、金本位制及纸币本位制。

货币材料的确定并不是由各国政府任意选择的，恰恰相反，它是由客观经济发展的进程所决定的。资本主义发展初期，广泛流通的是白银，但同时黄金也开始大量进入流通领域，并有排除白银的趋势。这时，资本主义国家就把金、银同时规定为货币金属。当黄金在流通中占据统治地位以后，各国又不得不规定黄金为货币金属。随着生产的发展和商品流通的扩大，黄金产量无法满足流通的需要，这时，各国均以纸币和银行券取代了金属货币。

2. 规定货币单位

货币材料确定之后，就要规定货币单位的名称，对于金属货币还需规定所含货币金属的重量，也称价格标准。世界各国和地区的货币单位均有不同的名称，如美国的货币单位是美元，英国的货币单位是英镑，欧元区的货币单位是欧元。在金属货币流通条件下，价格标准是铸造单位货币的法定含金量。如英国的货币单位定名为“镑”，根据 1816 年 5 月的金币本位法案规定，1 英镑含成色 11/12 的黄金 123.274 47 格令（合 7.97g）。美国的货币单位定名为“美元”，根据 1934 年 1 月的法令，美元的含金量规定为 13.714 格令（合 0.888 671g）。中国在 1914 年的“国币条例”中曾规定货币单位的名称为“圆”，并规定每圆含纯银 6 钱 4 分 8 厘（合 23.977g）。

在纸币本位制度下，货币不再规定含金量，货币单位与价格标准融为一体，货币的价格标准即是货币单位及其划分的等份，如元、角、分。

3. 规定货币种类、偿付能力及其铸造、发行和流通程序

一国流通中的货币可以分为本位币和辅币，它们有不同的铸造、发行和流通的程序。

本位币又称主币，是一个国家的基本通货和法定的计价、结算货币。在金属货币流通条件下，本位币是用贵金属按照国家规定的货币单位所铸成的铸币。在现代信用货币流通条件下，一个货币单位以上的现钞也被称为主币，由此可见，主币最小的规格是一个货币单位，如 1 美元、1 英镑、1 元人民币。

在金属货币流通的条件下，本位币可以自由铸造。所谓自由铸造，是指每个公民都有权把货币金属送到国家造币厂请求免费铸成本位币。本位币具有无限的法定支付能力。法律规定，在各种经济交易中，不论每次支付的金额有多大，如用本位币支付，出卖者或债权人均不能拒绝接受。同时，法律规定了本位币的磨损公差。为了保证本位币的名义价值和实际价值一致，防止磨损过大而实际价值减少的货币充斥流通领域，国家规定当本位币流通一段时间后允许磨损的最大限度，超过这一限度，公民可以持币向政府换取新的铸币。

辅币是本位币以下的小额通货，供日常零星交易与找零用的货币。辅币的面额小，且流通频繁，易磨损，因此通常用贱金属铸造。辅币不能实行自由铸造，而必须由国家用属于国库的金属来制造。因为辅币是不足值的，如果可以自由铸造，就会充塞流通领域，排挤足值的本位币。有的国家对辅币规定了有限的支付能力，也就是说，在一次支付行为中，在一定的金额内可以用辅币支付，如超过一定金额，卖方或债权人可以拒绝接受。辅币的实际价值虽然低于名义价值，但法律规定，辅币可以按固定比例与本位币自由兑换，这样就保证了辅币可以按名义价值流通。

在纸币制度下，本位币的自由铸造被取消了，本位币的磨损公差规定在许多国家都改为规定纸币的流通年限。如新加坡规定，新发行的货币流通 3 年必须收回销毁。本位币的无限法偿规定被保留下来，依然有效，而关于辅币的规定依然可行。

4. 规定准备制度

发行保证制度也称发行准备制度，通常以货币金属作为发行信用货币的保证。在金属货币流通的条件下，国家规定货币金属必须集中于中央银行或国库。货币金属准备的用途有三种：①作为世界货币的准备金；②作为国内货币流通的准备金；③作为支付手段和兑换银行券的准备金。

1973 年以后，各国都取消了货币发行保证制度。目前，世界各国货币金属准备的第二、第三个用途已不复存在，黄金只用于作为世界货币的准备金，但当今一些国家的货币也可充当国际储备货币，如美元、欧元、日元、英镑、人民币等。

课堂讨论

货币制度的基础是什么？货币制度包含哪些内容？

1.2.3　货币制度的发展与演变

从历史上看，货币制度曾经历了从金属货币制度到不兑现的信用货币制度的演变过程。其中金属货币制度包括银本位制、金银复本位制和金本位制。

1.2.3.1　金属货币制度

1. 银本位制

银本位制是指以白银为本位货币币材的一种货币制度。在货币本位制度的演变过程中，银本位是最早的货币制度。它是与封建社会经济发展相适应的货币制度。

银本位制的基本内容是：规定以一定重量与成色的白银为本位币；银币可以无限制自由铸造，政府与金融机构可以固定价格无限制地购买白银；公众可以自由无限制地熔化银币；银币与其他货币可以平价自由兑换；白银及银币可以自由输出及输入，银币为无限法偿货币，具有强制流通能力。

银本位制的最大缺点是银价不稳定，易受产银国白银政策的影响而剧烈被动，银价猛升猛跌，都会严重影响经济的稳定。当国外白银价格上涨时，国内白银大量外流，引起物价下跌和通货紧缩，造成经济萧条；价格下跌时，白银大量流入国内，造成通货膨胀，不利于经济稳定。

随着经济的发展与交易额的增加，白银的数量渐渐不能满足交易的需要，从 19 世纪起，西方各国都先后放弃了银本位，改为金银复本位制。

2. 金银复本位制

金银复本位制是指金、银两种金属同时被法律承认为货币金属，即金币和银币同时作为本位币，都可以自由铸造，都具有无限法偿能力。英国曾于 1663 年开始实行金银复本位制，随后欧洲各主要国家纷纷采用。这种货币制度在其历史发展过程中有三种不同的形态：

（1）平行本位制。平行本位制是指金、银两种货币按其所含金属的实际价值流通，国家对两种货币的交换比率不加规定。在这一体制里，一方面金银比价随市场供求关系变化而经常发生变动，给大量的延期支付及债务清偿带来了混乱。另一方面，当各国市场上的金银比价发生差异时，由于金银自由输出和输入，将使黄金流入金价较高的国家，使该国演变为金本位制；而白银将流入银价较高的国家，使该国货币制度退回银本位制。可见，这种平行本位制极不稳定。

（2）双本位制。双本位制是指金、银两种货币由政府规定固定的比价，按法定比价流通。为了克服平行本位制下金银比价频繁变动的缺陷，双本位制在 19 世纪曾被广泛采用。然而，事与愿违的是：在双本位制下，金银供求形势不断变化，但国家官方比价不能快速依照金银实际价值比进行调整，使得金银市场比价与法定比价差别较大，导致市场上往往只有一种货币流通而非两种货币同时流通。例如，金币和银币的法定比价为 1:15，而黄金和白银的市场比价则为 1:16，此时黄金的市价较高，因此，金币的持有者就会将金币熔化成黄金，到市场上兑换白银，铸成银币，这样市场上持有金币的人越来越少，而银币的流通越来越多，金币会退出流通领域。反过来，若金银的市场比价为 1:15 而金币和银币法定比价为 1:16，白银市价高于法定比价，市场上的银币会退出流通领域。这种现象被称为“劣币驱逐良币”。

所谓“劣币驱逐良币”规律，就是在两种实际价值不同而名义价值相同的货币同时流通的情况下，实际价值较高的货币（所谓良币）必然会被人们熔化、收藏而退出流通领域；而实际价值较低的货币（所谓劣币）反而充斥市场。这一规律是由16世纪英国财政家托马斯·格雷欣首先提出来的，故又称为“格雷欣法则”。

（3）跛行本位制。跛行本位制是指国家规定，金币可以自由铸造而银币不允许自由铸造，并且金币与银币可按固定的比例兑换。实际上，银币已经降为附属于金币的地位，起着辅币的作用。跛行本位制只是复本位制向金本位制过渡的一种中间形式。

3. 金本位制

金本位制是以黄金为本位币的相对稳定的一种货币制度，其内在特征保证了货币价值对内和对外的稳定，从而促进了商品生产的发展和商品流通的扩大。它在金属货币制度中占有重要地位。金本位制具体有金币本位制、金块本位制、金汇兑本位制三种形式，其中以金币本位制为典型。

（1）金币本位制。19世纪中叶到第一次世界大战前，主要资本主义国家均采用金币本位制。其特点是：

1）金币可以自由铸造、自由熔化，具有无限法偿能力；其他金属铸币则限制铸造。金币的自由铸造、自由熔化能够自发调节流通中的货币量，保证金币的币值与其所含黄金的价值一致，使金币币值与实际价值相符。

2）流通中的辅币与银行券等可以自由兑换金币。

3）黄金可以自由地输出和输入国境，黄金的自由输出和输入可保持外汇行市的相对稳定，有利于国际贸易的顺利开展。

（2）金块本位制。金块本位制又称“生金本位制”，是指没有金币的铸造和流通，而由中央银行发行以金块为准备的纸币流通的货币制度。它与金币本位制的区别有：

1）金块本位制是以纸币或银行券作为流通货币，不再铸造、流通金币，但黄金仍为本位货币，货币单位仍规定含金量。

2）金块本位制不再像金币本位制那样实行辅币和价值符号同黄金的自由兑换，而是规定黄金由政府集中储存，居民只有用一定数额以上的银行券或纸币才能按法定含金量兑换金块。例如，英国1925年规定至少需要1 700英镑的银行券才允许兑换一次金块，这样高的限额对于大多数人来说是达不到的。英国、法国、比利时、荷兰等国在1924～1928年间就是实行这种金块本位制。

（3）金汇兑本位制。金汇兑本位制也称“虚金本位制”，是指以银行券作为流通货币，通过外汇间接兑换黄金的货币制度。实行这种货币制度的国家，货币不再与黄金直接发生关系，但选择一个关系密切的金本位国家，将本国货币与金本位国家的货币确定固定的比价，同时将黄金与外汇存于该金本位国家，作为汇兑基金，并随时按固定价格买卖外汇，以此维持汇率的稳定。本国居民不能用银行券直接兑换黄金，只能通过兑换外汇，从而间接兑换黄金。采用这种币制，必然使本国货币依附于与之相联系的国家的货币，本质上是一种附属的货币制度，一般为殖民地和附属国所采用。

金块本位制和金汇兑本位制都是削弱了的金本位制，是不稳定的货币制度。在1929～1933年的世界经济危机后，金本位制已被不兑现的信用货币制度所代替。

延伸阅读　牛顿照亮金本位

提到牛顿，相信多数人都对他在数学、物理学以及天文学上做出的贡献耳熟能详，但是对于他在铸币史上的贡献人们似乎很少提及。

1696 年牛顿进入英格兰皇家铸币局，成为铸币局的总监（Warden of Royal Mint），1699 年他又被任命为铸币局局长（Master of Royal Mint）。总监只是国王在铸币局的代表，但是自 1666 年英格兰取消铸币税之后，总监的职位实际上已经几乎没有事情可做，纯粹是个闲职。但是牛顿却很负责，他大力打击造假者，严格处置罪犯。成为铸币局局长之后，牛顿正式参与到政策讨论和决策当中，并作为具体执行者负责实施议会通过的关于整顿货币的法案。1705 年，由于牛顿的科学成就和在铸币局任职期间的功劳，英国女王授予他贵族称号，牛顿因此被褒奖为艾萨克爵士。这样直到他去世的 1727 年，牛顿前后在皇家铸币局工作了 30 多年，当了 27 年的铸币局局长。正是在这一期间，英国由银本位制转向了事实上的金本位制。

虽然直到 1816 年，英国才以法律形式确立金本位制度，但是众多金融史学家认为，在 1717 年以后英国实际上已经是一个金本位制国家了。牛顿“提前”了将近 100 年，让黄金开始作为本位币走上历史舞台。1717 年根据牛顿的建议确定的黄金每盎司 3 英镑 17 先令 10 又 1/2 便士的价格水平稳定地持续了 200 多年，直到 1931 年英国宣布脱离金本位时才被打破。牛顿也因此作为金本位制度的提出者，被永久地载入了金融发展史。

1.2.3.2　不兑现的信用货币制度

不兑现的信用货币制度，又称纸币本位制，是指以政府或中央银行发行的不兑换黄金的信用货币作为法定货币。金本位制崩溃后，流通中的银行券丧失了直接或间接与黄金兑换的条件，被不兑现的纸币所代替。纸币的流通是以国家信用为后盾，靠国家法律强制流通的无限法偿货币，一般由中央银行发行。

不兑现的信用货币制度的优点有：①货币供应不受金银数量的限制，具有较大的伸缩性，它可以根据经济发展需要做出调节，对于稳定经济发展具有重大意义；②纸币与贵金属脱钩，纸币对外汇率也不受国际贵金属价格的影响，通过调节本国货币供应量，可以对国内经济发展和国际收支进行调节；③纸币的制作成本低，便于流通和携带。

不兑现本位制度也存在明显的缺点：①由于纸币供应不受黄金准备限制，供给弹性大，有些国家为了弥补赤字，往往超量发行纸币，导致纸币贬值甚至通货膨胀，危及社会经济的安全与稳定；②各国纸币与贵金属脱钩，这使得各国货币对外汇率变化波动较大，从而影响国际贸易发展与国际资本的流动；③纸币本位制度的管理操作依赖于政府有效的管理控制，其成败与管理者的知识经验与判断决策能力直接相关，过多的人为因素往往使纸币本位制度产生不稳定的因素。

即学即练

判断题

1. 金币本位制是金本位制的典型形态。（　　）
2. 虚金本位制即可兑换的信用货币制度。（　　）

1.2.4 我国的人民币制度

我国现行的人民币制度是一种不兑现的信用货币制度，人民币是我国的法定货币，人民币既不与金银挂钩，也不依附于任何一种外国的货币。我国人民币制度是独立自主的、统一的、稳定的货币制度，其内容主要包括人民币的单位、发行、流通、黄金外汇储备、汇率以及保护国家货币的规定等。

人民币制度有以下基本特点：

（1）人民币是集中统一的货币。中华人民共和国境内唯一合法货币是人民币，也就是说，在我国国内市场上只准人民币流通。中国人民银行以国家信用做保证发行人民币。中国人民银行根据国家授权统一掌管人民币，负责集中统一印制和发行人民币，管理人民币流通。法律保护人民币，任何损害人民币的行为都将受到法律的制裁。

（2）人民币是相对稳定的货币。人民币是一种不兑现的信用货币，没有法定的含金量，依靠充分的物资保证和不断增加的金融储备作为币值稳定的坚强后盾。但是，人民币是受纸币流通规律所制约的，在一定情况下也会存在通货膨胀的风险，所以，人民币的稳定是相对的，这就要求将“稳定币值”突出地放在货币政策目标的首位。

（3）人民币采取主辅币流通结构。人民币主币的“元”是我国经济生活中法定计价、结算的货币单位，具有无限法偿能力，无论每次支付数额多大，任何单位、个人都不得拒绝。辅币是有限法偿货币，供日常零星使用。在流通中，两者的比例应根据商品流通的客观需要不断调整，以满足金额大小不同的购买支付需要。

小资料

人民币的发行

1948年12月1日，中国人民银行开始发行第一套人民币，至1953年12月共发行12种券别，62种版别。

第二套人民币自1955年3月1日起陆续发行，主币有1元、2元、3元、5元、10元五种，辅币有1分、2分、5分、1角、2角、5角六种，共计11种券别。为便于流通，国务院于1957年12月1日发行了1分、2分、5分三种金属分币，自此我国进入了纸币、金属币混合流通阶段。

第三套人民币自1962年4月20日起陆续发行，共有1角、2角、5角、1元、2元、5元、10元七种券别；1980年4月15日起，增加发行了1角、2角、5角和1元四种金属币。

第四套人民币自1987年4月27日起陆续发行，主币有1元、2元、5元、10元、50元、100元六种券别，辅币有1角、2角、5角三种券别。从1992年6月1日起发行了新版1角、5角、1元金属币。

第五套人民币自1999年10月1日起陆续发行，包括1角、5角、1元、5元、10元、20元、50元、100元八种面额，适应了改革开放以来我国经济飞速发展对货币流通的要求，是我国货币制度建设的一件大事，是对我国货币制度的进一步完善和发展。

2005年8月，为提升防伪技术和印制质量，中国人民银行发行了2005年版第五套人民币。2005年版第五套人民币100元纸币发行十年后，自动售货设备和现金自动处理对人民币的机读性能提出了更高要求。为此，中国人民银行决定发行2015年版第五套人民币 100 元纸币，在保持规格、主图案、主色调等与 2005 年版第五套人民币 100 元纸币不变的前提下，对票面图案、防伪特征及其布局进行了调整，提高了机读性能，同时还采用了先进的公众防伪技术。为适应人民币流通使用的发展变化，更好地维护人民币信誉和持有人利益，提升人民币整体防伪能力，保持第五套人民币系列化，中国人民银行于 2019 年 8 月 30 日起发行 2019 年版第五套人民币 50 元、20 元、10 元、1 元纸币和 1 元、5 角、1 角硬币，在保持现行第五套人民币主图案等相关要素不变的前提下，对票（币）面效果、防伪特征及其布局等进行了调整，采用先进的防伪技术，提高防伪能力和印制质量，使公众和自助设备易于识别。

学中做，做中学

2019 年 8 月，我国发行了新一版第五套人民币，但是我国目前市场上却很难见到新版的人民币。其主要原因在于我国移动互联网技术显著发展，移动支付渠道快速渗透到生活、消费的各个方面，移动支付要比携带现金更加方便，同时还可以完全杜绝收受伪造货币的现象。目前，除了微信和支付宝移动支付方式以外，云闪付和信用卡也成为当代消费者的常用支付方式，无论是坐公交还是外出购物，都只需要一部手机就能轻松完成支付。因此，移动支付的普及减少了纸币在市场上的流通。

学中做：请调查了解在日常生活中哪些人群经常使用移动支付？哪些人群使用现金支付？各自占比为多少？

做中学：移动支付是否会取代人民币纸币的发行？移动支付存在哪些弊端？

单元小结

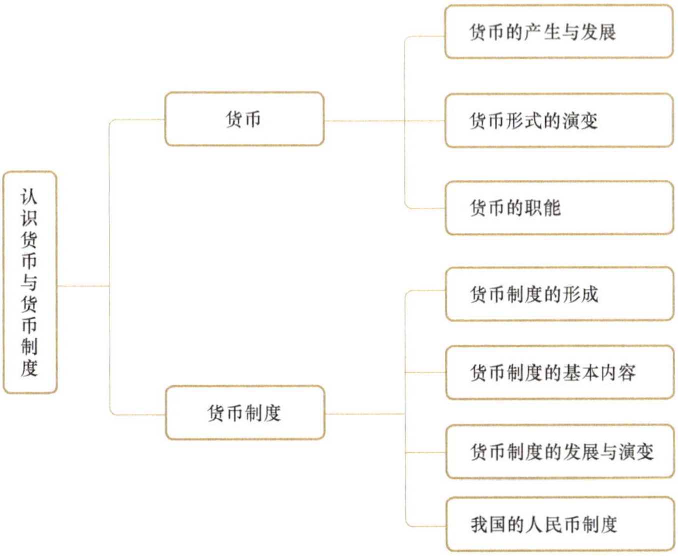

复习思考题

一、单项选择题

1. 与货币的出现紧密相连的是（　　）。
   A. 金银的稀缺性　　B. 商品交换的产生与发展
   C. 国家的强制力　　D. 先哲的智慧
2. 商品价值形式最终演变的结果是（　　）。
   A. 简单价值形式　　B. 扩大价值形式
   C. 一般价值形式　　D. 货币价值形式
3. 当今世界各国普遍采用的货币形态是（　　）。
   A. 实物货币　　B. 金属货币　　C. 代用货币　　D. 信用货币
4. 在下列货币制度中，“劣币驱逐良币”的规律出现在（　　）。
   A. 金本位制　　B. 银本位制
   C. 金银复本位制　　D. 金汇兑本位制
5. 代用货币与信用货币的区别在于（　　）。
   A. 货币的材质是否是纸质　　B. 是否可以铸造
   C. 是否有十足的贵金属准备　　D. 自身价值和货币面值是否一致
6. 在金属货币流通的条件下，单位货币的法定含金量被作为（　　）。
   A. 货币的价格标准　　B. 货币单位
   C. 货币名称　　D. 货币材料
7. 在偿还债务中发挥作用的主要货币职能是（　　）。
   A. 价值尺度　　B. 流通手段　　C. 支付手段　　D. 贮藏手段
8. 马克思认为货币的本质特征是充当（　　）。
   A. 特殊等价物　　B. 一般等价物　　C. 普通商品　　D. 特殊商品

二、多项选择题

1. 一般而言，要求作为货币的商品具有（　　）的特征。
   A. 价值比较高　　B. 金属的一种　　C. 易于分割　　D. 易于保存
   E. 便于携带
2. 最早出现的实物货币形态包括（　　）。
   A. 贝壳　　B. 黄金　　C. 白银　　D. 铜铁
   E. 牲畜
3. 信用货币制度的特点有（　　）。
   A. 黄金作为货币发行的准备　　B. 贵金属非货币化
   C. 国家强制力保证货币的流通　　D. 金银储备保证货币的可兑换性
   E. 货币发行通过信用渠道
4. 货币支付手段职能发挥作用的情形有（　　）。
   A. 赋税　　B. 各种劳动报酬　　C. 国家财政　　D. 银行信用
   E. 房租

5. 下列对本位币的理解，正确的是（ ）。

A. 本位币是一国的基本通货
B. 本位币具有有限法偿性
C. 本位币具有无限法偿性
D. 本位币的最小规格是一个货币单位
E. 货币本位制度的名称取决于本位币币材的名称

三、问答题

1. 货币的本质是什么？
2. 货币的形态有哪些？
3. 不兑现的信用货币制度有哪些优缺点？

四、案例分析

1715 年，法国国王路易十四去世。他生前非常喜欢奢侈品，倡导高消费，搞得法国财政濒于破产的地步。在他死后掌管法国的摄政王奥尔良公爵，为了还清他哥哥生前留下的财政窟窿，伤透了脑筋。这时约翰•劳先生出现了，他说纸币可以带来繁荣，可以轻松地还清债务。奥尔良公爵立刻听从了约翰•劳的建议，授权这个英国人组建法国历史上第一家银行，发行纸币。在开业初期，约翰•劳先生坚守承诺，他的银行发行的纸币都可以立刻兑换相当于面值的金币。老百姓因此相信他的纸币是有价值的，争相持有。可是，到了后来，法国政府顶不住增发纸币的诱惑，纸币泛滥成灾。终于在 1720 年的某天，人们发现纸币的面值已经超过了全国金属硬币总和的一倍还多，于是纸币崩溃了，不得不全数被折价收回，重新流通金属硬币。无数人遭受巨大损失。约翰•劳先生逃到了意大利，这位曾经的全法国最大的红人，1729 年无声无息地死在威尼斯的一个贫民窟里。

思考题：请问约翰•劳的这次纸币发行为什么会失败？

技能实训

货币的产生

1. 通过情景模拟和讨论分析，理解货币产生的过程，解释货币产生的原因。

（1）假想不同时期的商品交易环境。

（2）设定多个不同类型的商品交易主体。

（3）模拟不同时期的完整交易过程。

（4）总结各个时期交易得以顺利进行需要的条件。

（5）总结货币产生的过程、货币的职能。

（6）分析目前人民币的货币职能。

2. 根据实训结果形成实训报告。

3. 组织各小组汇报和讨论。

单元 2

金融的逻辑起点——把握信用

学习目标

【能力目标】

- 能够运用信用的基本知识正确解释现代经济是信用经济。
- 能够依据信用形式的基本理论分析、解释和判断现实社会中的不同信用形式。

【知识目标】

- 了解信用产生和发展的过程。
- 理解各种信用形式及其在经济活动中的作用。
- 掌握信用、各种信用形式的含义及信用活动的构成要素。

【素质目标】

- 树立正确的消费观，立志做有理想、敢担当、能吃苦、肯奋斗的新时代好青年。
- 树立诚信意识，弘扬诚信文化，健全诚信建设长效机制。
- 明确完善信用体系在构建高水平社会主义市场经济体制中的重要作用。

单元引例

完善信用体系在构建高水平社会主义市场经济体制中的重要作用

二十大报告明确提出，“构建高水平社会主义市场经济体制”，“完善产权保护、市场准入、公平竞争、社会信用等市场经济基础制度，优化营商环境”。这充分说明社会信用对市场经济体制很重要，是构建高水平社会主义市场经济体制的基础要素。同时，社会信用对构建新发展格局、推进高质量发展具有重要意义。党的十八大以来，我国社会信用体系建设取得了显著成效，社会信用体系架构基本形成，信用信息共享共用的全国枢纽已经贯通，行业信用管理持续推进，守信激励和失信惩戒机制的功能有效发挥，信用服务市场稳步发展，信用社会服务场景广泛开拓，政务、商务、社会和司法等领域的诚信水平明显提升。为深入贯彻落实“构建高水平社会主义市场经济体制”，信用制度的建设应坚持以人民为中心的发展思想，出台社会信用法等信用法律法规，强化标准建设，发挥数据要素的基础性作用，形成从信用信息收集、归集、储存、加工、共享、开放到应用的全生命周期管理机制，加强信用信息系统建设，将诚信文化理念寄于制度、教育和信用管理之中，充分体现社会主义核心价值，将信用管理主体的素质、信用服务产业的发展置于重要位置。2022 年 3 月，中共中央办公厅、国务院办公厅出台《关于推进社会信用体系建设高质量发展促进形成新发展格局的意见》，着力推进信用理念、信用制度、信用手段与国民经济体系各方面各环节的深度融合，体现了社会信用体系对构建以国内大循环为主体、国内国际双循环相互促进新发展格局具有重要意义。

那么，信用的存在形态、信用活动的构成要素如何，到底有哪些信用形式，我们已经参与了哪些信用活动，都是值得重视的问题，也是本单元接下来要介绍和讨论的内容。

2.1 信用、信贷与金融

案例引入

信贷有广义和狭义之分，广义的信贷包括借和贷两个方面的活动，体现债权债务关系及还本付息的特征。因此，广义的信贷等同于信用。狭义的信贷一般专指以银行为媒介的信用活动，即银行信贷，是银行存贷款等具体业务的总称，有时仅指银行作为授信方提供的银行贷款活动。通常我们所说的信贷多是指狭义的信贷。

信用的范畴是指借贷行为，其特点是以收回为条件的付出，或以归还为义务的取得。借贷行为是为了满足在不同所有者之间以不改变所有权为条件的财富调剂的需要。虽然实物借贷长期存在，表现出信用发展对货币运动的独立性，但是货币借贷日益成为借贷的主要形式。在前资本主义时代，信用和货币虽然有着密切联系，但金属铸币制度在很长的历史时期中都是独立于信用关系之外的，而当整个社会进入资本主义时代后，情况逐步发生了变化。信用货币，如银行券和存款货币等，最终取代了金属货币而成为流通中货币的基本形式。在这种情况下，任何独立于信用活动之外的货币制度已不复存在。相应地，任何信用活动都同时是货币的运动：信用的扩张意味着货币供给的增加；信用的紧缩意味着货币供给的减少；信用资金的调剂影响着货币流通速度以及货币供给的部门构成和地区构成……

至此，货币运动范畴和信用活动范畴各自独立发展的状况彻底终结，两者不可分解地联结在一起，相互渗透形成了新的范畴，它就是——金融。

请思考：什么是信用？信用是如何产生的？为什么说现代经济是信用经济？

知识解读

信用和货币一样，既是一个古老的经济范畴，又是金融学中一个十分重要的概念，它是商品经济发展到一定阶段的产物，在现代经济生活中，信用关系是极为重要的经济关系，已经渗透到社会生活的各个方面。

信用基本知识

2.1.1 信用的概念

2.1.1.1 信用的含义

信用一词源于拉丁文“credo”，意思为信任、相信、声誉等。不同的研究角度对信用有不同的解释。《辞海》对信用的解释是：指遵守诺言，实践成约，从而取得别人的信任。在金融学中，信用的含义则不限于此，它包含更深、更广的含义，并有其作为经济范畴的特征。

这里讨论的是经济意义上的信用，它是指以偿还和付息为条件的商品或货币的借贷行为。这种借贷行为包含价值运动的两个侧面，即以偿还、付息为条件的获得和以收回为条件的出让。

2.1.1.2 信用的特征

信用作为商品货币经济的范畴，不论其形式如何，都具有以下共同特征：

1. 信用以互相信任为基础

信用作为一种交易行为和交易方式，必须以交易双方互相信任为条件。如果交易双方互相不信任或出现信任危机，则很难达成信用关系，即使达成，也无法长久地持续下去。

2. 信用是有条件的，即偿还本金和支付利息

信用资金的借贷不是无偿的，而是以还本付息为条件的。信用关系一旦确定，债务人即承担按期还本付息的义务，债权人即拥有按期回收本息的权利。利息的多少与本金的大小及信用期限的长短紧密相关。一般来讲，本金越大，信用期限越长，需要支付的利息就越多。

3. 信用是价值运动的特殊形式

价值运动的一般形式是通过商品的直接买卖关系来实现的。在买卖过程中，一般卖者让渡商品的所有权和使用权，取得货币的所有权和使用权；而买者刚好相反。信用关系所引起的价值运动是通过一系列借贷、偿还、支付过程来实现的，信用关系存续期间，信用标的的所有权和使用权是分离的。贷出方只暂时转移或让渡商品或货币的使用权，所有权仍掌握在信用提供者手里；相应地，借入者只有暂时使用商品或货币的权利，并不能取得商品或货币的所有权。同时，从当期看，信用是价值的单方面转移，且偿还时非等额回流，而是超值归还。当信用关系结束时，信用标的的所有权和使用权又统一在原信用提供者手里。

4. 信用以收益最大化为目标

信用关系赖以存在的借贷行为是借贷双方追求收益最大化或成本最小化的结果。不论是货币借贷还是实物借贷，债权人将闲置资金（实物）借出，都是为了获取闲置资金（实物）的最大收益，避免资金（实物）闲置所造成的浪费；债务人借入所需资金或实物同样是为了扩大经营或避免资金不足所造成的经营中断，从而获取最大收益。

课堂讨论

信用是现代经济生活中的基石，也是个人获得财富的智慧。无论现代经济社会还是个人，都在遵循着一个重要的法则——无信不立。说说你所知道的关于信用的典故。

2.1.2 信用的存在形态

据有关信用的历史资料记载，信用一直是以实物借贷和货币借贷两种形态存在的。在自然经济占主导地位的社会，即以货币为媒介的商品交换关系尚未充分发展之前，当某一个体需要其他个体的某些产品，而当下尚无剩余产品同其交换或无力购买时，便承诺将来偿还该产品，或以偿还其他产品为条件来提前获取该产品，这便是实物借贷。这种借贷属于特定社会条件下的经济形式。随着商品货币关系的发展，货币逐渐成为借贷关系的主要对象，但是，货币借贷尚未能完全取代实物借贷。在一些相对落后的国家和地区，实物借贷仍广泛存在。只有当商品货币关系已成熟地渗透于经济生活的方方面面时，实物借贷才会正式退出历史舞台。

2.1.3 信用的构成要素

信用关系主要由下列要素构成：

1. 债权债务关系

信用关系要得以确立，至少应有两个当事人，即借入的债务人（也称受信者）和贷出的债权人（也称授信者）。债权人是信用标的的提供者，拥有到期要求债务人归还本金和利息的权利；而债务人是信用标的的接受者，应履行到期还款和付息的义务。可见，债权债务关系构成信用的基本要素。离开了债权债务关系，就无所谓信用。

2. 时间间隔

信用关系不同于买卖关系。买卖关系是一手交钱，一手交货，钱货两清，价值同时相向运动，不存在时间间隔。而信用是价值运动的特殊形式，其特殊性的表现之一就是价值在不同时间的相向运动，存在时间间隔，即借贷期限。因此，时间间隔是信用的又一要素。

3. 信用工具

信用工具是债权债务关系的载体。早期信用多以口头约定来确立债权债务关系，尽管有简便、灵活的特点，但口说无凭，容易引起争执。后来就发展为通过书面签约记载双方的债权债务关系。这种用来证明债权债务关系并具有法律效力的书面文件，就是信用工具。信用工具不但可以用来确定信用关系，同时也便于信用关系的转移，是现代经济条件下信用的必备要素。

4. 利率

信用作为价值运动的特殊形式，其特殊性还表现在借贷期结束后，流回的价值要高于当初流出的价值，这高出的部分就是授信者得到的回报，即利息。在确定信用关系时一般要同时确定利息与借贷本金的比率，即利率，也就是说，利率也是信用的重要因素。

2.1.4 信用的产生

信用作为一种借贷行为，它的产生、发展同商品货币经济紧密相连。商品货币经济的发展，特别是货币支付手段职能发展是信用赖以存在和发展的坚实基础。

信用是商品货币经济发展到一定阶段的产物。一般认为，当商品交换出现延期支付、货币执行支付手段职能时，信用就产生了。这句话中无疑包含着这样一层意思，即信用产生于货币之后。然而，从现有的资料来看，很难说明二者谁先谁后，从逻辑上也很难推导出谁是谁的前提条件。不可否认的是，信用与货币自古以来就存在着紧密的联系，二者都以私有经济的存在与发展为前提。一般认为，信用的产生必须具备两方面的条件：

首先，信用是在商品货币经济发展的基础上产生的。随着商品生产和交换的发展，在商品流通过程中便会产生出一些矛盾。商品生产过程有长短之分，销售市场有远近之别，这些都给商品价值的实现带来了困难，造成有的商品生产者出售商品时，其买者因自己的商品尚未卖出而无钱购买。为了使社会再生产能够继续进行下去，在销售商品时就不能再坚持现金交易，而必须实行赊销，即延期支付，于是，商品的让渡和其价值的实现在时间上就分离了。这样，买卖双方除了商品交换关系之外，又形成了一种债权债务关系，即信用关系。

其次，信用只有在货币的支付手段职能存在的条件下才能发生。当赊销到期、支付货款时，货币不是充当流通手段，而是充当支付手段，这种支付是价值的单方面转移。货币拥有支付手段职能，才能够在商品早已让渡之后独立地完成商品价值的实现；否则，赊销就不可能出现。

即学即练

单选题

信用产生的必要性在于（　　）。

A．商品交易的需要　　B．价值单方面转移的需要

C．货币余缺调剂的需要　　D．生产经营的需要

2.1.5 信用的发展

2.1.5.1 高利贷信用

1．高利贷信用的产生和发展

高利贷信用是高利贷资本的运动形式，是人类历史上最早产生的信用形式。高利贷信用的最突出特征是贷款利息率特别高。高利贷信用最早出现于原始公社末期。第一次社会大分工促进了生产力水平的迅速提高和商品经济的迅速发展，并使原始公社内部出现了私有制和贫富之分。穷人缺乏必要的生产资料和生活资料，不得不向富人借贷，并被迫接受支付高额利息的要求，这样就产生了高利贷。最初，部分高利贷是以实物形式出现的，随着商品货币关系的发展，货币借贷才逐渐成为高利贷的主要形式，并出现了专门从事货币借贷的高利贷者。

高利贷在奴隶社会和封建社会得到了广泛的发展。这是因为高利贷资本作为生息资本的特殊形式，是同小生产者即自耕农和小手工业者占优势的情况相适应的。小生产者拥有少量的财产作为借款的保证，同时他们的经济基础又十分薄弱，极不稳定，遇到天灾人祸就无法维持生计。为了获得购买手段，以换取必需的生产资料，他们不得不求助于高利贷。小生产者的广泛存在是高利贷信用存在和发展的经济基础。旧中国的高利贷十分活跃、名目繁多，华北盛行“驴打滚”，江浙一带有“印子钱”，广东则有“九扣十三归”。

除了小生产者之外，高利贷的需求者还包括一些奴隶主和封建主。奴隶主和封建主告贷是为了满足其奢侈的生活需要，如购买昂贵的装饰品、建造豪华的宫殿等。有时，他们还出于政治上的需要而告贷，如豢养军队、进行战争等。这些大量的货币支出往往无法通过租税收入得到满足，于是，便不得不向高利贷者求贷，这也促进了前资本主义社会高利贷信用的发展。

2．高利贷信用的本质

高利贷者大多是商人，特别是掌握着大量货币的货币经营者；其次，各种宗教组织，如

寺院、庙宇、教堂和修道院等，往往也积聚着大量的货币资财，其主要来源是善男信女们的布施和富有者委托保管的财产，这些宗教组织常常通过发放高利贷敛财；此外，一部分封建地主和富农也向贫苦农民发放高利贷。高利贷的年利率一般在 30% 以上，100% ～ 200% 的年利率也是常见的。高利贷的利率之所以高，主要有两个原因：一是借款人的借款大多不是用于追加资本、获取利润，而是为了取得购买手段和支付手段；二是在自然经济占统治地位、商品货币经济不发达的情况下，人们不容易获得货币，但对货币的需求又很大，这就为高利贷的形成创造了条件。

当我们用高利贷这个词泛指前资本主义社会中的信用关系时，它应包括这样几重含义：

（1）当时的经济条件决定了它的利率普遍高于现代社会中占主导地位的利率。

（2）它是高利盘剥的手段，成为摧残再生产的消极力量。

（3）同时，它也是经济中的必要因素，对于保持农业再生产、发展商业均有积极作用。

即学即练

单选题

高利贷最明显的特征是（　　）。

A. 利率极高　　B. 生产性　　C. 非货币比　　D. 非生产性

2.1.5.2　资产阶级反高利贷的斗争

在资本主义经济开始发展的阶段，资本家需要货币资本支持其发展，而极高的利率水平是资本家不能承担的。因此，反对高利率曾是新兴资产阶级为发展自己的事业而斗争的一项重要内容。

这种斗争并不是彻底反对借贷关系，而是要使借贷关系服从资本主义发展的需要，其焦点就是让利率降到资本所能获得的利润率水平之下。这种斗争最初表现为企图以法律来限制利率。例如，英国 1545 年的法案规定最高年利率为 10%，1624 年降到 8%，1694 年英国成立第一家现代银行——英格兰银行，将贴现率定为 4.5% ～ 6%，从而打破了高利贷者对信用的垄断。

在前资本主义社会经济条件下，任何降低利率的法令只能一时一地起些作用，而真正动摇其垄断根基的，则是资本主义自身发展所创造的条件。一方面，这是商品货币关系的极大扩展，在经济生活中，各种经济行为主体都会或此时或彼时、或多或少有闲置的货币，从而必然形成大量的货币资本供给；另一方面，迅速增长的货币需求也由于信用关系的发展、不断创造出信用流通工具来替代金属货币而得到满足。这就为利率从属于资本主义发展的需要提供了基础。

但是，高利率在丧失了垄断地位之后并未消失。在一些经济发展落后的国家，或一国之中某些经济落后的领域，仍然有高利贷的活动地盘。如今，即使是在发达的工业化国家中，敲骨吸髓的高利贷以暴力逼债和逼死债务人的事件仍时有所闻。

2.1.5.3　现代经济是信用经济

现代金融业正是信用关系发展的产物。在市场经济发展初期，市场行为的主体大多以延期付款的形式相互提供信用，即商业信用；在市场经济较发达时期，随着现代银行的出现和发展，银行信用逐步取代了商业信用，成为现代经济活动中最重要的信用形式。总而言之，信用交易和信用制度是随着商品货币经济的不断发展而建立起来的；进而，信用交易的产生和信用制度的建立促进了商品交换和金融工具的发展；最终，现代市场经济发展成为建立在错综复杂的信用关系之上的信用经济。现代经济是信用经济，具体可以从以下四个方面来把握：

1. 现代经济要求社会化大生产

现代经济是一种具有扩张性质的经济，需要不断地扩大生产规模，更新设备，推动生产。巨额资金的筹集主要是通过负债形式，需要借助各种信用工具来实现，这种扩张性经济的内在特点必然决定其对信用的要求。

2. 现代经济中最基本、最普遍的经济关系是债权债务关系

经济活动中的每一个部门、每一个环节都渗透着债权债务关系。经济越发展，债权债务关系越紧密，越成为经济正常运转的必要条件。信用关系中的个人、企业、政府、金融机构、国际收支这些部门的任何经济活动都离不开信用关系，表现在：个人通过在银行储蓄或取得消费贷款与银行形成了信用关系，个人购买国债、企业债券与政府或企业形成了信用关系；企业在信用关系中既是货币资金的主要供给者，又是货币资金的主要需求者；政府通过举债和放贷形成与个人、企业、金融机构或其他机构之间的信用关系；金融机构作为信用中介从社会各方面吸收和积聚资金，同时通过贷款等活动将其运用出去；国际收支的顺差、逆差的调节也离不开信用。这说明信用关系已成为现代经济中最基本、最普遍的经济关系。

3. 现代经济中的交易媒介是信用货币和各种信用工具

信用货币是最基本的货币形式。各种经济活动形成各种各样的货币收支，而这些货币收支最终都是银行的资产和负债，都体现了银行与其他经济部门之间的信用关系。同时，各种信用工具作为现代经济发展的投融资媒介，渗透在经济的方方面面，成为现代经济不可或缺的重要构成内容。

4. 现代信用可以推动经济的增长

一方面，通过信用动员闲置资金，可以将消费资金转化为生产资金，直接投入生产领域，扩大社会投资规模，增加社会就业机会，增加社会产出，促进经济增长；另一方面，信用可以创造和扩大消费，通过消费的增长刺激生产扩大和产出增加，也能起到促进经济增长的作用。此外，信用为股份公司的建立和发展创造了条件，信用聚集资本、扩大投资规模的作用通过股份公司的形式也得到了充分发挥。

与之并行，现代经济的波动性和风险积聚也与信用密不可分。信用对经济的消极作用主要表现在信用风险和经济泡沫的出现。信用风险是指债务人无法按照承诺偿还债权人本息的风险。在现代社会，信用关系已经成为最普遍、最基本的经济关系，社会各个主体之间债权债务交错，形成了错综复杂的债权债务链条，一旦这个链条上有一个环节断裂，就会引发连锁反应，对整个社会的信用体系造成很大的危害。经济泡沫是指某种资产或商品的价格大大地偏离其基本价值。经济泡沫的开始是资产或商品的价格暴涨，价格暴涨是供求不均衡的结果，即这些资产或商品的需求急剧膨胀，极大地超出了供给，而信用对膨胀的需求给予了现实的购买和支付能力的支撑，使经济泡沫的出现成为可能。

思考与提升

信用与诚信

“信用”一方面的含义属于经济范畴，即是一种以到期还本付息为条件的单方面的价值转移。另一方面“信用”一词也是属于社会伦理学的范畴词汇，是诚信、守诺言、不欺诈的意思。通俗地说，就是说话算数，有约必践。人们针对假冒伪劣、坑蒙拐骗等现象所指出的信用缺失、信用失范等问题中的“信用”，其实就是这层含义的信用。

“信用”这两方面的含义是紧密联系的。如果行为主体不诚实守信，不守诺言，欺诈成性，那么就很难想象作为以偿还为条件的单方面价值转移形式的信用会广泛存在，逃废债权、赖账不还就是行为主体不诚信、不守诺言的后果，结果造成银行惧贷，企业不敢赊账。现代市场经济配置资源的机制，离不开发达的信用机制的广泛运用。例如上市公司和中介机构造假欺骗投资者，就会严重挫伤投资者的积极性，进而影响资本市场的发展，对经济的健康运行也造成不良后果，因而上市公司和中介机构的诚信问题得到了广泛的重视。

问题讨论：我们如何在工作与生活中提高诚信意识和信用水平，践行诚信建设？

总结提高：对单个主体而言，作为信用体现的“信誉”“守信”以及“诚信”等，也是一种能给自己带来价值的无形资产。诚信既是中华优秀传统文化在长期实践中所积累的精神财富，也是社会主义核心价值观的一项基本内容。

2.2 从房屋按揭贷款被拒谈起

案例引入

市民郝小姐在一家银行申请房屋按揭贷款时被拒绝了，银行工作人员说她的信用报告上有不良记录，所以不能发放贷款。郝小姐赶忙来到人民银行查询自己的信用报告，但发现上面并没有什么信息标着“不良”，郝小姐很疑惑：为什么银行说她的信用不良？

郝小姐向人民银行工作人员咨询，工作人员告诉她，个人信用报告是客观记录个人信用活动的文件，并不对信用优劣做评价。人民银行征信中心以客观、中立的原则对采集到的信息进行汇总、整合，既不制造信息，也不对个人的信用行为进行评判，所以在信用报告中不会出现“良”或“不良”的字样。例如，某人有一笔贷款逾期几天未还，信用报告中将记载为这笔贷款逾期（主要体现在“当前逾期期数”“当前逾期总额”“24 个月还款状态”“逾期 31 ～ 60 天未归还贷款本金”等项目），而不会记载有“此人逾期还款，记录不良”等字样，所以在信用报告中是找不到所谓的“不良记录”的。

在个人申请贷款时，银行的工作人员可能会说“因为你有不良记录，所以不能贷款”，这实际上是银行工作人员根据信用报告中的客观历史记录，如“24 个月还款状态”栏记载曾连续 3 个月出现逾期还款现象，或“累计逾期次数”栏记载曾累计 5 次逾期还款等，按照该行的信贷政策、审核标准等，对申请人的信用状况做出的判断。各银行的判断标准不尽相同，对同一个人的信用状况可能做出不同的评判。

请思考：房屋按揭贷款是一种什么形式的信用？郝小姐贷款为何被拒？郝小姐的不良信用记录还可能是由哪些其他的信用形式引起的？信用形式到底有哪些？

知识解读

随着商品货币经济的发展，信用形式日趋多样化。信用形式是信用关系的具体体现。信用按照不同的标准可以进行不同分类。以其期限为标准，信用可以分为即期信用、短期信用和长期信用；以有无抵押为标准，信用可分为担保信用和无担保信用；以其主体为标准，信用可以分为商业信用、银行信用、国家信用和个人信用。这里主要从信用的主体标准分类介绍各种信用形式。

2.2.1 商业信用

商业信用

1. 商业信用及其特点

商业信用是指企业之间相互提供的、与商品交易相联系的信用。其具体形式有赊销商品、分期付款、委托代销、预付定金、预付货款等，归纳起来主要有赊销和预付两大类，其中赊销是商业信用的典型形式。

商业信用具有以下特点：①商业信用的参与主体是各种类型的企业，即债权人和债务人都是企业。商业信用是以商品形式提供的信用，不仅债务人是从事商品生产或流通的企业，债权人也必须是从事商品生产或流通的企业。②商业信用发生在商品流通过程之中，直接服务于商品的生产和流通。商业信用是在企业购销活动中发生的一种信用形式。在当今社会化大生产过程中，各个企业生产经营活动的联系更加紧密，相互依赖的程度更深。对于企业来说，商品销售是重要一环，但购货方常常因没有足够的资金而无力支付货款。在这种情况下，销货方可以采用赊销的方式向购货方提供商业信用实现销售，购货方按双方约定的期限及利息补偿进行还款，结果是双赢。应当说，商业信用润滑、加速了商品生产和流通的过程，有利于促进经济增长。③商业信用是买卖行为和借贷行为的统一，商业信用是企业之间以商品形态提供的信用，在这一过程中包含着两个同时发生的经济行为——买卖行为和借贷行为。授信企业与受信企业之间既是借贷关系，又是买卖关系，借贷行为是建立在商品买卖基础之上的，没有商品买卖，就不存在商业信用。

2. 商业信用的局限性

商业信用虽然在促成买卖双方成交、润滑整个生产流通过程、促进经济等方面有明显作用而被广泛应用于商品推销和国际贸易领域，但其局限性也不应忽视。商业信用的局限性主要表现在：①商业信用的规模受到授信企业所拥有的货物与资金数量的限制。②商业信用在授信方向上受到限制。一般情况下，只能是生产企业向商业企业、批发企业向零售企业、上游企业向下游企业等提供信用，而不能相反。③商业信用的范围受到限制。商业信用只适用于有经济业务联系的企业之间相互提供，这样就限制了商业信用的适用范围。④商业信用的期限受到限制。商业信用提供的主体是工商企业，工商企业的生产和经营要循环往复地进行下去，其资金就不能长期被他人占用，否则，就有可能使生产中断。因此，商业信用只能解决短期资金融通的需要。⑤增加了政府宏观调控的难度。商业信用是企业间自发分散地进行的，国家难以直接控制和掌握其规模和发展方向。当货币政策当局估计不足时，易造成过多的货币投放，引起通货膨胀；而当货币政策当局估计过高时，易造成货币投放不足，引起通货紧缩。

2.2.2 银行信用

1. 银行信用及其特点

银行信用是银行等金融机构以货币形式向其他经济个体（企业、单位、个人）提供的信用。其表现形式主要是银行吸收存款和银行发放贷款。银行信用是在商业信用基础之上发展起来的一种更高层次的信用，它和商业信用共同构成了经济社会信用体系的主体。

银行信用具有以下特点：①银行信用是以货币形式提供的，具有灵活性。银行信用的借贷对象是货币，银行将分散的小额货币以存款等方式聚积成巨额的信贷资金，再以贷款等方式提供给资金短缺的企业、单位和个人，它不受方向、使用范围及数量的限制，具有范围广、规模大、灵活性强的特点。②银行信用具有间接性。银行的主要业务是存贷款业务，银行一方面以债务人的身份从社会上广泛吸收存款，另一方面又以债权人的身份将通过存款聚集的资金向企业、单位和个人贷放，从而成为社会的信用中介。③银行信用具有广泛的可接受性。银行等金融机构具有很高的社会信用声誉，债务凭证具有广泛的可接受性，因而与商业信用相比，银行信用对经济发展具有更大的促进作用。④银行信用具有创造货币的功能。任何经济单位都必须先获得商品或货币，然后才能提供信用，唯有银行不仅能从社会上吸收存款，而且还可以派生存款，创造自身的资金来源。

2. 银行信用的地位与作用

银行信用是商业信用发展到一定阶段后产生的，它克服了商业信用的局限性，具有规模大、成本低、风险小的优势。银行作为专门的信用中介机构，具有较强的专业能力来识别与防范风险；银行不仅能提供信用，而且能够创造信用，对商品经济的发展有巨大的推动作用。就我国目前的信用体系而言，银行信用是主体，居于核心地位，其他信用形式都不同程度地依赖于银行信用。

延伸阅读

1. 银行信用与商业信用的关系

银行信用与商业信用之间是互为条件、相互支持、相互促进的伙伴关系。一方面，银行信用是在商业信用的基础上产生和发展起来的，而且商业信用票据化以后，以商业票据为担保的贷款或商业票据贴现业务，比单纯的信用贷款业务风险要小一些，有利于银行进行风险管理。另一方面，商业信用的发展依赖银行信用的支持。如果没有银行信用的支持，商业信用的授信者就会在授与不授、期限长短上有较多的顾虑，而有了银行信用的支持，授信者就可以解除后顾之忧。

2. 银行信用等级的划分、符号及含义

（1）银行间债券市场长期债券信用等级划分为三等九级，符号表示分别为：AAA、AA、A、BBB、BB、B、CCC、CC、C。其等级含义如下：

AAA 级：偿还债务的能力极强，基本不受不利经济环境的影响，违约风险极低。

AA 级：偿还债务的能力很强，受不利经济环境的影响不大，违约风险很低。

A 级：偿还债务能力较强，较易受不利经济环境的影响，违约风险较低。

BBB 级：偿还债务能力一般，受不利经济环境影响较大，违约风险一般。

BB 级：偿还债务能力较弱，受不利经济环境影响很大，有较高违约风险。

B 级：偿还债务的能力较大程度地依赖于良好的经济环境，违约风险很高。

CCC 级：偿还债务的能力极度依赖于良好的经济环境，违约风险极高。

CC 级：在破产或重组时可获得保护较小，基本不能保证偿还债务。

C 级：不能偿还债务。

除 AAA 级，以及 CCC 级（含）以下等级外，每一个信用等级可用“+”“-”符号进行微调，表示略高或略低于本等级。

（2）银行间债券市场短期债券信用等级划分为四等六级，符号表示分别为：A-1、A-2、A-3、B、C、D。其等级含义如下：

A-1 级：为最高级短期债券，其还本付息能力最强，安全性最高。

A-2 级：还本付息能力较强，安全性较高。

A-3 级：还本付息能力一般，安全性易受不良环境影响。

B 级：还本付息能力较低，有一定的违约风险。

C 级：还本付息能力很低，违约风险较高。

D 级：不能按期还本付息。

2.2.3 国家信用

1. 国家信用及其作用

国家信用是指以国家及其附属机构作为债务人或债权人，依据信用原则向社会公众和国外政府举债或向债务国放债的一种形式。

在现代社会中，国家信用主要表现为国家作为债务人的负债行为，若债权人是国内的企业单位、公民，则为国内信用，也称为国家的内债；若债权人是国外政府、企业、公民，则为国际信用，也称为国家的外债。其中，国内信用是国家信用的主要构成部分。

国家信用在现代经济生活中起着积极的作用：

（1）国家信用是弥补财政赤字、解决政府困难的较好途径。财政赤字的出现是各国经济运行过程中的常态。解决财政赤字的途径有三种，即增加税收、向中央银行借款和向社会举债。增加税收不仅要经过严格的立法程序，而且容易引起公众不满，抑制投资和消费；向中央银行借款或透支将直接导致货币供给增加，容易引发通货膨胀，况且大多国家的中央银行法禁止政府从银行透支；政府向社会举债，只是部分社会资金使用权由非政府部门转移到政府部门，有借有还，有经济补偿，一般不会产生副作用。因此，发行国债弥补财政赤字成为当今各国的通行做法。

（2）国家信用是政府实施宏观调控的重要手段。一方面，政府可以利用国家信用调节社会总需求，如在经济增长的滞缓阶段，通过增发国债及投资，增加并带动社会投资需求乃至消费需求的扩大，从而拉动经济增长；另一方面，政府可以利用国家信用调节投资方向，如政府将长期国债收入投资于市场不愿配置资源的一些投资大、周期长、利润回报率低、风险大的基础性产业，通过优化投资结构达到优化经济结构的目的。

2. 国家信用的形式

国家信用就其内债而言，主要有以下几种形式：

（1）公债。公债是国家为了弥补财政赤字或进行国家重点建设而发行的中长期政府债券，是内债的主要形式。

（2）国库券。国库券是为了应付国家短期预算支出需要发行的一种短期公债，期限一般在 1 年以内。

（3）专项债券。专项债券是政府为了某专项具体建设或工程筹集资金而发行的债券，一般以项目建成后取得的收入作为保证。

国家信用就其外债而言，主要形式有：①国际债券，即政府委托金融机构在国际资本市场发行的以外币标明面值的债券，目的是筹措中长期外汇资金。②政府借款，即一国政府向其他国家政府、国际金融机构、国外商业银行等借款。

2.2.4　个人信用

1. 个人信用及其作用

个人信用是指基于信任、通过一定的协议或契约提供给自然人（及其家庭）的信用，使得接受信用的个人不用付现就可以获得商品或服务。它不仅包括用于个人或家庭消费用途的信用交易，也包括用于个人投资、创业以及生产经营的信用。个人信用制度则是关于个人信用交易的规则体系。

个人信用制度要发挥作用需要两个支点：完善的个人信用调查机制和规范的个人资信评估机制。个人信用调查是开展个人信用业务活动的基础。个人资信档案的资料来源于两个方面：一方面是借款人向银行申请贷款时提交的贷款申请表，包括贷款历史、居住状况、收入情况、婚姻状况等方面的信息；另一方面是信用管理的专门机构提供的与借款人信用有关的资料，包括未偿还债务记录、信用卡透支状况、在其他金融机构的贷款记录等。其中居民应用量最大的信用卡资料是极为重要和全面的。

而对个人消费信贷进行评估是个人资信档案的应用和深化，也是消费者获得银行贷款的必经步骤。在国外，银行一般采取主观判断法和信用评分的数量分析法。数量分析法是基于统一的信用评分模式对贷款申请划分等级进行评分。在实际操作中，主观判断法和数量分析法通常相互结合运用，互为补充。其中数量分析法中最重要的是对“支付能力”的评定。“支付能力”指两个方面：一是收入，主要是指稳定的、足够的收入来源，包括专职工作收入、兼职工作收入、投资收入等，这是个人信用评定的基础；二是现金流量，即支出与收入的比率，个人支出包括其他未付账款的月平均额、房租、赡养费、抚养费等，这些月支出的总和与月收入的总和比率在 40% 以下，则认为借款者有足够的能力偿还贷款。

2. 个人信用的形式

个人信用可以表现为个人经营信用和个人消费信用两种形式。个人经营信用是企业信用的人格化和具体化，是企业信用关系在经营者个人身上的集中反映。个人消费信用是指个人以赊账方式向商业企业购买商品，包括金融机构向个人提供的消费信贷。个人消费信用的对象主要是耐用消费品，如房屋、汽车、家具、电器等，甚至包括教育、医疗及各种劳务。

银行提供的消费信用通常采用以下两种形式：一种是直接消费信用，即直接贷款给消费者，用于购买商品和支付各种劳务。另一种是间接消费信用，即间接向消费者提供信用，具体做法是：先由银行同以信用方式出售商品的企业或商店签订贷款合同，然后，银行将贷款资金付给企业，以后由消费者分期偿还银行贷款。这种消费信用一般是中期的。此外，银行和其他金融机构贷款给个人用于购买或建造住房也是一种消费信用，属长期消费信用。

消费信用按贷款的偿还时间不同，可以分为分期付款的消费信用和非分期付款的消费信用两大类。

（1）分期付款消费信用。分期付款的消费信用是指消费者所欠的购货款按周、按月或按年偿还的消费信用，最常见的分期付款消费信用是用于购买汽车和住房。分期付款消费信用的契约主要包括三个部分，即第一次支付现款的金额、契约的期限和利息费用。其中对消费者来说，最关心的是契约的期限，因为这与消费者每次的付款额直接相关；而对于贷款人来说，最关心的是第一次支付的现款额，因为这关系到货款的安全。分期付款消费信用的一般做法是：消费者与贷款人签订契约后，先支付一笔现款；然后，根据契约所规定的期限和利率水平，分期偿还贷款，并支付利息。

例如，一辆汽车的价格为 10 万元，消费者先支付 3 万元现金，其余的 7 万元属于借款。假如期限为 12 个月，利息费用为 2 000 元，那么，消费者的借款加上利息共 72 000 元，分 12 个月偿还，每月偿还 6 000 元。如果消费者第一次支付现款的金额更大一些，或者契约的期限不是 1 年，而是更长一些，则其每次按月偿还的金额就要小一些；反之，消费者每月支付的金额就要多一些。除汽车和住房贷款以外，家具和家用电器等耐用消费品也广泛采用分期付款的方法销售。

（2）非分期付款消费信用。非分期付款消费信用是指一次性整笔偿还所借款项的消费信用，包括记账和劳务信贷。记账又称“赊购”，这种方法往往在消费者想要购买某一件商品，但又没有现款支付时采用。这是非分期付款消费信用中最普通、最主要的方式。劳务信贷是电信、电力和燃气公司等公用事业部门向消费者提供的信用。例如电信公司在每月的月初向用户发出上月账单，要求客户将上月的费用一次付清。这种劳务信贷对于借贷双方都可提供便利。

3. 我国消费信用的产生与发展

我国的消费信用始于 20 世纪 50 年代，随后一度被取消。银行以住房为突破口开展的信用消费起步于 20 世纪 80 年代，但在当时计划经济占主导地位、市场经济尚不发达的情况下，信用消费并不具备充分发展的经济基础和市场条件，因此信用消费品种单一、范围窄、规模小，仅处于萌芽和摸索阶段。20 世纪 90 年代以来，我国经济快速发展，居民生活水平不断提高，在住房、汽车等领域出现了比较旺盛的需求。同时，随着买方市场的形成，消费需求不足成为制约经济增长的主要因素，政府采取多种措施扩大内需，信用消费作为刺激消费需求的有效手段得到重视和推广，各项旨在鼓励个人信用消费的政策、法律、法规相继出台。从提供消费信用的机构看，目前国内所有商业银行及信用合作社都已不同程度地开办了消费信用业务。从信用消费的品种看，经过近几十年的发展，形成了包括个人住房与住房装修贷款、汽车消费贷款、信用卡消费贷款、大额耐用消费品贷款、教育助学贷款、旅游贷款、医疗贷款、个人综合消费贷款、个人短期信用货款及循环使用额度贷款等十几个大类、上百个品种的信用消费品种体系。

学中做，做中学

在金融科技不断进步的背景下，大学生可以接触到的消费信用产品日益增多。我国消费信用的主要形式有两种，一种是银行推出的针对大学生的信用卡，其额度较低，且银行普遍设置了年龄门槛和第二还款源，同时对于违约的管理也比较严格。另一种则是互联网消费信用，比如蚂蚁花呗、京东白条、支付宝信用贷（原“借呗”）等。这些网络消费平台提供的信用多数是根据信用消费的频率逐次提升额度，即基于大学生每月使用的次数和借贷的金额大小设置信用额度，往往消费次数越多、金额越大，给予的额度就越高，由此引发了一些大学生过度借贷、逾期无法还款的现象。例如，一名大学生在刚开始使用信用贷时，额度只有 500 元，他在花完生活费后，用信用贷额度的 500 元钱维持到了下个月，每次还清贷款后，他的额度就会有所提高，最后高达 5 000 元。由于该学生持续消费，最终无法按时还款，只能向父母道出实情。

学中做：请调查了解同学中使用互联网消费信用的情况。

做中学：我们应如何科学合理地看待消费信用？

单元小结

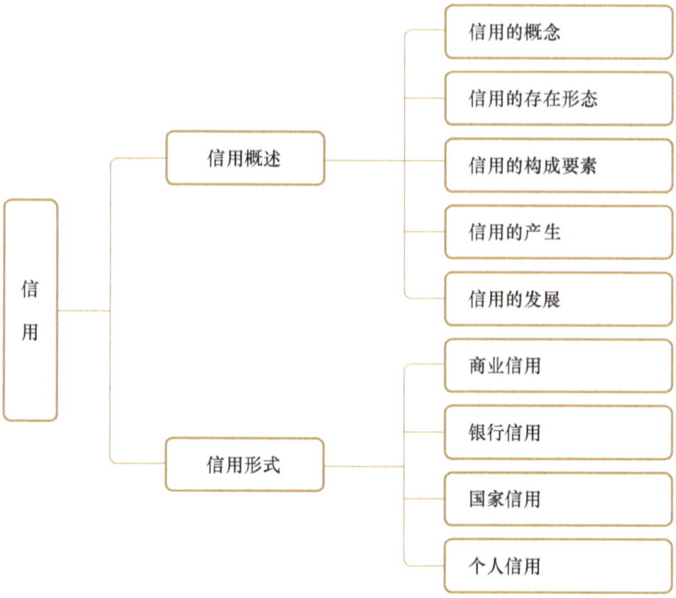

复习思考题

一、单项选择题

1. 信用活动中，货币主要执行（　　）。

   A. 价值尺度职能　　B. 支付手段职能

   C. 流通手段职能　　D. 贮藏手段职能

2. 商业信用最典型的做法是（　　）。

   A. 商品批发　　B. 商品代销　　C. 商品零售　　D. 商品赊销

3. 国家信用的主要形式是（　　）。

   A. 发行政府债券　　B. 短期借款

   C. 长期借款　　D. 征税

4．利用信用卡透支属于（　　）。
A．商业信用　　B．银行信用　　C．国家信用　　D．消费信用
5．工商企业间在销售商品时由购货企业向销货企业支付的预付款是（　　）性质。
A．民间信用　　B．银行信用　　C．商业信用　　D．消费信用
6．（　　）是指工商企业、银行和其他金融机构向消费者个人提供的、用于其消费支出的一种信用形式。
A．银行信用　　B．商业信用　　C．国家信用　　D．消费信用
7．下列关于银行信用和商业信用关系的表述中，错误的是（　　）。
A．银行信用克服了商业信用的局限性
B．银行信用的出现进一步促进了商业信用的发展
C．银行信用是在商业信用广泛发展的基础上产生并发展起来的
D．商业信用是在银行信用广泛发展的基础上产生并发展起来的
8．（　　）是指以政府作为债权人或债务人的信用。
A．银行信用　　B．商业信用　　C．国家信用　　D．消费信用

二、多项选择题

1．下列属于银行信用的是（　　）。
A．银行吸收个人存款　　B．银行购买国债
C．银行发行信用卡　　D．银行给企业发放贷款
E．银行代理收费
2．下列属于国家信用的是（　　）。
A．政府发行债券　　B．政府从他国政府借款
C．政府从国际金融机构借款　　D．政府降低税率
E．政府向贫困地区增加拨款
3．银行信用和商业信用的关系是（　　）。
A．银行信用是在商业信用广泛发展的基础上产生并发展起来的
B．银行信用克服了商业信用的局限性
C．两者完全独立
D．银行信用的出现进一步促进了商业信用的发展
E．商业信用是在银行信用广泛发展的基础上产生并发展起来的
4．目前国家信用的工具主要包括（　　）。
A．中央政府债券　　B．地方政府债券
C．金融债券　　D．政府担保债券
E．商业票据

三、问答题

1．简述信用的产生和发展。
2．简述信用在现代市场经济运行中的作用。
3．简述商业信用的特点、作用及局限性。
4．简述银行信用与商业信用的区别和联系。

四、案例分析

1．充分运用各种信用形式为企业投资服务

某外向型企业进行了如下筹资、投资活动：①向银行借款 550 万元用于办公设备更新；②以分期付款的方式从国内某企业购进 200 万元的原材料；③经审批发行期限为 3 年的企业债券，共筹资 3 000 万元；④向内部职工集资 1 000 万元；⑤以延长付款的方式出口货物一批，合同金额为 1 000 万元，同时获得我国进出口银行信贷支持 1 500 万元；⑥从国外进口材料一批，并商定以产成品偿还；⑦购买某股份有限公司发行的可转换债券 220 万元；⑧购买当年发行的记账式国债 500 万元；⑨年底在银行存入 3 个月的定期存款 600 万元以备来年之需。此外，该企业还进行了增持某上市公司股份的运作。

问题：该企业以上投融资活动涉及哪些信用形式？

2．关于国家助学贷款发展问题的思考

国家助学贷款是以帮助学校中经济确实困难的学生支付在校期间的学费和日常生活费为目的，运用金融手段支持教育，资助经济困难学生完成学业的重要形式。

中国工商银行、中国农业银行、中国建设银行、中国银行等具体办理助学贷款的审核、发放、回收等项工作。高等院校中经济困难的全日制本、专科学生和研究生，可向上述银行申请国家助学贷款，不用提供担保，其利率按同档次基准利率执行，贷款学生在校学习期间的助学贷款利息全部由财政补贴。全日制本、专科学生每人每年申请贷款金额不超过 12 000 元，全日制研究生不超过 16 000 元。

国家助学贷款在发展初期曾出现以下问题：

银行方面：一方面，因为借款人还款能力的不确定性以及没有相应的抵押物，所以银行助学贷款潜在损失的风险巨大，缺少相应的管理经验及风险分散机制；另一方面，助学贷款收益低、成本高。正是由于这些原因，国有商业银行在自主经营、自负盈亏的情况下多有担忧。

学生方面：①少数学生恶意违约；②贷款的学生考上了研究生，没有做好还贷展期工作；③有些学生就业有困难，或工资水平比较低，心有余而力不足；④一些偶然因素，比如学生一时遗忘。

学校方面：学校不是借贷的主体，但在国家助学贷款发展还不完善的情况下，学校要承担学生违约的部分责任，鉴于此，学校在为学生和银行“牵线搭桥”的过程中多有顾虑；另外，一些高校领导对国家助学贷款重视不够，与银行合作不到位。

政府方面：鉴于各种原因，未及时探索出十分完善的方法来解决国家助学贷款业务中的问题，制约了业务开展的进度；其次，有关方面未依照文件规定，按时将贴息经费拨入专用账户，影响了银行的积极性。

2004 年国家对助学贷款政策和机制进行了重大改革，建立了以风险补偿机制为核心的新政策、新机制；2006 年启动国家助学贷款代偿机制等，为完善以国家助学贷款为主体的高校经济困难学生资助体系奠定了良好基础。近年来，国家助学贷款政策多次进行调整完善，旨在让更多的学生能够得到资助并减轻还款压力。

问题：作为大学生，你如何看待助学贷款的违约问题？应如何解决这一问题？（联系国家颁布的助学贷款规定。）

技能实训

模拟信用交易

1. 通过不同借贷交易的过程模拟，理解信用的本质和产生条件，总结信用交易的内容。

（1）同学分组。

（2）各组选定一种模拟借贷情境。

（3）各组完成情境设计及表演。

（4）各组总结借贷交易，分析其过程。

（5）从理论上总结信用的概念和信用交易。

2. 根据实训结果形成实训报告。

3. 组织各小组汇报和讨论。

单元 3

钱是怎样“生”钱的——存钱的学问

学习目标

【能力目标】

- 能够正确计算利息与利率。
- 能够分析利率在经济现象中的影响与作用。

【知识目标】

- 了解利息的来源，理解利息的本质，掌握利息的计算方法。
- 掌握利率的种类，理解利率在经济运行中的作用。
- 理解影响利率水平高低的各种因素。

【素质目标】

- 深刻理解利息与跨时间、空间交易之间的关系。
- 树立基本投资理念。
- 坚定道路自信、理论自信、制度自信、文化自信。

单元引例

不可小觑的利率

假设某人准备现在为刚刚出生的孩子买一份人寿保险，保险公司需要投保人交纳保险费 1 万元，并且承诺在 60 年后，也就是在孩子 60 岁的时候，一次性返还其 10 万元。如果这是在银行存款年利率为 5% 的情况下，那么这种保险值得买吗？经过对比，现在的 1 万元如果存在银行，60 年后的本利和是 18.679 万元；60 年后的 10 万元现值是 5 353.6 元。这种保险的年利率不到 4%。

利息与利率是金融学里的重要概念，也是调节经济的重要指标。接下来的内容将从了解利息的本质入手，分析利息的作用、利率体系与利率的决定，继而引出利率的功能，同时本单元还将介绍利息的计量，有助于深入了解利息与利率。

3.1 形形色色的利息

案例引入

历史上的不同学者对利息有不同的认识：

（1）利息报酬理论。威廉·配第、约翰·洛克等人认为，利息是因暂时放弃货币的使用权（而给贷方带来不方便）而获得的报酬。

（2）资本租金论。达德利·诺思把放出货币所收取的利息看成是地主所收取的租金。

（3）利息剩余价值说。亚当·斯密认为利息具有双重来源，其一，当借贷的资本用于生产时，利息来源于利润；其二，当借贷的资本用于消费时，利息来源于其他收入，比如，地租。

（4）节欲论。西尼尔认为，利息是资本家节欲行为（牺牲眼前的消费欲望）的补偿。

（5）时差利息论。庞巴维克认为，现在的物品的价值通常高于未来的同一类和同一数量的物品的价值（满足即期需要，已经控制在手，能投入生产创造利润等原因），其间产生一个差额，利息就是用来弥补整个价值差额的。

（6）流动偏好论。凯恩斯认为，利息是在特定时期内，人们放弃货币周转灵活性的报酬。

请思考：你认为利息是什么？可以给出你自己的定义吗？利息怎么计算呢？

知识解读

前面我们学习了信用，信用不仅具有偿还性，还具有付息性，因此，在信用活动中，必然要涉及利息和利率的问题。利率问题是金融市场最基本、最核心的问题之一，几乎所有的金融现象都与利率有着或多或少的联系。

3.1.1 利息的含义及实质

1. 利息的含义

利息是与信用密切相连的经济范畴，它是随着借贷行为的产生而产生的。在信用活动中，货币资金的所有者在不改变所有权的前提下，将其所持有的货币资金使用权在一定期限内让渡给需要货币的借入者。到期时，借入者不仅要偿还借入的货币，还须给货币资金的所有者一个增加额，这个增加额就是利息。对货币所有者（贷款人）来说，利息是其让渡货币资金使用权而获得的报酬；对货币借入者（借款人）来说，利息是其取得货币资金使用权而付出的代价。利息成为货币资金使用权转让的必备条件。

2. 利息的本质

利息直接来源于利润。贷款人把货币作为资本贷放出去后，由借款人使用。借款人或将其作为产业资本从事生产，或将其作为商业资本从事流通，两种方式都能产生利润。生产或流通过程结束后，借款人归还所借资本，并把利润的一部分支付给贷款人，作为使用借贷资本的报酬。

利息只是利润的一部分。利润不过是剩余价值的转化形态，在资本主义商品生产条件下，商品的价值（W）由三部分组成：生产资料的价值（不变资本）c、用于补偿可变资本的价值 v 和工人创造的剩余价值 m，即 $W=c+v+m$。利润和剩余价值实质上是相同的，所不同的是剩余价值是相对于可变资本而言的，而利润则是相对于全部预付资本而言的。剩余价值是利润的本质，利润则是剩余价值的表现形式。利息对利润的分割也就是对剩余价值的分割。

课堂讨论

利息来源于利润。假设一家企业在通过贷款进行扩大再生产的过程中，出现了亏损，是否还需要支付利息？

3.1.2 利息的作用

1. 利息是节约资金的杠杆

由于企业在生产和经营中使用银行贷款，使用得越多、期限越长，必然会增加利息负担。同理，在信贷资金量一定的情况下，利率越高，借款企业的利息负担也就越重。因此，利息是促进企业加强经济核算、节约资金的杠杆。企业借款实际上是把利息计入生产成本，在其他条件不变的情况下，利息负担重意味着成本高、利润少；反之，利息支付少，意味着借款企业使用银行贷款少或是借款期限短，成本必然降低，利润相应增加。这样，利息就会促进企业提高劳动生产率，降低成本，提高利润水平。必须指出的是，利用利息杠杆调节经济的重要条件是资金供应者和资金需求者必须讲求经济利益，独立进行经济核算，自担风险，自负盈亏，只有这样才会注重利息的支出。否则，不进行经济核算，在资金上不论盈亏，那么利息杠杆的调节作用就无法发挥，必然会造成银行供应资金的放任、企业使用贷款的浪费。

2. 利息是筹集资金的工具

银行通过信用方式动员资金的主要特征是有偿性和自愿性。人们之所以自愿将钱存入银行，是因为它的有偿性。有偿性的具体表现是支付利息。个人把暂时不用的闲置资金存入银行或购买有价证券，与存放在保险柜里是不同的。前者把钱存放在银行或购买有价证券后，过一段时间货币能发生增值，而后者不但不能增值，还可能因通货膨胀而发生贬值。因此，通过信用方式动员筹集闲散资金具有一定的吸引力，其根本原因就在于支付利息，并且一般情况下利率要高于通货膨胀率，即实际利率（名义利率与通货膨胀率之差）应大于零。

3. 利息是国家调节宏观经济的重要手段

国家通过利率的调整实施紧缩或放松的货币政策，以达到调控经济的目的。我国在不同时期，针对当时的经济状况和政策目的要求，制定了不同的利率政策，针对不同地区的实际情况实行差别利率、优惠利率等政策，都对调节国民经济产生了重要的影响。随着银行体制的改革，中央银行在国民经济中的地位越来越重要，通过中央银行灵活地调整利率，利息的作用得到更好的发挥。

4. 利息是金融企业实行经济核算的基础

金融企业是独立核算、自负盈亏的经济实体，经营金融资产和负债业务必须获取利润。否则，银行业务经营的积极性将受到打击。一般情况下，银行存款利率要低于贷款利率，存贷利率差形成银行业务收入。按照国家规定，银行收入中的一部分通过税收形式，上缴国家财政，形成国家积累资金，用于扩大再生产。因此，银行利息收入的多少，不仅关系到银行自身的发展，同时也是国家积累资金的重要渠道。

5. 利息是影响居民资产选择行为的基础

在居民实际收入水平不断提高、储蓄率日益加大的情况下，出现了资产选择行为。金融工具的增多为居民的资产选择行为提供了客观依据，而利息收入则是居民资产选择行为的主要诱因。高储蓄率一直是我国经济的一大特征，这为经济高速增长提供了坚实的资金基础，而居民在利息收入诱因下的种种资产选择行为又为实现各项宏观调控政策提供了可能。

思考与提升

根据中国人民银行数据显示，2022 年 12 月末，我国本外币存款余额为 264.45 万亿元，同比增长 10.8%，其中人民币存款余额为 258.5 万亿元；住户存款达到了 120.34 万亿元，如果按照全国 14 亿人口来计算，人均存款约 8.6 万元。

请思考：我国较高的储蓄水平反映了我国怎样的文化传统？较高的储蓄资金为我国的经济发展带来哪些好处？

3.1.3 利息的计量（货币时间价值）

3.1.3.1 利息的计算制度

（1）单利制。用利息除以贷款额，所得即为单利率，通过这种计息方式得到的利息不再生息，每期利息相等。

（2）复利制。将所得的利息作为新的本金继续计息，利息再生利息，逐期利息滚算，这种计息方式是复利计息。

3.1.3.2 终值和现值

终值和现值

（1）终值，又称将来值，是指现在一定量的资金在未来某一时点上的价值，俗称本利和。终值用字母 F 表示。

（2）现值，又称本金，是指未来某一时点上的一定量资金折合为现在的价值。现值用字母 P 表示。应该明确的问题是，终值和现值在经济上是等价的。

3.1.3.3 单利的终值和现值

1. 单利终值的计算

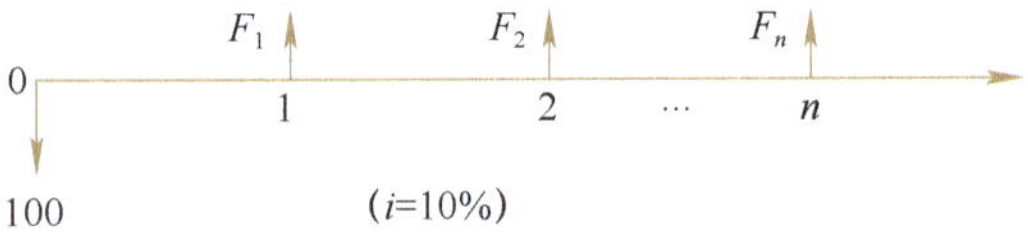

图 3-1 单利终值

单利终值如图 3-1 所示。

$$F_1=100+100\times10\%=100\times(1+1\times10\%)$$

$$F_2=100+100\times10\%+100\times10\%=100\times(1+2\times10\%)$$

$$F=P(1+ni)$$

式中，F 是终值；P 是现值；i 是利率；n 是计息时期数。

2．单利现值的计算

单利现值是单利终值的逆运算，其计算公式为

$$P=F/(1+ni)$$

单利的计算一般只运用于我国银行的计算。

即学即练

计算题

1．某人将 20 000 元存入银行，存期 5 年，年利率 5%，单利计息，请问 5 年后能从银行取出多少钱？

2．假设某人 3 年后想要从银行取出 50 000 元用于孩子学费支出，银行年存款利率是 3% 的情况下，存期 3 年，单利计息，现在应该存入多少钱？

3.1.3.4　复利的终值和现值

1．复利终值的计算

复利终值如图 3-2 所示。

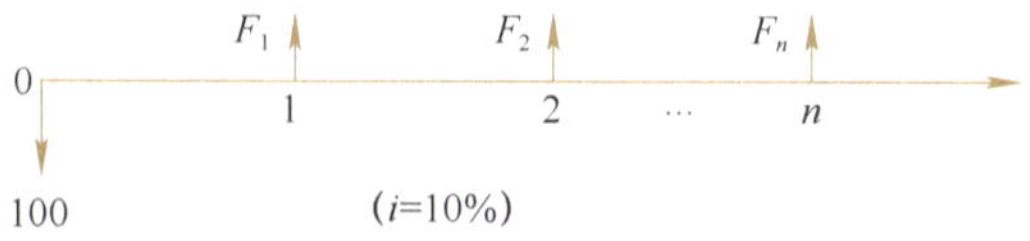

图 3-2　复利终值

$$F_1=100+100\times10\%=100\times(1+10\%)$$

$$F_2=100+100\times10\%+(100+100\times10\%)\times10\%=100\times(1+10\%)^2$$

$$F=P(1+i)^n$$

式中，$(1+i)^n$ 是复利终值系数，记为（F/P，i，n）。

例 3-1：某人将 10 000 元投资于一项事业，年报酬率为 6%。要求：计算第 3 年末的期终金额为多少。

解：$F=10\,000\times(1+6\%)^3=10\,000\times1.191\,016=11\,910.16$（元）

2．复利现值的计算

复利现值是复利终值的逆运算，其计算公式为

$$P=F/(1+i)^n=F(1+i)^{-n}$$

式中，$(1+i)^{-n}$ 是复利现值系数，记为（P/F，i，n）。

例 3-2：某人拟在 5 年后要取出 1 000 元，假设银行存款利率为 10%，按复利计息。要求：计算他现在应存入银行的本金为多少。

解：$P=1\,000\times(1+10\%)^{-5}\approx1\,000\times0.620\,921\approx621$（元）

即学即练

单选题

在利息率和现值相同的情况下，若计息期为 1 期，则复利终值和单利终值（　　）。

A．前者大于后者　　B．不相等　　C．后者大于前者　　D．相等

多选题

一项投资按照复利计算收益，投资要想获得更多回报，需要（　　）。

A．期间收益率更高　　B．投资时间更久

C．投资本金更大　　D．投资时间更短

小资料

72 法则

金融学上有所谓的“72 法则”“71 法则”“70 法则”和“69.3 法则”，用于估计将投资倍增或减半所需的时间，反映出的是复利的结果。其中，“72 法则”是指以 1% 的年复利来计息，经过 72 年以后，本金会增加一倍。这个公式好用的地方在于它能以一推十，例如，利用 8% 年报酬率的投资工具，经过 9 年（72/8）本金就会增加一倍；利用 12% 的投资工具，则要 6 年左右（72/12），就能让 1 元钱变成 2 元钱。

假设最初投资金额为 100 元，复息年利率为 9%，根据“72 法则”，即需约 8 年时间（72/9），投资金额可滚存至 200 元，而准确计算需时为 8.043 2 年。要估计货币的购买力减半所需时间，可以把与所应用的法则相应的数字，除以通胀率。若通胀率为 3.5%，应用“70 法则”，每单位之货币的购买力减半的时间约为 20 年（70/3.5）。

3.2 利率调整——格林斯潘的“魔杖”

案例引入

1987 年 10 月 19 日，这一天对华尔街的投资人来说是“黑色的星期一”，道琼斯指数在 3 个小时内暴跌 22.6%，6.5 个小时后股票市值缩水 5 000 多亿美元。38 名富豪当天告别了“福布斯”富豪榜，亿万富翁亚瑟•凯恩在绝望中饮弹自尽。这一天，格林斯潘就任美联储（美国中央银行）主席刚满 2 个月。第二天早上，格林斯潘立刻采取行动，宣布降低联邦基金利率，随后，市场长期利率也随之下降。此后经过数个月的调整，投资者们逐步获得了金钱和信心，美国经济平稳地度过了一场经济泡沫破裂的浩劫。格林斯潘从此赢得了美国人民的信任。在此后的 18 年里，他把利率变成了一根神奇的“魔杖”，根据经济运行情况，适时、适度地调整利率，美国经济因此数次化险为夷，创造了连续 8 年低通胀、高增长、高就业的神话。

请思考：利率为什么会具有如此神奇的魔力？利率变化会如何影响我们的日常生活？利率又是由什么决定的呢？

知识解读

3.2.1 利率体系

利率表示一定时期内的利息额与贷出的本金之比率。它反映了借贷资本或生息资本的增值程度，也是衡量利息水平高低的尺度。由于受到借贷资本供求的影响和利息来源的制约，在信用制度下，借贷资本的运动决定了利率的高低，它被限定在零与平均利润率之间，因为利息不能超越借款人使用借贷资本而获得的利润。

利率的分类方式有很多，这里只介绍几种主要的利率：

（1）根据利率体系的地位和作用，利率可划分为基准利率和非基准利率。基准利率是指在整个利率体系中处于关键地位、起决定作用的利率。它是带动和影响其他利率的利率，是决定利率政策和构成利率体系的中心环节，它的变动可预示利率体系的变动趋势，甚至在某种程度上影响人们的预期，具有告示效应。非基准利率是指基准利率以外的所有利率。它在利率体系中不处于关键地位，不起决定性作用。当然，在所有非基准利率中，它们各自的地位和作用也是有一定区别的。

（2）根据计息期的不同，利率可分为年利率、月利率和日利率。年利率（%）是指以年为单位计算利息，月利率（‰）是指以月为单位计算利息，日利率（‱）是指以天为单位计算利息。它们三者之间的换算关系如下：

$$年利率 =12\times 月利率 =360\times 日利率$$

在我国，无论是年利率、月利率还是日利率，都习惯用“厘”做单位，如年利 2 厘是指年利率为 2%，月利 3 厘是指月利率为 3‰，日利 1 厘是指日利率为 1‱。

即学即练

假设某理财产品年化收益率 3%，则月利率、日利率分别是多少？

（3）根据借贷期内利率水平是否调整，利率可分为固定利率和浮动利率。固定利率是指在整个借贷期限内都固定不变，不随市场利率变化而变化的利率。在贷款期限较短和预期市场利率变化不大的情况下，通常采用固定利率。但当贷款期限较长或市场利率变化较大时，很难预测利率变化趋势，借贷双方都可能要承担利率风险，因此借贷双方通常都不愿意采用固定利率而喜欢采用浮动利率。浮动利率是指在借贷关系存续期内，可随市场变化定期进行调整的利率。采用浮动利率时，借款人在计算借款成本时要复杂一些，利息负担也不确定，但是，借贷双方承担的利率风险较小。

（4）根据利率是否按市场规律自由变动，利率可分为市场利率、法定利率和公定利率。市场利率是指由借贷资金的供求关系所决定的利率。当资金供大于求时，市场利率下跌；供小于求时，市场利率上升，资金的供求均衡点决定了市场利率。法定利率是指由政府金融管理部门或者中央银行确定的利率。法定利率是货币管理当局根据宏观经济运行状况和国际收支状况等来决定的，是国家调节经济的重要杠杆。公定利率是由金融机构或行业公会、协会（如银行公会、银行业协会等）按协商的办法确定的利率。这种利率只对参加该公会或协会的金融机构有约束作用，而对其他金融机构则没有约束力。但是，公定利率对整个市场利率有重要影响。我国目前实行的利率基本上是法定利率。

（5）实际利率和名义利率。实际利率是指在物价不变、货币购买力不变条件下的利率，在通货膨胀情况下就是剔除通货膨胀因素后的利率；名义利率则是没有剔除通货膨胀因素的利率（借贷契约和有价值证券上载明的利率）。在出现通货膨胀时，名义利率提高了，但从实际购买力考察，利率实际上并没有增加或没有名义上增加的那么多。所以要得知实际利率的高低，必须先剔除通货膨胀的影响。

案例

生活中的负利率现象

所谓负利率，是指物价指数快速攀升，导致银行存款的实际利率为负。银行存款利率还赶不上通货膨胀率就成了负利率。这时居民的银行存款随着时间的推移，购买力逐渐降低，看起来就好像在“缩水”一样。因此，在负利率的条件下，相对于储蓄，居民更愿意把自己拥有的财产通过各种其他理财渠道进行保值和增值，如购买股票、基金、外汇、黄金等。

实际利率 = 名义利率 − 通货膨胀率（通常用 CPI 表示）

例如，某年的 1 年定期存款率是 1.75%，该年 CPI 同比上涨 2.9%。

该年实际利率 =1.75%−2.9%=−1.15%（值为负值，即为负利率）

假设在该年初存入 1 万元的 1 年定期存款，到期后可获得的银行利息为

$$10\ 000 \times 1.75\% = 175（元）$$

通货膨胀为

$$10\ 000 \times 2.9\% = 290（元）$$

实际收益为　　175−290=−115（元）

也就是说 10 000 元存在银行 1 年后，表面上增加了 175 元利息，但由于通货膨胀实际上损失了 115 元。

（6）根据存贷关系，利率可分为存款利率和贷款利率。存款利率是指个人和单位在金融机构存款所获得的利息与其存款本金的比率；贷款利率是指金融机构向个人或单位发放贷款所收取的利息与其贷款本金的比率。银行等金融机构对个人和单位的存款要支付利息，对他们的贷款要收取利息。银行利用贷款获得的利息，支付存款的利息及其经营活动的费用，其二者之间的差额构成银行的利润。

（7）根据是否带有优惠性质，利率可分为一般利率与优惠利率。优惠利率是指政府通过金融机构或金融机构本身对认为需要扶持或照顾的企业、行业所提供的低于一般利率水平的利率。我国目前实行优惠利率的主要是对老、少以及边、穷地区发展经济的贷款，对重点行业的基本建设贷款，以及出口贸易贷款等。一般利率则是指不带任何优惠性质的利率。

延伸阅读 利率种类的交叉

各种类型的利率之间是相互交叉的。如果 3 年期的居民储蓄存款利率为 2.75%，则这一利率既是年利率，又是固定利率、长期利率和名义利率。各种利率之间以及内部都相互联系，彼此间保持相对结构，共同构成一个有机整体，从而形成一国的利率体系。

3.2.2 决定利率水平的一般因素

利率影响因素

1. 社会平均利润率

利息是利润的一部分，社会平均利润率是决定利率的基本因素。社会平均利润率是指社会利润总额与社会实体投资总额的比率。在制定利率时，主要考虑企业的中等利润率水平，不能因少数企业利润低而降低利率，也不能按照少数高利润企业的水平而提高利率，而是要根据社会平均利润率制定利率。社会平均利润率越高，利率也就越高，但社会平均利润率是利率的最高量。利率不能高于社会平均利润率，只能低于社会平均利润率，但是无论如何也不能低于零。所以利率总是在社会平均利润率和零之间波动。

2. 资金供求状况

利率是资金使用权的“价格”。在成熟的市场经济条件下，利率水平主要是由资金的供求状况决定的。当资金供不应求时，利率会上升；反之，利率会下降。利率水平的高低反映资金的供求关系，同时也调节资金供求关系，利率政策是调节资金供求的重要手段。我国目前的资金资源仍比较匮乏，金融机构的资金供给能力有限，企业的资金需求又缺乏自我约束，资金严重供不应求。在这种情况下，如果完全放开利率，必然导致利率较大幅度的增长，所以，目前我国的利率水平不能完全由资金供求状况决定，但在制定利率时必须考虑资金供求状况。随着我国经济体制改革的深入和利率市场化进程的推进，利率受资金供求状况的影响越来越大，利率对资金供求关系的调节作用也越来越明显。

3. 国家经济政策

国民经济是一个宏观运行的整体，为了协调全社会的整体利益，对利率水平和利率结构的确定及设计，是政府以利率杠杆调节经济的具体运用。政府要支持什么地区，支持什么产业，可以用低利率政策体现；相反，可用高利率政策来限制，以贯彻“区别对待，择优扶植”的原则。政府要实行扩张性的经济政策，可适当调低利率；反之，可提高利率。

4. 物价水平

银行存款利率低于物价上涨率（即通货膨胀率），实际利率就会出现负值，人们在银行存款不但不会增值，还会使本金遭受损失，从而引起人们提取存款。所以，银行存款利率应高于物价上涨率。物价上涨对银行贷款利率的影响也是显而易见的。如果贷款利率低于物价上涨率，则银行的实际收益将不断减少，甚至造成银行实际自有资本金减少，不利于银行正常的经营活动及经济核算；而贷款企业却可因此减轻债务负担，在物价不断上涨中获得额外收益，使企业产生贷款扩张的冲动，对缓解资金供求紧张的矛盾是十分不利的。所以，银行贷款利率也应高于物价上涨率。

5. 国际利率水平

在经济与金融全球化的今天，一个国家的利率水平必然受到国际利率水平的影响。当国内利率水平高于国际利率水平时，国外资本就会向国内流动，导致国内金融市场上资金供给增加，从而国内利率水平会下降，最终趋向于国际利率水平；反之，当国内利率水平低于国际利率水平时，国内资本就会外流，导致国内金融市场上资金供给减少，国内利率水平上升。当然国际利率水平对一个国家利率水平的影响与一国的开放程度有关。一个国家开放程度越高，国际利率水平对其国内利率水平影响就越大。

课堂讨论

假设在某一段时间国际利率是 5%，我国利率是 2%，国内外资金会怎样流动？这时候我国要吸引外资，怎样做才能让资金流向国内？

影响利率变动的因素还有很多，如借贷风险、借贷期限、利率管制、税率和汇率等。任何一个时期的一项具体利率，总是由多种因素综合决定的。

3.2.3 利率的经济功能

市场经济可以说是一种信用经济。利息收付和利率的高低涉及各方利益，因而利率能够成为重要的经济杠杆，在经济生活中发挥着重要的作用。随着市场经济体制和信用制度的不断完善，利率的作用会不断地扩大。利率不仅影响企业，也涉及政府和个人。

3.2.3.1 利率对微观经济活动的调节作用

1. 调节企业经济活动

首先，利率影响企业的投资决策。在其他条件不变的情况下，如果利率降低，可以减少企业生产成本中的利息支出，从而增加企业盈利，使得企业更加有利可图，于是刺激企业增加投资、扩大生产规模；反之，如果提高利率，则会使企业减少投资、压缩生产规模。其次，利率能促使企业加强经济核算。为了降低成本，企业要减轻利息负担，从而不断加强经济核算，力求节约资金，加速资金周转，提高经营管理水平和资金使用效益。如果企业经营管理不善，资金周转慢，贷款逾期不还，效益不佳，就会被市场经济所淘汰。

2. 调节个人和家庭经济活动

首先，利率能调节储蓄与消费之间的比例。人们获得的收入，通常不能全部用于当前的消费，为了应付未来的一些支出，必须将一部分收入储蓄起来。如果利率水平提高，会增强人们的储蓄愿望和热情，增加储蓄份额，相应减少当前消费的份额；反之，如果利率水平降低，会减弱人们储蓄的积极性。其次，利率能调节金融资产组合。对于个人和家庭来说，用于消费后的节余收入，既可以存入银行，也可以用于购买国债、企业债券、基金和股票等金融证券。利率可以影响人们对金融资产的选择。一般而言，当利率水平下降时，证券价格趋于上升，持有证券会给人们带来更多的收益，所以人们会减少银行存款的持有，而增加债券与股票的持有数量。当然，在进行金融资产之间的选择时，不但要考虑收益性，还要考虑安全性。但是收益往往是人们进行选择时所着重考虑的因素，所以，利率对个人和家庭金融资产组合选择的调节作用比较大。

学中做，做中学

中国人民银行授权全国银行间同业拆借中心公布，2022 年 8 月 22 日贷款市场报价利率（LPR）为：1 年期 LPR 为 3.65%，5 年期以上 LPR 为 4.3%。相较于 2022 年 5 月 20 日报价，1 年期 LPR 下调 5 个基点，5 年期以上 LPR 下调 15 个基点。中国工商银行、中国农业银行、中国银行、中国建设银行、交通银行、邮政储蓄银行表示，2022 年 9 月 15 日起调整个人存款利率，包括活期存款和定期存款在内的多个品种利率有不同幅度的微调。其中，3 年期定期存款和大额存单利率下调 15 个基点，1 年期和 5 年期定期存款利率下调 10 个基点，活期存款利率下调 0.5 个基点。截至 2022 年 9 月 15 日，这六大银行挂牌的活期存款年利率为 0.25%；1 年期定期存款利率为 1.65%；3 年期定期存款年利率为 2.6%；5 年期定期存款年利率为 2.65%。

学中做：请收集近 3 年 LPR 以及国有银行个人存款利率。

做中学：分析 LPR 和个人存款利率的变化分别对企业和个人这两方面的微观主体产生什么影响。

3.2.3.2 利率对宏观经济活动的调节作用

1. 调节社会总供求

社会总需求与社会总供给保持基本平衡，是经济稳定发展的必要条件。利率既可以调节总需求，也可以调节总供给，使二者趋于平衡。一方面，利率的高低可以使总需求发生变化。在其他条件不变的情况下，调高利率可以使更多的社会闲散资金以存款方式集中到银行，从而推迟消费品社会购买力，减少社会总需求；调低利率则相反。另一方面，利率也可以调节总供给。商品的总供给取决于生产主体对生产的投资规模。高利率不利于企业扩大投资规模，这样会增加生产成本，导致产品价格过高而影响销售和盈利，从而使商品供给减少；相反，调低利率对企业投资具有刺激作用，企业减少生产成本中的利息支出，可以增加企业盈利，使企业有利可图而扩大投资规模，从而增加商品供给量。

2. 优化产业结构

利率作为资金的价格，会自发地引导资金从利润率较低的部门流向利润率较高的部门，实现社会资源的优化配置。同时国家可以利用差别利率政策，对急需发展的农业、能源、交通运输等行业以及有关的企业和产品适当降低利率或实行优惠利率政策，大力支持其发展；对需要限制发展的部门、企业及产品适当提高利率，限制其发展，从而优化产业结构，实现经济结构的合理化。

3. 调节货币供给量

经济发展的良好环境是货币总供给与货币总需求基本相适应。货币供给量超过货币需求量会导致物价上涨，货币贬值。利率调节货币总供给量主要体现在信用规模上。调高利率可以抑制信用需求，紧缩信用规模，减少货币供应量，达到稳定物价的目的；而调低利率会有相反的效果。

4. 平衡国际收支

当国际收支出现不平衡的时候，可以通过利率杠杆调节。例如，当国际收支出现比较严重的逆差时，可以将本国的利率水平调节到高于其他国家的程度，这样一方面可以阻止本国资金流向利率较高的其他国家，另一方面还可以吸引外资流入本国。但是，当国际收支逆差发生在国内经济衰退时期，则不宜采取调高利率的政策，而只能通过调整利率结构来平衡国际收支。

单元小结

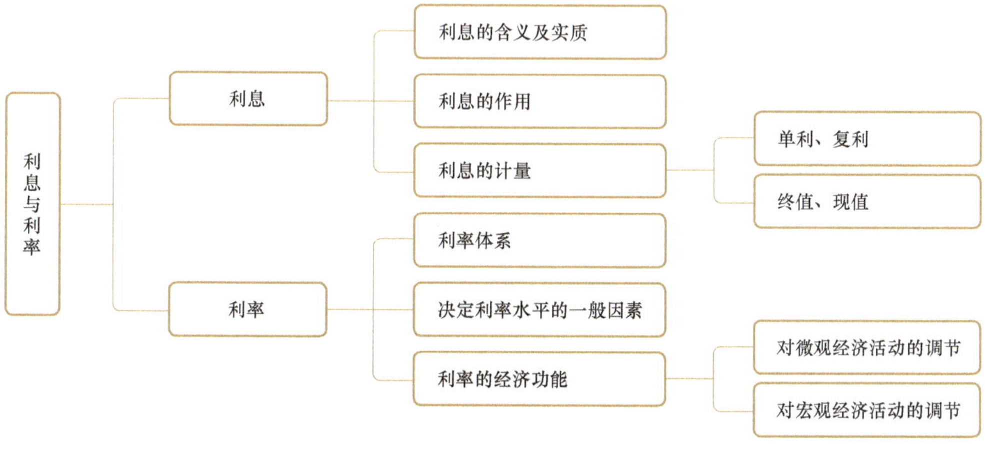

复习思考题

一、单项选择题

1. 目前我国的（　　）利率已实现市场化。

A. 存款　B. 贷款　C. 同业拆借　D. 存款准备金

2. （　　）是指针对不同的贷款种类和贷款对象实行不同的利率，一般可按期限、行业、项目和地区设置。

A. 固定利率　B. 浮动利率　C. 差别利率　D. 优惠利率

3. 通货膨胀条件下的实际利率是指（　　）。

A. 名义利率加通货膨胀率　B. 名义利率减通货膨胀率

C. 银行公布的利率　D. 定期调整一次的利率

4. 利息是（　　）的价格。

A. 货币资本　B. 借贷资本　C. 外来资本　D. 银行资本

5. 我国习惯上将年利率、月利率、日利率都以“厘”做单位，但实际含义却不同，如年利 6 厘，月利 4 厘，日利 2 厘，分别是指（　　）。

A. 年利率为 6%，月利率为 4‰，日利率为 2‰

B. 年利率为 6‰，月利率为 4%，日利率为 2‱

C. 年利率为 6%，月利率为 4‰，日利率为 2‱

D. 年利率为 6‱，月利率为 4‰，日利率为 2%

6. 资金市场上由借贷双方通过竞争而形成的利率，一般称为（　　）。

A. 市场利率　B. 实际利率　C. 浮动利率　D. 差别利率

7. 市场利率的高低取决于（　　）。

A. 统一利率　B. 浮动利率

C. 借贷资金的供求关系　D. 国家政府

二、多项选择题

1. 下列属于贷款利率范畴的有（　　）。

A. 贴现率　B. 再贴现率　C. 再贷款利率　D. 同业拆借利率

E. 证券利率　F. 市场利率

2. 利率的决定与影响因素有（　　）。

A. 社会平均利润率　B. 资金的供求状况

C. 物价变动的幅度　D. 国际利率水平

E. 国家经济政策

3. 利率对经济的宏观作用表现在（　　）。

A. 稳定物价　B. 调节需求总量和结构

C. 增加有效供给　D. 调节货币流通

4. 以下属于固定利率的特点有（　　）。

A. 不随市场利率的变化而变化　B. 简便易行

C. 易于计算借贷资金成本　D. 能随经济波动的变化而变化

E. 在借贷期限较长时，人们更愿意选用

5. 下列关于利息的说法，正确的有（　　）。

A. 利息不仅存在于资本主义经济关系中，在社会主义经济关系中也存在

B. 利息属于信用范畴

C. 利息是剩余价值的转化形式

D. 利息是利润的一部分

E. 利息是在信用的基础上产生的

6. 根据名义利率与实际利率的关系，下列说法正确的有（　　）。

A. 名义利率高于通货膨胀率时，实际利率为正利率

B. 名义利率高于通货膨胀率时，实际利率为负利率

C. 名义利率等于通货膨胀率时，实际利率为零

D. 名义利率低于通货膨胀率时，实际利率为正利率

E. 名义利率低于通货膨胀率时，实际利率为负利率

三、问答题

1. 利息的实质是什么？利息有什么作用？
2. 利率的种类有哪些？
3. 决定利率水平的一般因素有哪些？
4. 利率对宏观经济活动的调节作用是什么？
5. 利率对微观经济活动的调节作用是什么？

四、计算题

1. 假设 3 年期定期存款利率为年利率 5%，某储户存入一笔 10 万元的 3 年期定期存款，试分别以单利和复利计算到期后应得的利息。

2. 某居民存入零存整取存款，如果 10 年后需支用 10 万元，年利率为 2.4%，则该居民现在应存入多少元？

五、案例分析

警惕消费信贷中的利率“陷阱”

随着“全民消费”时代的到来，各金融机构推出各种花样的借贷产品，来适应大众消费需求，可各家机构的计息方式和说法五花八门，一不小心就可能掉入利率“陷阱”。

陷阱一：只展示日利率或月利率，感觉很划算。例如某现金贷广告：“日息万五”（即借款 1 万元，每天还款 5 元，按日计息，随借随还）或“月利率 1.5%”。

陷阱二：分期收费。只展示每期支付的利息或费用，乍一看也不多。例如，小王用消费分期贷款买了价值 12 000 元的家具，贷款采用分 12 期（月）还本付息的方式，每月收取 0.5% 的费用。

陷阱三：“砍头息”。老张借款 10 万元置办家电，分 12 期月利率 0.5%，按月还款。签完合同后，发现实际到手只有 8 万元，另 2 万元放贷机构一开始就以所谓“贷款服务费”的名义收走了（俗称砍头息）。

以上三个例子，都是借贷产品常见的“陷阱”，让你产生“利率错觉”。

问题：请为以上消费信贷案例计算消费者真实负担的利率水平，并分析其利率水平的高低。

技能实训

深入了解利率

1．以小组为单位完成下列问题讨论：

（1）在利率为 20% 和 10% 的情况下，明天的 1 元钱在哪种情况下会增值更多？

（2）为什么分期付款时，总和会大于现在的应缴现金总额？

（3）经常听说债券投资（特别是国债投资）毫无风险，真的是这样吗？

（4）我国利率水平是上升了还是下降了？为什么？请查我国利率统计数据并加以分析。

2．根据实训所得结果形成实训报告。

3．组织各小组汇报和讨论。

模块二　微观金融

这一模块力图从微观视角说明金融的运行，金融工具、金融机构、金融市场彼此融合又各具独立性，在不同的社会条件、经济背景下共同形成各有特点的金融体系；同时，又都在一定的金融体系框架下运作、创新和发展。在这里，我们将进一步掌握金融体系建立和运行的原理，了解金融体系运行的主要构成，认识金融体系的功能，熟悉金融服务业的链条与每一个结点。

单元 4

实现金融活动的有形基础——关注金融工具

学习目标

【能力目标】

- 能够根据票据特征，在实践中确定不同票据的正确使用方法。
- 能够对各种股票、债券、基金进行确定。
- 能够正确选择期货的品种，对各种金融衍生工具进行确定。

【知识目标】

- 掌握票据的概念、特征及分类。
- 了解股票的分类，掌握股票的相关概念与特征。
- 了解债券的分类，掌握债券的相关概念与特征。
- 了解证券投资基金的分类，掌握证券投资基金的相关概念及特征。
- 了解各种金融衍生工具的分类及特征，掌握金融衍生工具相关概念。

【素质目标】

- 深入理解金融工具，树立金融资产管理的观念。
- 树立金融投资的风险意识，初步理解风险对冲。
- 增强防风险、迎挑战、抗打压能力，培养勇于担当的职业素质。

单元引例

中国的金融工具创新历史

金融史学家威廉·戈兹曼在他的《千年金融史》一书中提出，“不同文明背景下的金融发展并不必然遵循同样的发展路径，中国在金融创新方面有很长的一段历史，中国人发明了金融硬币、纸币、汇票、可转让权证、成熟的会计和管理系统以及证券化贷款”。

中国的民间借贷，古籍记载始于西周。《周礼》记载有“听称责以傅别”，规定负责审理民间债务纠纷的官员要以“傅别”为依据。“傅别”就是债券，一式两份，用竹木制成，债权债务双方当事人各持一份。战国时期，齐国的孟尝君田文放债取息，年利息收入“十万钱”，门下“食客三千人”。孟尝君派冯谖到薛地收债，临行时问要买什么东西回来，回答说家中缺少的东西。冯谖到了薛地，召集债户带来借券，以孟尝君的名义付之一炬，取消债务，民呼万岁。一年后孟尝君罢政回薛，薛民扶老携幼，夹道欢迎，孟尝君才明白冯谖市义的道理。这里的借券，也是一种金融工具。

在唐朝时期，由于禁止铜钱运出首都长安之外的散关、骆关，而唐代北方已经形成饮茶的习惯，宪宗年间（805—820 年）到南方购置茶叶的商人便创造出“飞钱”（也称“便换”或“便钱”）来实现茶叶交易。他们将铜钱存放到各地区设在京城的进奏院或者军使等处，开出飞钱，凭借飞钱在产茶地获取茶叶，在京城实现铜钱的支付。这便是世界上最早的汇票。

金融市场的运营，仅有市场主体是不够的，还需要有相应的市场客体，即金融工具。随着经济的发展以及金融市场的不断完善，各种金融工具应运而生，而各种金融工具的出现也会推动金融市场的繁荣以及整个社会经济的发展；同时，金融工具的出现，也带来了潜在的金融风险。接下来我们就主要金融工具的种类与特征进行介绍。

4.1 你知道票据、股票和债券吗

案例引入

商业票据是一种最古老的金融工具，在商业信用中，赊销商品的企业为了保证自己的权益，需要掌握一种能够受到法律保护的债务文书，这类文书被称为票据。票据曾经是很重要的流通手段，例如，厂商把货物赊销给商店，如果在商店付款之前，厂商需要购入原材料，则可在商店承诺付款的票据背面签上自己的名字，用以向原材料供应商支付货款。

15 世纪末，哥伦布发现了新大陆，在欧洲掀起了狂热的淘金梦，不断有探险家率领船队向东航行，希望找到“遍地黄金”的东方王国。这一时期，葡萄牙政府派遣船队绕过非洲好望角，横渡印度洋，经过马六甲，到达中国澳门和日本等地，开辟了一条新的贸易通道，为国家带来滚滚财源。葡萄牙的成功引来欧洲各国的竞相效仿，但当时组建一支远征船队的费用无疑是天文数字，除了少数富有的皇家贵族，没有人能够承受得起如此庞大的开支。荷兰政府没有足够的财力支撑这样的远航船队，但发财梦的诱惑实在无法抗拒。1602 年，一些富有冒险精神的荷兰商人就把钱聚集起来，采取合股经营的方式组建了荷属东印度公司，这就是世界上最早的股份公司。出资的商人称为股东，依据各自的出资额分享东印度公司的红利并承担风险。今天，股份公司已经成为最重要的企业制度，企业通过发行股票的方式募集资金，购买股票的人就成为公司股东，拥有一系列相应的权利和义务。

债券的历史比股票还要悠久，其中最早的债券形式就是在奴隶制时代产生的公债券。据文献记载，希腊和罗马在公元前 4 世纪就开始出现国家向商人、高利贷者和寺院借债的情况。15 世纪末 16 世纪初，美洲新大陆被发现，欧洲和印度之间的航路开通，贸易进一步扩大。上文中提到的东印度公司，它除了发行股票之外，还发行短期债券，并进行买卖交易。

19世纪末到20世纪，欧美资本主义各国为确保原料来源和产品市场，建立和巩固殖民统治，加速资本的积聚和集中，股份公司发行大量的公司债，并不断创造出新的债券种类，逐渐发展为今天多品种、多样化的债券体系。

请思考：票据、股票、债券的出现起到了什么作用？现代基础性金融工具有哪些特点和种类？

知识解读

信用关系是一个抽象的概念，需借助一定的有形物才能实现。金融工具又称为信用工具，是信用在现实中的具体形态，可以流通转让，并且有交易价格。任何金融工具都有双重性质：对出售者和发行人而言，它是一种债务；对购买者和持有人而言，它是一种债权或一种金融资产。

4.1.1 金融工具的含义及特征

金融工具是在信用活动中产生的，能够证明债权债务关系并据以进行货币资金交易的合法凭证。它对于债权债务双方所应享有的权利与承担的义务均具有法律效力。最基本的要素为支付的金额与支付的条件。金融工具必须同时兼备三个要点：一是有规范化的书面格式；二是有广泛的社会可接受性或可转让性；三是具有法律效力。

金融工具一般具有期限性、流动性、风险性和收益性四个基本特征。

（1）期限性。期限性是指一般金融工具有规定的偿还期限。偿还期限是指债务人在归还全部本金之前所经历的时间。债务人有义务在规定的期限到期时归还本金，并按约定的条件和方式支付相应的利息。期限性对于借款人和贷款人的意义是不同的。对于贷款人而言，选择贷款偿还期限的长短主要取决于对现时消费与未来消费的估计，同时，还取决于贷款人将能够得到的收益率对于未来货币价值涨落的预期。在收益率一定的情况下，贷款人倾向于持有期限比较短的金融工具。对于借款人而言，则希望偿还期越长越好，这样更有利于借款人利用更多的时间来安排其债务的偿还。

（2）流动性。流动性是指金融工具可以迅速变现而不致遭受损失的能力。金融工具一般都可以在金融市场流通转让。金融工具的流动性包含两个方面的含义：一是能不能方便地随时自由变现，二是变现过程中损失的程度和所耗费的交易成本的大小。凡能随时变现且不受损失的金融工具，其流动性大；凡不易随时变现，或变现中蒙受价格波动的损失，或在交易中要耗费较多的交易成本的金融工具，其流动性小。中央银行发行的纸币和商业银行活期存款具有最充分的流动性，政府发行的国库券也具有较强的流动性。而其他金融工具，或者短期内不易脱手，或者变现时受市场波动影响，或者是交易过程中要耗费相当多的交易成本。一般来说，流动性与偿还期成反比，偿还期越短流动性越大，偿还期越长流动性越小；而与债务人的信用能力成正比，债务人信誉越高流动性越大，反之则越小。

（3）风险性。风险性是指购买金融工具的本金和预期收益遭受损失的可能性大小。风险可能来自两个方面：一是债务人不履行约定的按时支付利息和偿还本金义务的风险；二是市场上金融工具价格下降可能带来的风险。前一种称为信用风险，这类风险与债务人的信誉和经营状况有关；后一种风险称为市场风险，相比之下，这类风险更难以预测，特别是在股票市场上。

金融工具的偿还期越长，其价格受利率变动的影响就越大。因此，本金的安全性与偿还期成反比，即偿还期越长，其风险越大，安全性越小。同时，本金的安全性与流动性成正比，与债务人的信誉也成正比。

（4）收益性。收益性是指金融工具能够定期或不定期地给其持有人带来收益的特性。收益的大小取决于收益率。收益率是指持有期收益与本金的比率。对收益率大小的评价还要结合银行存款利率、通货膨胀率以及其他金融工具收益率等进行比较分析。

4.1.2 金融工具的种类

金融市场上金融工具的种类多种多样，按不同的划分标准有多种分类。

（1）按期限的不同，金融工具可分为货币市场工具和资本市场工具。前者主要有商业票据、国库券、可转让大额定期存单、回购协议等；后者主要是股票和债券。

（2）按融资形式的不同，金融工具可分为直接融资工具和间接融资工具。商业票据、政府债券、公司股票和债券属于直接融资工具；银行承兑汇票、可转让大额定期存单、银行债券、人寿保险单等由金融机构发行的则属于间接融资工具。

（3）按权利与义务的不同，金融工具可分为债务凭证和所有权凭证。股票是一种所有权凭证，票据、债券、存款凭证等均属于债务凭证。

（4）按是否与实际信用活动直接相关，金融工具可分为基础性金融工具和金融衍生工具。前者是指在实际信用活动中出具的能证明信用关系的合法凭证，如商业票据、股票、债券等；金融衍生工具则是在基础性金融工具基础之上派生出来的可交易凭证，如各种金融期货合约、期权合约、外汇掉期合约等。

4.1.3 票据

4.1.3.1 票据的概念及特征

1. 票据的概念

票据是指出票人依法签发的，约定自己或委托付款人在见票时或在指定的日期向收款人或持票人无条件支付一定金额并可流通转让的有价证券。票据是一种重要的有价证券，它以一定的货币金额表现价值，同时体现债权债务关系，且能在市场上流通交易，具有较强的流动性。

票据的基本要素包括面额、期限、利率、用途、入市方式和信用标准等。根据国际惯例，标准化票据的面额小，通常不超过 10 万元人民币；期限短，一般不超过 180 天；利率及费率不固定，随行就市；用途广泛，主要满足季节性和周转性资金需要；信用评级客观、标准，具有较高的市场透明度。只要票据具备了上述条件，且市场的可接受程度较高，就可发行、上市和流通。

2. 票据的特征

票据同股票、仓单、提单一样，都是一种证券。但票据并非一般意义上的证券，它特有的性质主要包括：

（1）完全性。完全性又称绝对性，是指证券与权利绝不可分，即证券上所表示的权利的发生、转移和行使必须以证券的存在为必要。票据上权利的发生、转移和行使，必须以票据的持有、转移和提示为要件，因此，票据是一种完全有价证券。

（2）无因性。无因性是指证券上的权利不受原因关系存在与否或瑕疵有无的影响。对于票据关系而言，占有票据的当事人就是票据债权人，票据权利的行使只以持有票据为必要。持票人无须证明其取得票据的原因，或票据权利发生的原因，就可以对票据债务人行使票据上的权利。票据上的权利一经发生，就与票据基础关系相分离，票据的这种无因性是保证票据流通的必要条件，对此各国票据法都较为认同。

（3）要式性。要式性是指证券上记载的内容和记载方式必须依照法律规定完成。票据的记载内容和记载方式甚至颜色、规格都有严格的法律要求，必须按照法律规定的方式制作，否则不具有相应的票据上的效力。因此，票据是一种要式证券。

（4）文义性。文义性是指证券上的权利内容完全依证券上的记载决定。票据上的权利必须严格按票据上所载文义来确定，即使票据上所记载的文义有错误，也不允许用票据外的事项来证明并予以修改。所以，票据是一种典型的文义证券。当然，票据上金额以外的记载事项如需变更，可以于出票的当时予以变更，并于变更之处签名或盖章。只要签名和盖章是真实的，变更的文义就可以具有票据上的效力。

（5）流通性。流通性是指证券可以通过背书交付或仅以交付而转让，可以在市场上自由流通。票据是流通证券，记名票据可通过背书交付的方式进行转让，无记名票据不需要背书直接交付即可转让。

延伸阅读 票据的前手与后手

《中华人民共和国票据法》规定，前手是指在票据签章人或者持票人之前签章的其他票据债务人；后手是指在票据签章人之后签章的其他票据债务人。例如，出票人甲将票据交付给收款人乙，乙通过背书将票据转让给丙，丙又将票据转让给丁，丁又将票据转让给戊，戊为最后持票人。那么，甲为乙的前手，乙为甲的后手，甲、乙、丙、丁均为戊的前手，戊则同时是甲、乙、丙、丁的后手。

区分前手与后手的意义在于，票据上的当事人行使追索权时，只能由后手向前手追索，而前手不能向后手追索。所以在前后手的关系中，前手为债务人，后手为债权人。

4.1.3.2 票据的种类

按照不同的分类标准，票据可以分为不同种类。

（1）按信用关系的不同，票据可以分为汇票、本票和支票。这是最常见的一种分类方法，并同法律上的票据分类相契合。

（2）按到期时间的不同，票据可分为即期票据和定期票据。即期票据是见到票据立即付款；定期票据则是等到票据到期才能付款。

（3）按票据发票人或付款人的不同，票据可分为商业票据和银行票据。商业票据是因商品交易而发生、以银行以外的其他人为出票人的票据，包括商业汇票、商业本票等。银行票据是由银行签发的票据，包括银行本票、银行汇票等。

4.1.3.3 常见的票据形式

1. 支票

支票是由出票人签发，委托办理支票存款业务的银行或者其他金融机构在见票时无条件支付确定的金额给收款人或持票人的票据。支票是一种委托式的支付凭证，具有三个关系人：第一个是出票人，即票据行为中的债务人，是最终付款人。第二个是委托付款人，其责任是根据出票人的命令从出票人账户上支付款项，同时对支票的真实性进行检查。在出票账户上已经没有资金或资金不足以支付支票所指定的金额时，委托付款人有责任拒绝付款。第三个是收款人，即债权人。目前，各国商业银行使用的支票种类较多，主要有记名支票、保付支票、划线支票、旅行支票等。

支票具有以下特点：①支票为即期票据，各国票据法都不承认远期支票；②支票具有自付性质，即支票的债务人实质上是出票人，但付款人是银行，即银行替出票人付款；③支票具有支付手段，属见票即付票据。

出票人要签发支票，首先要在银行或其他可以办理支票业务的金融机构开立支票存款账户，存入一定数量的资金，并预留签名式样和印鉴。然后才可以购买支票本，并使用支票。

支票大致可分为现金支票、转账支票和普通支票三类。

（1）现金支票。现金支票是专门制作的用于支取现金的一种支票。当客户需要使用现金时，随时签发现金支票，向开户银行提取现金，银行在见票时无条件支付给收款人确定金额的现金的票据。支票上印有“现金”字样。

（2）转账支票。当客户不用现金支付收款人的款项时，可签发转账支票，自己到开户银行或将转账支票交给收款人到开户银行办理支付款项手续。转账支票只能用于转账，不能用于提取现金。支票上印有“转账”字样。

转账支票可以根据需要在票据交换区域内背书转让，需注意：①支票背书转让时由背书人在票据背面签章，记载被背书人的名称和背书日期；②出票人在支票正面记载“不得转让”字样的，支票不得转让；③背书转让必须连续，背书附有条件的，所附条件不具有票据上的效力。

（3）普通支票。支票上未印有“现金”或“转账”字样的为普通支票。普通支票可以用于支取现金，也可以用于转账。在普通支票左上角有两条平行线的，为划线支票。划线支票只能用于转账，不得支取现金。

2. 本票

本票是由出票人签发的，承诺自己在见票时无条件支付确定的金额给收款人或持票人的票据。本票的基本关系人只有出票人和受票人。

按照出票人的不同，本票可分为商业本票和银行本票。商业本票是企业签发的承诺自己在见票时无条件支付确定金额给收款人或持票人的票据。商业本票是以商业信用为基础的票据。公司发行本票，就相当于它在利用本票进行筹资，其行为的结果非常近似于企业债券（国际上通行的票据法都对商业本票进行了规定，但我国票据法没有将它包括在内）。银行本票则是银行作为出票人，承诺自己在见票时无条件支付确定金额给收款人或持票人的票据。银行本票具有款随人到、见票即付、视同现金、允许背书转让、信誉高等特点。

此外，本票还可依收款人不同分为记名本票和无记名本票；依付款日不同分为即期本票和远期本票；依有无保证分为保证本票和无保证本票；依有无利息分为无息本票和有息本票等。

延伸阅读 银行本票的开立近似于“发行”货币

如果我们追溯纸币的产生就能明白其中的道理。在大量使用纸币的初期，大多数纸币都是所谓的“银行券”。它是商业银行以自己的信用发行的代替金属货币流通的纸质货币。

这些银行券随时可以向发行银行兑换成金属货币，所以它实际上是以金属货币为保证而发行的、以发行银行为付款人的银行本票。当这种本票逐渐同所代表的金属货币脱离了关系，并且成为不记名的银行本票时，即成为真正的货币。现在我们所使用的人民币，实际上就是中央银行发行的无记名中央银行“本票”。而商业银行发行的银行本票，就其性质而言，也是在一定范围内替代了货币的流通，所以也相当于商业银行“发行”了货币。

3. 汇票

汇票是出票人签发给付款人，命令付款人支付一定金额给收款人或持票人的无条件支付命令书。汇票的当事人有三方，即出票人、付款人和收款人。

汇票按出票人不同分为商业汇票和银行汇票。出票人是公司或企业的称为商业汇票，出票人是银行或其他金融机构的称为银行汇票。商业汇票通常是由债权人出票，用来命令债务人付款，因此汇票必须在债务人承诺兑付后，债务人才承担付款责任。承诺兑付汇票款项的行为叫承兑，经过承兑的汇票，叫承兑汇票。商业汇票根据承兑人不同，分为银行承兑汇票和商业承兑汇票。银行承兑汇票以银行或其他金融机构作为承兑人，商业承兑汇票则以公司或企业作为承兑人。承兑人在法律上是票据的主债务人，即第一付款责任人，因此银行承兑汇票的信用要高于商业承兑汇票的信用。

银行汇票属银行票据，是商业汇票的对称，是指由银行签发的一种异地支付凭证。银行汇票是票汇方式使用的票据。汇款人将款项交当地银行，银行收妥款项后，签发汇票给汇款人，由汇款人持往异地或邮寄给收款人，持票人向汇票指定银行提示汇票以办理转账结算或从该指定银行提取现金。

汇票按期限的长短，可分为即期汇票和远期汇票。即期汇票是指以提示日为到期日，见票即付款的汇票；远期汇票是指约定出票日后的若干日（如 1 个月、90 天等）付款的汇票。

汇票按签发和支付地点的不同，可分为国内汇票和国际汇票。国内汇票是指在一国境内签发和付款的汇票；国际汇票是指汇票的签发和付款一方或双方在国外，流通范围涉及两个及以上国家的汇票。

延伸阅读 汇票与本票、支票的联系与区别

1. 具有同一性质

（1）都是设权有价证券。即持票人凭票据上所记载的权利内容，来证明其票据权利以取得财产。

（2）都是要式证券。票据的格式（其形式和记载事项）都是由法律（即《票据法》）严格规定，不遵守法定格式对票据的效力有一定的影响。

（3）都是文义证券。票据权利的内容以及与票据有关的一切事项都以票据上记载的文义为准，不受票据上文义以外事项的影响。

（4）都是可以流通转让的证券。一般债务契约的债权，如果要进行转让，必须征得债务人的同意。而作为流通证券的票据，可以经过背书或不经背书仅交付票据的简易程序而自由转让与流通。

（5）都是无因证券。即票据上权利的存在只依票据上记载的文字确定，权利人享有票据权利只以持有票据为必要，至于权利人取得票据的原因、票据权利发生的原因均可不问。

这些原因存在与否、有效与否，与票据权利原则上互不影响。

2．具有相同的票据功能

（1）汇兑功能。凭借票据的这一功能，解决两地之间现金支付在空间上的障碍。

（2）信用功能。票据的使用可以解决现金支付在时间上的障碍。票据本身不是商品，它是建立在信用基础上的书面支付凭证。

（3）支付功能。票据的使用可以解决现金支付在手续上的麻烦。票据通过背书可多次转让，在市场上成为一种流通的支付工具，减少现金的使用。而且由于票据交换制度的发展，票据可以通过票据交换中心集中清算，简化结算手续，加速资金周转，提高社会资金的使用效率。

3．汇票与本票、支票的不同

（1）本票是约定（约定本人付款）证券；汇票是委托（委托他人付款）证券；支票是委托支付证券，但受托人只限于银行或其他法定金融机构。

（2）我国的票据在使用区域上有所区别。本票只用于同城范围的商品交易、劳务供应以及其他款项的结算；支票可用于同城或票据交换地区；汇票在同城和异地都可以使用。

（3）付款期限不同。本票的付款期为 1 个月，逾期兑付银行不予受理。我国商业汇票（分为银行承兑汇票和商业承兑汇票）必须承兑，因此，承兑到期，持票人方能兑付。商业承兑汇票到期日付款人账户不足以支付时，其开户银行应将商业承兑汇票退给收款人或被背书人，由其自行处理；银行承兑汇票到期日付款，如果超过承兑期限持票人没有要求兑付的，银行退回开票保证金，承兑失效。支票付款期为 5 天（背书转让地区的转账支票付款期为 10 天。从签发的次日算起，到期日遇法定节假日顺延）。

（4）汇票和支票有三个基本当事人，即出票人、付款人、收款人；而本票只有出票人（付款人和出票人为同一个人）和收款人两个基本当事人。

（5）支票的出票人与付款人之间必须先有资金关系，才能签发支票；汇票的出票人与付款人之间不必先有资金关系；本票的出票人与付款人为同一个人，不存在所谓的资金关系。

（6）支票和本票的主债务人是出票人，而汇票的主债务人在承兑前是出票人，在承兑后是承兑人。

（7）远期汇票需要承兑，支票一般为即期无须承兑，本票也无须承兑。

（8）汇票的出票人担保承兑付款，若另有承兑人，由承兑人担保付款；支票出票人担保支票付款；本票的出票人自负付款责任。

（9）支票、本票持有人只对出票人有追索权，而汇票持有人在票据的有效期内，对出票人、背书人、承兑人都有追索权。

（10）汇票有复本，而本票、支票没有。

4.1.4 债券

债券

4.1.4.1 债券的概念、特征及基本要素

1．债券的概念

债券是政府、金融机构、工商企业等直接向社会借债筹措资金时，向投资者发行，承诺按一定利率支付利息并按约定条件偿还本金的债权债务凭证。与股票不同，债券不是一种所有权

凭证，而是一种表明债权债务关系的债务凭证。对于债券出售者来说，它代表一种债务；对于债券持有者来说，它代表债权或一种资产。

2. 债券的特征

债券作为一种债权债务凭证，与其他有价证券一样，也是一种虚拟资本，而非真实资本，它是经济运行中实际运用的真实资本的证书。

债券作为一种重要的融资手段和金融工具，具有如下特征：

（1）偿还性。债券一般都规定有偿还期限，发行人必须按约定条件偿还本金并支付利息。

（2）流通性。债券一般都可以在流通市场上自由转让。当投资者在债权到期前由于各种原因需要资金时，可以随时在证券市场上变现。

（3）安全性。与股票相比，债券通常规定有固定的利率。债券与企业绩效没有直接联系，收益比较稳定，风险较小。此外，在企业破产时，债券持有者享有优先于股票持有者对企业剩余资产的索取权。

（4）收益性。债券的收益性主要表现在两个方面：一是投资债券可以给投资者定期或不定期地带来利息收入；二是投资者可以利用债券价格的变动，买卖债券赚取差额。

3. 债券的基本要素

债券作为证明债权债务关系的凭证，一般是用具有一定格式的票面形式来表现的。通常，债券票面上有以下四个基本要素：

（1）债券的面值。债券的面值是指债券发行时所设定的票面金额，代表着发行人借入并承诺于未来某一特定日期（如债券到期日）偿付给债券持有人的金额。在债券的票面价值中，首先要规定票面价值的币种，即以何种货币作为债券价值的计量标准；其次要规定债券的票面金额。

（2）债券的偿还期限。债券的偿还期限即在债券发行时就确定的偿还债券本金的时间，债券的发行人到期必须偿还本金，债券持有人到期收回本金的权利得到法律的保护。债券按期限的长短可分为长期债券、中期债券和短期债券。

（3）债券的票面利率。债券的票面利率是指债券利息与债券票面价值的比率，通常年利率用百分数表示。

（4）债券发行主体的名称、发行时间、债券类别以及批准单位和批准文号等。

4.1.4.2 债券的种类

按照不同的分类标准，债券可以分为不同种类。

1. 按发行主体不同，债券可分为政府债券、金融债券和公司（企业）债券

（1）政府债券。政府债券是指政府为筹集资金而发行的债券，主要包括国债、地方政府债券等，其中最主要的是国债。国债因其信誉好、利率优、风险小而又被称为“金边债券”。除了政府部门直接发行的债券外，有些国家把政府担保的债券也划归为政府债券体系，称为政府保证债券。这种债券由一些与政府有直接关系的公司或金融机构发行，并由政府提供担保。

（2）金融债券。金融债券是由银行和非银行金融机构发行的债券。在我国，目前金融债券主要由国家开发银行、进出口银行等政策性银行发行。金融机构一般有雄厚的资金实力，信用度较高，因此金融债券往往有良好的信誉。

（3）公司（企业）债券。在国外，没有企业债和公司债的划分，企业债和公司债统称为公

司债。在我国，企业债券是按照《企业债券管理条例》规定发行与交易、由非公司制企业发行的债券，在实践中，其发债主体为中央政府部门所属机构、国有独资企业或国有控股企业，因此，它在很大程度上体现了政府信用；而公司债券是按照我国《证券法》规定发行与交易、由按照《公司法》设立的公司法人发行的债券，在实践中，其发行主体为股份有限公司和有限责任公司，其信用保障是发债公司的资产质量、经营状况、盈利水平和持续盈利能力等。公司债券在证券登记结算公司统一登记托管，可申请在证券交易所上市交易，其信用风险一般高于企业债券。2023 年 3 月发布的《党和国家机构改革方案》指出，强化资本市场监管职责，由中国证券监督管理委员会统一负责公司（企业）债券发行审核工作。以此进一步发挥公司（企业）债券功能，积极支持国家重大战略实施和重大项目建设，更好服务实体经济高质量发展、服务构建新发展格局。

2. 按计息方式不同，债券可分为单利债券、复利债券和累进利率债券

（1）单利债券。单利债券是指在计算利息时，不论期限长短，仅按本金计息，所生利息不再加入本金计算下期利息的债券。

（2）复利债券。与单利债券相对应，复利债券是指计算利息时，按一定期限将所生利息加入本金再计算利息，逐期滚动计算的债券。

（3）累进利率债券。累进利率债券是指以利率逐年累进方法计息的债券。

3. 按利息的支付方式不同，债券可分为贴现债券和附息债券

（1）贴现债券。贴现债券是指债券券面上不附有息票，在票面上不规定利率，发行时按规定的折扣率，以低于债券面值的价格发行，到期按面值支付本息的债券。从利息支付方式来看，贴现债券以低于面额的价格发行，可以看作利息预付，因而又可称为利息预付债券、贴水债券。贴现债券是期限比较短的折现债券。

（2）附息债券。附息债券是指在券面上规定利率且附有各种息票或一次还本付息的债券。息票上一般都表明支付利息的日期和金额。

4. 按形态不同，债券可分为实物债券（无记名债券）、凭证式债券和记账式债券

（1）实物债券（无记名债券）。实物债券是一种具有标准格式实物券面的债券。它与无实物票券相对应，简单地说就是所发行的债券是纸质的而非电子债券。

在其券面上，一般印制了债券面额、债券利率、债券期限、债券发行人全称、还本付息方式等各种债券票面要素。实物债券不记名，不挂失，可上市流通，是一般意义上的债券，很多国家通过法律或者法规对其格式予以明确规定。实物债券由于其发行成本较高，将会被逐步取消。

（2）凭证式债券。凭证式债券主要指凭证式国债。凭证式国债是指国家采取不印刷实物券，而是用填制"国库券收款凭证"的方式发行的国债。凭证式国债与储蓄类似，常被称为"储蓄式国债"，是以储蓄为目的的个人投资者理想的投资方式。从购买之日起计息，可记名，可挂失，但不能上市流通。

（3）记账式债券。记账式债券又称无纸化债券，是指没有实物形态的票券，以计算机记账方式记录债权，通过证券交易所的交易系统发行和交易。我国通过沪、深交易所的交易系统发行和交易的记账式国债就是这方面的实例。如果投资者进行记账式债券的买卖，就必须在证券交易所设立账户。

记账式债券购买后可以随时在证券市场上转让，流动性较强，就像买卖股票一样，当然，中途转让除可获得应得的利息外（市场定价已经考虑到），还可以获得一定的价差收益（不排除损失的可能），这种债券有付息债券与零息债券两种。付息债券按票面发行，每年付息一次或多次；零息债券折价发行，到期按票面金额兑付，中间不再计息。

由于记账式债券发行和交易均无纸化，所以交易效率高、成本低，是目前债券发行的主要形式。

学中做，做中学

2021年3月24日，财政部、中国人民银行发布了《手机银行销售储蓄国债（电子式）试点办法》，明确了手机银行销售和购买储蓄国债的一些事项。这意味着，随着试点开始，以后储蓄国债就可以通过手机银行购买了。值得注意的是，这里说的是电子式储蓄国债可以通过手机银行购买，凭证式储蓄国债不在此列，仍然需要到银行柜台购买。

学中做：请收集近两年的国债发行情况的资料，包括发行种类、时间、期限、利率等。

做中学：分析国债发行的变化，说明购买国债的好处。

5. 按其有无财产担保，债券可以分为抵押债券和信用债券

（1）抵押债券。抵押债券是指以企业财产作为担保的债券，按抵押品的不同又可以分为一般抵押债券、不动产抵押债券、动产抵押债券和证券抵押债券。以不动产如房屋等作为担保品的，称为不动产抵押债券；以动产如适销商品等作为担保品的，称为动产抵押债券；以有价证券如股票及其他债券作为担保品的，称为证券抵押债券。一旦债券发行人违约，信托人就可将担保品变卖处置，以保证债权人的优先求偿权。

（2）信用债券。信用债券是不以任何企业财产作为担保，完全凭信用发行的债券。政府债券即属于此类债券。这种债券由于其发行人的绝对信用而具有坚实的可靠性。除此之外，一些公司也可发行这种债券，即信用公司债。与抵押债券相比，信用债券的持有人承担的风险较大，因而往往要求较高的利率。为了保护投资人的利益，发行这种债券的公司往往受到种种限制，只有那些信誉卓著的大公司才有资格发行。除此以外在债券契约中都要加入保护性条款，如不能将资产抵押其他债权人、不能兼并其他企业、未经债权人同意不能出售资产、不能发行其他长期债券等。

6. 按其是否公开发行，债券可分为公募债券和私募债券

（1）公募债券。公募债券是指向社会公开销售的债券，即通过证券公司向社会上所有的投资者募集资金。发行公募债券必须遵守信息公开制度，以保护投资人的利益；还必须经过公认的资信评级机构评定资信级别，资信级别不同，债券的发行条件也不同。债券发行后，投资人有权随时向证券交易管理委员会查询有关信息。

（2）私募债券。私募债券是未公开发行而只向与发行人有特定关系的投资人发售的债券。由于这种债券的筹资对象大多与债券发行人关系密切，因此也称为“关系债券”。私募债券的发行范围小，不采用公开呈报制度，转让也受到一定程度的限制，流动性差。投资人一般认购私募债券，是为了持有债券获取利息，而不是为了转卖。

另外，按债券利率在偿还期内是否变化，债券可分为固定利率债券和非固定利率债券；按其发行地点不同，债券可分为国内债券与国际债券。

4.1.5 股票

4.1.5.1 股票的概念及特征

1. 股票的概念

股票是股份公司在筹集资本时向出资人公开或私下发行的，用以证明出资人的股东身份和权利，并根据持有人所持有的股份数享有权益和承担义务的凭证。股票是一种有价证券，代表着其持有人（股东）对股份公司的所有权，每一股同类型股票所代表的公司所有权是相等的，即“同股同权”。股票可以公开上市，也可以不上市。在股票市场上，股票也是投资和投机的对象。

2. 股票的特征

（1）参与性。股东有权出席股东大会，选举公司董事会，参与公司的重大决策。股票持有者的投资意志和享有的经济利益，通常是通过行使股东参与权来实现的。股东参与公司决策的权利大小，取决于其所持有股份的多少。从实践中看，只要股东持有的股票数量达到左右决策结果所需的数量时，就能掌握公司的决策控制权。

（2）收益性。股东凭其持有的股票，有权从公司领取股息或红利，获取投资的收益。股息或红利的大小，主要取决于公司的盈利水平和盈利分配政策。股票的收益性，还表现在股票投资者可以获得价差收入或实现资产保值、增值。通过低价买入和高价卖出股票，投资者可以赚取价差利润。

（3）流通性。股票的流通性是指股票在不同投资者之间的可交易性。流通性通常以可流通的股票数量、股票成交量以及股价对交易量的敏感程度来衡量。可流通股数越多，成交量越大，价格对成交量越不敏感（即价格不会随着成交量一同变化），股票的流通性就越好，反之就越差。股票的流通，使投资者可以在市场上卖出所持有的股票，取得现金。通过股票的流通和股价的变动，可以看出人们对于相关行业和上市公司的发展前景和盈利潜力的判断。那些在流通市场上吸引大量投资者、股价不断上涨的行业和公司，可以通过增发股票，不断吸收大量资本进入生产经营活动，达到优化资源配置的效果。

（4）风险性。证券投资风险的内涵是预期收益的不确定性。认购了股份公司的股票，就必须承担一定的风险。股票的风险主要表现在：①股份公司经营的业绩是不确定的，因此股票的股息和红利是不确定的；②二级市场上流通的股票的价格可能出现大起大落的现象，当股票的价格下跌时，股票持有者会因股票的贬值而蒙受损失。

（5）永久性。投资者购买了股票就不会退股，股票是一种无限期的法律凭证，它反映的是股东与股份有限公司之间比较稳定的经济关系。在向股份公司参股投资而取得股票后，任何股东都不能退股，只能转售。只要没有合并、倒闭、破产等事故发生，公司就会无限期地存在下去。对于股票持有者来说，只要其持有股票，其股东身份和股东权益就不会改变。如果要改变股东身份，可将股票出售，或等待公司的破产清算。

4.1.5.2 股票的种类

按照不同的分类标准，股票可以分为不同种类。

1. 按所代表的股东权益不同，股票可分为普通股和优先股

（1）普通股。普通股股票是指持有这种股票的股东都享有同等的权利，都能参加公司的经

营决策，所分取的股息、红利都是随着股份公司经营利润的多寡而变化的。而其他类型的股票，其股东的权益或多或少都要受到一定条件的限制。

普通股股票的主要特点如下：①普通股股票是股票中最普通、最重要的股票种类。股份公司在最初发行的股票一般都是普通股，由于在权利和义务方面没有特别的限制，其发行范围最广且发行量最大，股份公司的绝大部分资金一般都是通过发行普通股股票筹集而来的。②普通股股票是股份有限公司发行的标准股票，其有效期限与股份有限公司相同，此类股票的持有者是股份有限公司的基本股东。③普通股股票是风险最大的股票。持有此类股票的股东所获取的经济利益是不稳定的，它不但要随公司的经营水平而波动，且其收益顺序比较靠后，即股份公司必须在偿付完公司的债务和所发行的债券利息以及优先股股东的股息以后才能给普通股股东分红。所以持有普通股股票的股东其收益最不稳定，投资风险最大。

对股份公司而言，持普通股股票的股东所处的地位是绝对平等的，在股份有限公司存续期间，他们都毫无例外地享有下述权利，法律和公司章程对此没有任何特别的限制：①通过参加股东大会来参与股份公司的重大经营决策；②具有分配公司盈余和剩余资产的权利；③优先认股权。

（2）优先股。持有优先股股票的股东，其权益要受一定的限制，优先股股东享有可优先于普通股股东以固定的股息分取公司收益并在公司破产清算时优先分取剩余资产的权利，但一般不能参与公司的经营活动，其具体的优先条件必须由公司章程加以明确。优先股股票的发行一般是股份公司出于某种特定的目的和需要，且在票面上要注明“优先股”字样。

一般来说，优先股的优先权有以下四点：①在分配公司利润时可先于普通股且以约定的比率进行分配。②当股份有限公司因解散、破产等原因进行清算时，优先股股东可先于普通股股东分取公司的剩余资产。③优先股股东一般不享有公司经营参与权，即优先股股票不包含表决权。优先股股东无权过问公司的经营管理，但在涉及优先股股票所保障的股东权益时，优先股股东可发表意见并享有相应的表决权。④优先股股票可由公司赎回。由于股份有限公司需向优先股股东支付固定的股息，优先股股票实际上是股份有限公司的一种举债集资的形式，但优先股股票又不同于公司债券和银行贷款，这是因为优先股股东分取收益和公司资产的权利只能在公司满足了债权人的要求之后才能行使。优先股股东不能要求退股，但优先股股票可以依照其所附的赎回条款，由股份有限公司予以赎回。大多数优先股股票都附有赎回条款。

我国在股份制改革初期，曾发行过优先股，如上海一汽金杯、北京天龙等，随着股份制改革的深入和规范，目前在我国优先股的数量已经非常少了。

即学即练

单选题

1. 股份公司可同时发行优先股和普通股，但必须首先发行（　　）。
   A. 优先股　　B. 个人股　　C. 普通股　　D. 法人股
2. 股份公司最基本的股东是（　　）。
   A. 优先股持有人　　B. 普通股持有人
   C. 个人股持有人　　D. 法人股持有人

2. 按其票面是否记载股东姓名，股票可分为记名股票和无记名股票

（1）记名股票。记名股票是指在股东名册上登记有持有人的姓名或名称及住址，并在股票上也注明持有人姓名或名称的股票。股东的姓名或名称一般都写在股票背面。记名股票不仅要

求股东在购买股票时需要登记姓名或名称，而且要求股东转让股票时需向公司办理股票过户手续，除了记名股东外，任何人不得凭此对公司行使股东权。股票同为一人所有的，应记载同一本名。记名股票不得私自转让，在转让过户时，应到公司提交股票，更换持有人姓名或名称，并将转让人的姓名或名称、住址记载于公司股东名册上。我国《公司法》规定，公司向发起人、法人发行的股票，应当为记名股票，并应当记载该发起人、法人的姓名或名称及住所、各股东所持股份数、各股东所持股票的编号、各股东取得股份的日期。

记名股票的特点：①股东权利归属于记名股东；②认购股票的款项不一定一次性缴足；③转让相对复杂或受限制；④便于挂失，相对安全。

（2）无记名股票。无记名股票是指在股票票面和股份公司股东名册上均不记载股东姓名的股票。我国《公司法》在这方面的规定为：股份有限公司对社会公众发行的股票，可以为记名股票，也可以为无记名股票。发行无记名股票的，公司应当记载其股票数量、编号及发行日期。

无记名股票的特点：①股东权利归属股票的持有人；②认购股票时要求缴足股款；③转让相对简便；④安全性较差。

3．按是否记载票面金额，股票可分为有面额股票和无面额股票

（1）有面额股票。有面额股票是指在股票票面上记载一定金额（即票面价值）的股票。有面额股票的发行，可以采取面额发行、时价发行和中间价发行等方法。

（2）无面额股票。无面额股票是指在股票票面上不记载金额但记载所占份额的股票。这种股票并非没有价值，只是不在票面上表明固定的绝对金额，而是表明相对金额。从某种意义上说，这种计价方法也有它的科学性，即不管股价涨跌，它代表的份额不变。

4．按其币种不同，股票可分为内资股和外资股

（1）内资股。内资股是指由我国境内注册公司发行，在境内上市的人民币普通股票（也称 A 股），供境内机构、组织或个人（不含我国台湾、香港、澳门地区投资者）以人民币认购和交易。

（2）外资股。外资股是指由国外和我国香港、澳门、台湾地区的投资者，以购买人民币特种股票的形式向股份有限公司投资形成的股份。外资股包括法人外资股和个人外资股。目前我国主要有 B 股、H 股和 N 股等外资股。

课堂讨论

股票变现性强，可能带来的收益较高，但同时风险也很大。随着我国经济的稳步发展，投资股票的人越来越多。试讨论股票投资的优势和应该注意的问题有哪些。

4.1.6　证券投资基金

4.1.6.1　证券投资基金的概念及特征

1．证券投资基金的概念

证券投资基金简称基金，是通过发行基金券来募集资金，通过设置信托进行股票、债券等金融工具的投资，并由投资者承担投资风险，享受投资收益的一种集合投资制度。

2．证券投资基金的特征

（1）集合理财、专业管理。基金通过发行基金收益凭证聚集资金，形成集合资产。通过进

行规模经营，降低交易成本，从而获得规模收益的好处。基金由专业人员管理，他们一般具有良好的专业背景、丰富的投资经验，对宏观经济形势、行业和企业的发展状况有深入的了解，并掌握投资组合的构造技术，能够更好地利用各种金融工具，抓住投资机会，提高收益率。

（2）组合投资、分散投资。基金通过汇集众多中小投资者的小额资金，形成较大的资金实力，将资产分别配置到股票、债券等多种资产上，通过有效的资产组合降低投资风险。

（3）利益共享、风险共担。利益共享是指基金的投资收益在扣除由基金承担的费用后，盈余全部归基金投资者所有，并根据投资者持有的基金份额进行分配；风险共担是指基金管理人一般不承担投资损失，由基金投资者根据持有的基金份额比例承担投资风险。

（4）严格监管、信息透明。为切实保护投资者利益，各国监管机构均对基金业实行严格监管，并以法律的形式要求基金定期进行充分、及时的信息披露。比如开放式基金每日公布净值、季度投资组合披露、年度财务数据披露等。

（5）独立托管、保障安全。基金管理人不参与基金财产的保管，基金财产的保管由独立于基金管理人的基金托管人负责。

4.1.6.2 基金的种类

按照不同的分类标准，基金可以分为不同种类。

1．按运作方式不同，基金可分为封闭式基金与开放式基金

（1）封闭式基金。封闭式基金是指基金份额在基金合同期限内固定不变，基金份额可以在依法设立的证券交易所交易，但基金份额持有人不得申请赎回的一种基金运作方式。

（2）开放式基金。开放式基金是指基金份额不固定，基金份额可以在基金合同约定的时间和场所进行申购或者赎回的一种基金运作方式。这里所指的开放式基金特指传统的开放式基金，不包括交易型开放式指数基金（ETF）和上市开放式基金（LOF）等新型开放式基金。

2．按投资对象不同，基金可分为股票基金、债券基金和货币市场基金等

（1）股票基金。股票基金是指以股票为投资对象的投资基金。

（2）债券基金。债券基金是指以债券为投资对象的投资基金。

（3）货币市场基金。货币市场基金是指以国库券、大额银行可转让存单、商业票据、公司债券等货币市场短期有价证券为投资对象的投资基金。

（4）期货基金。期货基金是指以各类期货品种为主要投资对象的投资基金。

（5）期权基金。期权基金是指以能分配股利的股票期权为投资对象的投资基金。

（6）指数基金。指数基金是指以某种证券市场的价格指数为投资对象的投资基金。

（7）认股权证基金。认股权证基金是指以认股权证为投资对象的投资基金。

根据中国证监会对基金类别的分类标准，60% 以上的基金资产投资于股票的为股票基金；80% 以上的基金资产投资于债券的为债券基金；仅投资于货币市场工具的为货币市场基金；投资于股票、债券和货币市场工具，但股票投资和债券投资的比例不符合股票基金、债券基金规定的为混合基金。

3．按投资目标不同，基金可分为成长型基金、收入型基金和平衡型基金

（1）成长型基金。成长型基金是指以追求资本增值为基本目标，较少考虑当期收入的基金，主要以具有良好增长潜力的股票为投资对象。

（2）收入型基金。收入型基金是指以追求稳定的经常性收入为基本目标的基金，主要以大盘蓝筹股、公司债、政府债券等稳定收益证券为投资对象。

（3）平衡型基金。平衡型基金则是既注重资本增值又注重当期收入的一类基金。一般而言，成长型基金的风险大、收益高；收入型基金的风险小、收益也较低；平衡型基金的风险、收益则介于成长型基金与收入型基金之间。

4. 按组织形态不同，基金可分为公司型基金和契约型基金

（1）公司型基金。公司型基金是由具有共同投资目标的投资者组成以盈利为目的的股份制投资公司，并将资产投资于特定对象的投资基金。

（2）契约型基金。契约型基金也称信托型基金，是指基金发起人依据其与基金管理人、基金托管人订立的基金契约，发行基金单位而组建的投资基金。

延伸阅读 证券投资基金的产生与发展历史

证券投资基金起源于19世纪60年代，迄今为止，大致经历了产生、发展、成熟三个阶段。

1868年至1920年是证券投资基金的产生阶段。19世纪60年代，随着第一次产业革命的成功，英国成为全球最富裕的国家，它的工业总产值占世界工业总产值的1/3以上，国际贸易额占世界总贸易额的25%，因此国内资金充裕，利率较低；与此同时，美国、德国、法国等国家正开始进行工业革命，需要大量的资金支持。在这种背景下，英国政府为了提高国内投资者的收益，出面组织了由专业人士管理运作的以投资美国、欧洲及殖民地国家证券为主要对象的“外国和殖民地政府信托投资”。它标志着证券投资基金的起步。

1921年至20世纪70年代是证券投资基金的发展阶段。如果说第一次产业革命属于轻工业革命，那么第二次产业革命则是重工业革命，在这场革命中，钢铁、汽车、电力、石化等行业迅速兴起。经过19世纪70年代到20世纪初的30多年历程，美国经济超过了英国，国民生产总值位居世界第一位。在此背景下，1921年4月，美国设立了第一家证券投资基金组织——美国国际证券信托基金，这标志着证券投资基金发展中“英国时代”的结束和“美国时代”的开始。1924年3月21日，“马萨诸塞投资信托基金”设立，自此美国式证券投资基金迅速发展。

20世纪80年代之后是证券投资基金趋于成熟的阶段。成熟在这里包含三层含义：一是证券投资基金在整个金融市场中占有重要的地位；二是证券投资基金成为一种国际化现象；三是证券投资基金在金融创新中得到了快速的发展，有力地促进了金融运行机制的创新。

从我国情况看，1991年10月，证券投资基金在我国证券市场起步，“武汉证券投资基金”与“深圳南山风险投资基金”分别由中国人民银行武汉分行和深圳南山区政府批准成立，成为我国第一批基金。1997年11月14日，经国务院批准，国务院证券监督管理委员会颁布了《证券投资基金管理暂行条例》，是我国首次颁布的证券投资基金运作的行政法规，标志着我国证券投资基金进入法律框架。2004年6月1日，《证券投资基金法》的实施为我国基金业的发展奠定了重要的法律基础。2004年10月，我国第一只上市型开放式基金（LOF）——南方积极配置基金上市，2004年年底国内首只交易型开放式指数基金（ETF）——华夏上证50上市。随后推出的结构化基金、QDII基金、社会责任基金等基金产品的创新，极大地推动了我国基金业的发展。2013年修订后的《证券投资基金法》正式实施，证监会和证券投资基金业协会各司其职，监管规范化逐步加强，我国基金业加快发展。2022年我国证券投资基金规模达25.64万亿元人民币。

4.2 什么是金融衍生工具

案例引入

《现代汉语词典》对“衍生”的释义之一是：演变发生。金融衍生工具，顾名思义，是指其价值依赖于原生性金融工具的一类金融产品。原生性金融工具一般是指股票、债券、存单、货币等。

有些衍生工具已存在数百年，如远期合约，但是金融衍生工具的迅速发展是20世纪70年代之后的事情。由于20世纪70年代高通货膨胀率以及普遍实行的浮动汇率制度，规避通货膨胀风险、利率风险和汇率风险成为金融交易的一项重要需求。同时，各国政府逐渐放松金融管制，金融业的竞争日益加剧。这多方面的因素，促使金融衍生工具得以迅速繁衍、发展。在金融衍生工具的迅速拓展中，还有一个极其重要的因素，那就是期权定价公式的问世。对期权如何定价，曾是一个经多年研究而难以解决的题目。1997年诺贝尔经济学奖获得者斯科尔斯和默顿在20世纪70年代初推出了他们据以获奖的期权定价公式，解决了这一难题。许多相关领域的定价问题也连带得以解决。

迄今为止，金融衍生工具已经形成一个新的金融产品“家庭”，其种类繁多、结构复杂，并且不断有新的成员进入。即使是金融市场上经验丰富的专家，也会为其品种之复杂、交易方式之新颖而困惑不解。

请思考：金融衍生工具是怎么出现和发展的？你知道有哪些金融衍生工具吗？

知识解读

4.2.1 金融远期合约

4.2.1.1 金融远期合约的概念及特征

1. 金融远期合约的概念

金融远期合约是最基础的金融衍生产品，是指交易双方在场外市场上通过协商，按约定价格（称为“远期价格”）在约定的未来日期（交易日）买卖某种标的金融资产（或金融变量）的合约。由于采用了一对一交易的方式，交易事项可以协商确定，较为灵活，金融机构或大型工商企业常利用远期合约交易作为风险管理手段。在作为衍生金融工具的远期合约中，目前最常见的是远期外汇合约。金融远期合约与金融期货较为相似，二者的区别在于：①标准化和灵活性不一样；②场内场外交易、二级市场发展不一样。

2. 金融远期合约的特征

（1）金融远期合约是通过现代化通信方式在场外进行的，由银行给出双向标价，银行与银行之间、银行与客户之间直接进行交易。

（2）金融远期合约交易双方互相认识，而且每一笔交易都是双方直接见面沟通，交易达成意味着接受参加者的对应风险。

（3）金融远期合约交易不需要保证金，双方通过变化的远期价格差异来承担风险。金融远期合约大部分交易都是到期交割。

（4）金融远期合约的金额和到期日都是灵活的，有时只对合约金额最小额度做出规定，到期日经常超过期货的到期日。

思考与提升

远期交易的产生

19 世纪，芝加哥因其地理位置优越，成为美国西部农产品交易中心。农民们往往把农产品先集中运到芝加哥，再伺机寻找粮商交易。农民的粮食种植规模，主要由上一年的价格决定，可能与当年的粮食需求不符，因此价格波动很大。经常出现卖不出去、堆积如山，甚至腐烂的现象，农民和粮商的损失都很大。后来，芝加哥的粮商们发明了远期交易这种方式。他们与农民们签订远期合约，商定好价格和交易的时间，这样农民们不用再辛苦地把粮食运到芝加哥，更重要的是，避免了粮价大幅波动带来的损失。

总结提高：金融衍生工具最初是为了适应投资者规避基础金融市场风险的需要而设计产生的，但其自身在交易过程中也存在风险。同时，金融衍生工具作为一种金融创新，弥补了传统金融市场的不足，成为规避金融价格波动的主要工具。创新与风险是一体两面的关系，我们不能因为担心失败、害怕风险就不去创新。青年学生要克服本领不足、本领恐慌，不断增强志气、骨气、底气，努力成为业有所精的行家里手、可堪大用的栋梁之材。善读“无字之书”，在实践中练胆魄、磨意志、长才干、强本领，增强防风险、迎挑战、抗打压的能力。

4.2.1.2 金融远期合约的种类

1. 远期利率合约

远期利率合约又称远期利率协议，是指交易双方约定在未来某一日期，交换协议期间内一定名义本金基础上分别以合同利率和参考利率计算的利息的金融合约。签订该合约的双方同意，交易将来某个预先确定时间的短期利息支付。远期利率合约是以锁定利率和对冲风险暴露为目的的衍生工具之一。其中，远期利率合约的买方支付以合同利率计算的利息，卖方支付以参考利率计算的利息。

远期利率合约交易具有以下几个特点：①具有极大的灵活性。作为一种场外交易工具，远期利率合约的条款可以根据客户的要求“量身定制”，以满足个性化需求。②不进行资金的实际借贷。尽管名义本金额可能很大，但由于只是对以名义本金计算的利息的差额进行支付，因此实际结算量可能很小。③在结算日前不必事先支付任何费用，只在结算日发生一次利息差额的支付。

金融机构使用远期利率合约可以对未来期限的利率进行锁定，即对参考利率未来变动进行保值。

2. 远期外汇合约

远期外汇合约又称期汇交易，是指买卖外汇双方先签订合同，规定买卖外汇的数量、汇率和未来交割外汇的时间，到了规定的交割日期双方再按合同规定办理货币收付的外汇交易。

按照远期的开始时期划分，远期外汇合约又分为直接远期外汇合约和远期外汇综合协议。

3. 远期股票合约

远期股票合约是指在将来某一特定日期按特定价格交付一定数量的单只股票或一揽子股票的协议。远期股票合约在世界上出现的时间不长，总交易规模也不大。

4.2.2 金融期货合约

4.2.2.1 金融期货合约的概念

金融期货合约又称金融期货合同或金融期货，是金融期货交易的买卖对象或标的物，是指由期货交易所统一制定的、规定在将来某一特定的时间和地点交割一定数量和质量的金融商品的标准化合约。金融期货合约的标准化条款一般包括：

（1）交易数量和单位条款。每种商品的期货合约规定了统一的、标准化的数量和数量单位，统称“交易单位”。例如，美国芝加哥期货交易所规定小麦期货合约的交易单位为 5 000 蒲式耳（每蒲式耳小麦约为 27.24kg），每张小麦期货合约都是如此。如果交易者在该交易所买进一张（也称一手）小麦期货合约，就意味着在合约到期日需买进 5 000 蒲式耳小麦。

（2）质量和等级条款。商品期货合约规定了统一的、标准化的质量等级，一般采用国际上普遍认可的商品质量等级标准。例如，我国黄豆在国际贸易中所占的比例比较大，所以在日本名古屋谷物交易所就以我国产的黄豆为该交易所黄豆质量等级的标准品。

（3）交割地点条款。期货合约为期货交易的实物交割指定了标准化的、统一的实物商品的交割仓库，以保证实物交割的正常进行。

（4）交割期条款。商品期货合约对进行实物交割的月份做出规定，一般会规定几个交割月份，由交易者自行选择。例如，美国芝加哥期货交易所为小麦期货合约规定的交割月份就有 7 月、9 月、12 月，以及下一年的 3 月和 5 月，交易者可自行选择交易月份进行交易。例如交易者买进 7 月的合约，或 7 月前平仓了结交易，或 7 月份进行实物交割。

（5）最小变动价位条款。该条款是指期货交易时买卖双方报价所允许的最小变动幅度，每次报价时价格的变动必须是这个最小变动价位的整数倍。

（6）每日价格最大波动幅度限制条款。该条款是指交易日期货合约的成交价格不能高于或低于该合约上一交易日结算价的一定幅度。达到最大波动幅度则暂停该合约的交易。例如，芝加哥期货交易所小麦合约的每日价格最大波动幅度为每蒲式耳不高于或不低于上一交易日结算价 20 美分（每张合约为 1 000 美元）。

（7）最后交易日条款。该条款是指期货合约停止买卖的最后截止日期。每种期货合约都有一定的月份限制，到了合约月份的规定日期，就要停止合约的买卖，准备进行实物交割。例如，芝加哥期货交易所规定，玉米、大豆、豆粕、豆油、小麦期货的最后交易日为交割月最后营业日往回数的第 7 个营业日。

除此之外，期货合约还包括交割方式、违约及违约处罚等条款。

小资料　大连商品交易所玉米期货合约见表 4-1。

表 4-1　玉米期货合约

交易品种	黄玉米
交易单位	10t/ 手
报价单位	元（人民币）/t
最小变动价位	1 元 /t
涨跌停板幅度	上一个交易日结算价的 ±4%
合约月份	1 月，3 月，5 月，7 月，9 月，11 月
交易时间	每周一至周五 9:00 ～ 10:15，10:30 ～ 11:30，13:30 ～ 15:00
最后交易日	合约月份第 10 个交易日
最后交割日	最后交易日后第 2 个交易日
交割等级	大连商品交易所玉米交割质量标准（FC/DCE D001—2015）
交割地点	大连商品交易所玉米指定交割仓库
最低交易保证金	合约价值的 5%
交割方式	实物交割
交易代码	C
上市交易所	大连商品交易所

4.2.2.2　金融期货的种类

目前，在世界各大金融期货市场，交易的合约种类较多，归纳起来可以分为四大类：外汇期货、利率期货、股指期货和股票期货。

1. 外汇期货

外汇期货是交易双方约定在未来某一时间，依据现在约定的比例，以一种货币交换另一种货币的标准化合约的交易。外汇期货以汇率为标的物，用以回避汇率风险，是金融期货中最早出现的品种。自 1972 年 5 月芝加哥商品交易所的国际货币市场分部推出第一张外汇期货合约以来，随着国际贸易的发展和世界经济一体化进程的加快，外汇期货交易一直保持着旺盛的发展势头。它不仅为广大投资者和金融机构等经济主体提供了有效的套期保值工具，也为套利者和投机者提供了新的获利手段。

我国外汇期货交易的主要品种有美元、英镑、欧元、日元、瑞士法郎、加拿大元、澳大利亚元等。

2. 利率期货

利率期货是指由交易双方订立的，约定在未来某日期以成交确定的价格交收一定数量的某种利率相关商品（即各种债务凭证）的标准化契约。利率期货主要包括长期利率期货和短期利率期货。

3. 股指期货

股指期货全称是股票价格指数期货，也可称为股价指数期货，是指以股价指数为标的物的标准化期货合约，双方约定在未来的某个特定日期，按照事先确定的股价指数的大小，进行标的指数的买卖。

4. 股票期货

股票期货是以股票为标的物的期货合约，与股指期货一样，是股票交易市场的衍生交易。二者的差别仅仅在于股票期货合约的对象是指单一的股票，而股指期货合约的对象是代表一组股票价格的指数。因而市场上也通常将股票期货称为个股期货。

小资料 沪深 300 指数期货合约见表 4-2。

表 4-2 沪深 300 指数期货合约

合约标的	沪深 300 指数
合约乘数	每点 300 元
报价单位	指数点
最小变动价位	0.2 点
合约月份	当月、下月及随后两个季月
交易时间	9:15 ～ 11:30，13:00 ～ 15:15
最后交易日交易时间	9:15 ～ 11:30，13:00 ～ 15:00
每日价格最大波动限制	上一个交易日结算价的 ±10%
最低交易保证金	合约价值的 12%
最后交易日	合约到期月份的第 3 个周五，遇国家法定节假日顺延
交割日期	同最后交易日
交割方式	现金交割
交易代码	IF
上市交易所	中国金融期货交易所

沪深 300 指数是由上海和深圳证券市场中选取 300 只 A 股股票作为样本编制而成的成分股指数。沪深 300 指数样本覆盖了沪深市场六成左右的市值，具有良好的市场代表性。沪深 300 指数是上海证券交易所和深圳证券交易所第一次联合发布的反映 A 股市场整体走势的指数。它的推出丰富了市场现有的指数体系，增加了一项用于观察市场走势的指标，有利于投资者全面把握市场运行状况，也进一步为指数投资产品的创新和发展提供了基础条件。

4.2.2.3 金融期货交易的特征

期货交易建立在现货交易的基础上，是一般契约交易的发展。为了方便期货合约这种特殊的商品在市场中流通，保证期货交易的顺利进行和健康发展，所有交易都是在有组织的期货市场中进行的。因此，期货交易具有以下一些基本特征。

1. 合约标准化

期货交易具有标准化和简单化的特征。期货交易通过买卖期货合约进行，而期货合约是标准化的合约。这种标准化是指进行期货交易的商品的品级、数量、质量等都是预先规定好的，只有价格是变动的。这是期货交易区别于现货远期交易的一个重要特征。期货合约标准化，大大简化了交易手续，降低了交易成本，最大限度地减少了交易双方因对合约条款理解不同而产生的争议与纠纷。

2. 场所固定化

期货交易具有组织化和规范化的特征。期货交易是在依法建立的期货交易所内进行的，一般不允许进行场外交易，因此期货交易是高度组织化的。期货交易所是买卖双方汇聚并进行期货交易的场所，是非营利组织，旨在提供期货交易的场所与交易设施，制定交易规则，充当交易的组织者，本身并不介入期货交易活动，也不干预期货价格的形成。

3. 结算统一化

期货交易具有付款方向一致性的特征。期货交易是由结算所专门进行结算的，所有在交易所内达成的交易，必须送到结算所进行结算，经结算处理后才算最后达成，才成为合法交易。交易双方互无关系，都只以结算所作为自己的交易对手，只对结算所负财务责任，即在付款方向上，都只对结算所，而不是交易双方之间互相往来款项。这种付款方向的一致性大大简化了交易手续和实货交割程序，也为交易者在期货合约到期之前通过做“对冲”操作而免除到期交割义务创造了可能。国际上第一个真正的结算所于 1891 年在明尼阿波利斯谷物交易所出现，并建立了严格的结算制度。

4. 交割定点化

期货交易中，实物交割只占一定比例，多以对冲了结。“对冲”机制免除了交易者必须进行实物交割的责任。国外成熟的期货市场的运行经验表明，在期货市场进行实物交割的成本往往高于直接进行现货交易成本，因此包括套期保值者在内的交易者多以对冲了结手中的持仓，最终进行实物交割的只占很小的比例。期货交割必须在指定的交割仓库进行。

5. 交易经纪化

期货交易具有集中性和高效性的特征。这种集中性是指期货交易不是由实际需要买进和卖出期货合约的买方和卖方在交易所内直接见面进行交易，而是由场内经纪人代表所有买方和卖方在期货交易场内进行，交易者通过下达指令的方式进行交易，所有的交易指令最后都由场内经纪人负责执行。交易简便，寻找成交对象十分容易，交易效率高，表现出高效性的特征。集中性还表现为一般不允许进行场外私下交易。

6. 保证金制度化

期货交易具有高信用的特征。这种高信用特征集中表现为期货交易的保证金制度。期货交易的交易者在进入期货市场开始交易前，必须按照交易所的有关规定交纳一定的履约保证金，并应在交易过程中维持一个最低保证金水平，以便为所买卖的期货合约提供一种保证。保证金制度的实施，不仅使期货交易具有“以小博大”的杠杆作用，吸引众多交易者参与，而且使得结算所为交易所内达成并经结算后的交易提供履约担保，确保交易者能够履约。

7. 商品特殊化

期货交易对期货商品具有选择性，期货商品具有特殊性。许多适宜用现货交易方式进行交易的商品，并不一定适宜于期货交易。这就是期货交易对于期货商品所表现出的选择性特征。一般而言，商品是否能进行期货交易，取决于四个条件：①商品是否具有价格风险，即价格是否波动频繁；②商品的拥有者和需求者是否渴求避险保护；③商品能否耐储藏且方便运输；④商品的等级、规格、质量等是否比较容易划分，不同等级的，需要升贴水。只有符合以上四个基本条件的商品，才有可能作为期货商品进行期货交易。

即学即练

判断题

远期交易与期货交易划分的标准是交易工具是否为标准化的远期合约。（　　）

多选题

金融期货分为（　　）。

A. 外汇期货　　B. 利率期货　　C. 股指期货　　D. 商品期货

E. 股票期货

4.2.2.4 金融期货的交易方式

一般情况下，金融期货交易可分为两种方式：一是套期保值交易，二是投机交易。

1. 套期保值交易

套期保值是指把期货市场当作转移价格风险的场所，利用期货合约作为将来在现货市场上买卖商品的临时替代物，对其现在买进准备以后售出商品或对将来需要买进商品的价格进行保险的交易活动。

套期保值的基本做法是，在现货市场和期货市场对同一种类的商品同时进行数量相等但方向相反的买卖活动，即在买进或卖出实物的同时，在期货市场上卖出或买进同等数量的期货，经过一段时间，当价格变动使现货买卖出现盈亏时，可由期货交易上的亏盈得到抵消或弥补。简单来说就是在“现”与“期”之间、近期和远期之间建立一种对冲机制，以使价格风险降低到最低限度。

套期保值的逻辑原理：套期之所以能够保值，是因为同一种特定商品的期货和现货的主要差异在于交货日期前后不一，而它们的价格则受相同的经济因素和非经济因素影响和制约，而且，期货合约到期必须进行实货交割的规定，使现货价格与期货价格还具有趋合性，即当期货合约临近到期日时，两者价格的差异接近于零，否则就有套利的机会，因而，在到期日前，期货和现货价格具有高度的相关性。在相关的两个市场中，反向操作，必然有相互冲销的效果。

套期保值的方法很多，其基本方法有以下两种：

（1）卖期保值。卖期保值是指为了防止现货在交割时价格下跌的风险而先在期货市场卖出与现货同样数量的合约所进行的交易方式。通常是农场主为防止收割时农作物价格下跌、矿业主为防止矿产开采以后价格下跌、经销商或加工商为防止货物购进而未卖出时价格下跌而采取的保值方式。

例如，某农场主担心到收割时节玉米价格会下跌，于是决定在 7 月份将售价锁定在 1 080

元 /t，因此，在期货市场上以 1 080 元 /t 的价格卖出一份合约以进行套期保值。到收割时，玉米价格果然下跌到 950 元 /t，农场主将现货玉米以此价卖给经营者。同时，期货价格也同样下跌，跌至 950 元 /t，农场主就以此价买回一份期货合约，来对冲初始的空头，从中他赚取的 130 元 /t 正好用来抵补现货市场上少收取的部分，而为此所付出的代价就是丧失了有利的价格变动可能带来的利益。但是，他通过套期保值回避了不利价格变动的风险，因而可以集中精力于自己的生产经营活动，以获取正常利润。

（2）买期保值。买期保值是指预先在期货市场上买入期货合约，即买空，持有多头头寸，来为交易者将要在现货市场上买进的现货商品进行保值。这一般是那些将来需要在现货市场上买进现货商品而又担心到购买时价格上涨的经营者经常采用的套期保值方式。

案例

榨油厂豆油卖期保值

作为豆油生产企业，一定希望自己的产品价格都处于上涨趋势，最担心的是生产出来的产品价格不断下跌，导致利润受损。因此榨油企业可以采用卖出豆油套期保值的方式来规避价格风险。

假定在 5 月 1 日，某地国标四级豆油现货价格为 5 600 元 /t，当地某榨油厂每月产豆油 2 000t。而当年前 4 个月进口大豆和豆油持续大量到港，同时油菜籽的产量可能比去年大幅提高。该榨油厂担心豆油销售价格可能难以维持高位，出现下跌。为了规避后期现货价格下跌的风险，该厂决定在大连商品交易所（大商所）进行套期保值交易。当日大商所 7 月豆油合约期货价格在 5 650 元 /t 附近波动，该厂当日在大商所以 5 650 元 /t 卖出 200 手 7 月豆油合约进行套期保值（大商所豆油的计量单位为手，1 手 =10t）。

正如榨油厂所料，随着加工厂加快大豆压榨速度和油菜籽的大量上市，豆油价格开始下滑。6 月 15 日，该厂在现货市场上以 5 400 元 /t 的价格抛售了 2 000t 豆油，同时在期货市场上以 5 420 元 /t 的价格买入 200 手 7 月豆油合约平仓。虽然现货价格出现了下跌，油厂的销售价格降低，但由于该厂已经在期货市场进行了套期保值，企业的销售利润在油价下跌中受到了保护。榨油厂的套期保值效果见表 4-3。

表 4-3　榨油厂的套期保值效果（不考虑手续费等交易成本）

项目	现货市场	期货市场
5 月 1 日	豆油销售价格为 5 600 元 /t	卖出 200 手 7 月豆油合约 价格为 5 650 元 /t
6 月 15 日	卖出 2 000t 豆油 价格为 5 400 元 /t	买入 200 手 7 月豆油合约 价格为 5 420 元 /t
盈亏变化	（5 400−5 600）×2 000= −40（万元）	（5 650−5 420）×200×10=46（万元）

总盈亏变化状况 = 期货盈亏变化 + 现货盈亏变化 =46+（−40）=6（万元）

通过以上案例可以看出：

第一，一笔完整的卖出套期保值涉及两笔期货交易。第一笔为卖出期货合约，第二笔为在现货市场抛售现货的同时，在期货市场买入期货合约，对冲原先持有的头寸。

第二，因为在期货市场上的交易顺序是先卖后买，所以，该例是一个卖期保值。

第三，该榨油厂的套期保值操作是在基差走强（豆油现货价格下跌的幅度小于期货价格下跌幅度）的过程中发生的，对卖期保值操作非常有利。从 5 月 1 日的 −50 元 /t 变化至 6 月 15 日的 −20 元 /t，基差绝对值变小，卖期保值操作结果是盈利大于亏损，保值者得到了完全的保护。

虽然豆油现货价格出现了大幅下跌，给工厂带来了不利影响，其最终销售价格只有 5 400 元 /t，同 5 月的 5 600 元 /t 的售价相比，降低了 200 元 /t，导致该厂在现货市场上少盈利 40 万元，但由于在期货市场采取了套期保值操作，在基差走强的情况下，在期货市场的卖期保值头寸给该厂带来盈利达到 46 万元，弥补了现货价格下跌产生的损失。

通过期货市场进行的套期保值操作对现货市场的保护程度，取决于基差（基差 = 现货价格 − 期货价格）的变化情况。但需要强调指出，卖期保值的关键在于销售利润的锁定，是一种平稳的运作。企业在计算完生产成本与交易成本之后，可以完全通过期货市场的套期保值操作决定自己未来的销售利润，其根本目的不在于赚多少钱，而在于价格下跌中实现自我保护。如果企业没有参与套期保值操作，一旦现货价格走低，则必须承担由此造成的损失。因此，卖期保值规避了现货价格变动的风险，锁定了未来的销售利润。

2. 投机交易

期货市场上的投机者，是指根据自己对商品价格未来趋势的预测，甘愿利用自有资金冒险，不断地买进卖出期货合约，希望从价格的经常变动中获取利润的个人或企业。从事风险事业投资者以前被看作买空卖空的纯投机商。但是，随着经济的发展、法律和管理制度的日益完善，限制了投机商的消极作用，发挥了其积极作用。他们是专门从事市场预测，靠信息分析等专业知识追求风险利润的风险事业投资者。这些风险承受者使套期保值者能够顺利地对冲在手的期货合约。期货市场中频繁的投机活动有利于缓和价格的波动幅度。例如，当价格处于较低水平时，投机商会买进期货合约，使需求增加，而这会导致价格上涨；当价格较高时则卖出期货合约，使需求减少，导致价格下跌。投机商的这种活动，使可能出现的大幅度价格波动趋于平稳。

4.2.3 金融期权合约

4.2.3.1 金融期权合约的概念

金融期权合约是赋予购买者在规定期限内按双方约定的价格（协议价格，Striking Price）或执行价格（Exercise Price）购买或出售一定数量某种金融资产（潜含金融资产，Underlying Financial Assets，或标的资产）的权利的合约。金融期权交易是以期权为基础的金融衍生产品，是指以金融商品或金融期货合约为标的物的期权交易。具体来说，购买者在向出售者支付一定费用后，就获得了能在规定期限内以某一特定价格向出售者买进或卖出一定数量的某种金融商品或金融期货合约的权利。

4.2.3.2 金融期权合约的构成要素

金融期权合约是一种标准化合约，除了期权的价格是在市场上公开竞价形成的，合约的其他条款都是事先规定好的，具有普遍性和统一性。

期权合约主要有三项要素：权利金、执行价格和合约到期日。

1．权利金

权利金又称期权费、期权金，是期权的价格。权利金是期权合约中唯一的变量，是由买卖双方在国际期权市场公开竞价形成的，是期权的买方为获取期权合约所赋予的权利而必须支付给卖方的费用。对于期权的买方来说，权利金是其损失的最高限度；对于期权的卖方来说，卖出期权即可得到一笔权利金收入，而不用立即交割。

2．执行价格

执行价格是指期权双方事先规定的买方行使权利时执行的买卖价格。执行价格确定后，在期权合约规定的期限内，无论价格怎样波动，只要期权的买方要求执行该期权，期权的卖方就必须以此价格履行义务。例如：期权买方买入了看涨期权，在期权合约的有效期内，若价格上涨，并且高于执行价格，则期权买方就有权以较低的执行价格买入期权合约规定数量的特定商品；而期权卖方也必须无条件地以较低的执行价格履行卖出义务。

对于外汇期权来说，执行价格就是双方事先规定的买方行使权利时适用的汇率。

3．合约到期日

合约到期日是指期权买方可行使权利的最后日期。欧式期权规定只有在合约到期日方可执行期权；美式期权规定在合约到期日之前的任何一个交易日（含合约到期日）均可执行期权。同一品种的期权合约在有效期时间长短上不尽相同，按周、季度、年以及连续月等不同时间期限划分。

4．外汇期权和外汇实盘交易的价格差异

对于外汇实盘来说，在某一个时点某一个品种只有一个价格；但是对于外汇期权来说，在某一时点某一品种，由于期权面值、执行价格不同、到期日不同，往往有多个期权价格。

4.2.3.3　金融期权的种类

按照不同的分类标准，期权可以分为不同种类。

1．按期权买方的权利不同，期权可以分为看涨期权和看跌期权

（1）看涨期权。看涨期权是指期权的买方向期权的卖方支付一定数额的权利金后，即拥有在期权合约的有效期内，按事先约定的价格向期权卖方买入一定数量的期权合约规定的特定商品的权利，但不负有必须买进的义务；而期权卖方有义务在期权规定的有效期内，应期权买方的要求，以期权合约事先规定的价格卖出期权合约规定的特定商品。

（2）看跌期权。看跌期权是指期权的买方向期权的卖方支付一定数额的权利金后，即拥有在期权合约的有效期内，按事先约定的价格向期权卖方卖出一定数量的期权合约规定的特定商品的权利，但不负有必须卖出的义务；而期权卖方有义务在期权规定的有效期内，应期权买方的要求，以期权合约事先规定的价格买入期权合约规定的特定商品。

2．按期权的交割时间不同，期权可分为美式期权和欧式期权

（1）美式期权。美式期权是指在期权合约规定的有效期内任何时候都可以行使权利。

（2）欧式期权。欧式期权是指在期权合约规定的到期日方可行使权利，期权的买方在合约到期日之前不能行使权利，过了期限，合约则自动作废。

3．按合约的标的物不同，期权可以分为外汇期权、利率期权和股票期权

（1）外汇期权。外汇期权也称为货币期权，是指合约购买方在向出售方支付一定期权费后，所获得的在未来约定日期或一定时间内，按照规定汇率买进或者卖出一定数量外汇资产的选择权。外汇期权是期权的一种，相对于股票期权、指数期权等其他种类的期权来说，外汇期权买卖的是外汇，即期权买方在向期权卖方支付一定数额的期权费后，有权在约定的到期日按照双方事先约定的协定汇率和金额同期权卖方买卖约定的货币，同时权利的买方也有权不执行上述买卖合约。

（2）利率期权。利率期权是一种与利率变化挂钩的期权，到期时以现金或者与利率相关的合约（如利率期货、利率远期或者政府债券）进行结算。最早在交易所交易的利率期权合约是1982年3月澳大利亚悉尼期货交易所推出的银行票据期货期权，而最早在场外市场交易的利率期权是1985年推出的利率上限期权，当时银行向市场发行浮动利率票据，需要金融工具来规避利率风险。利率期权是指买方在支付了期权费后即取得在合约有效期内或到期时以一定的利率（价格）买入或卖出一定面额的利率工具的权利。利率期权合约通常以政府短期 / 中期 / 长期债券、欧洲美元债券、大面额可转让存单等利率工具为标的物。利率期权有多种形式，常见的主要有利率上限、利率下限、利率上下限。

（3）股票期权。股票期权是指买方在交付了期权费后即取得在合约规定的到期日或到期日以前按协议价买入或卖出一定数量相关股票的权利。股票期权又分为股票现货期权和股票指数期权。

4.2.3.4 金融期权的功能

金融期权与金融期货有着相似的功能。从一定意义上说，金融期权是金融期货功能的延续和发展，具有与金融期货相同的套期保值和价格发现的功能，是一种行之有效的风险控制工具。

1．套期保值

套期保值是指企业为规避外汇风险、利率风险、商品价格风险、股票价格风险、信用风险等，制定一项或一项以上套期工具，使套期工具的公允价值或现金流量变动，预期抵消被套期项目全部或部分公允价值或现金流量变动。

2．价格发现功能

价格发现功能是指在一个公开、公平、高效、竞争的市场中，通过集中竞价形成期权价格的功能。

3．盈利功能

期权的盈利主要是指期权的协定价和市价不一致而带来的收益。这种独特的盈利功能是吸引众多投资者的重要原因。

4．投机功能

骑墙套利策略是外汇投机者使用的一种方法。所谓骑墙套利是指同时买入协定价、金额和到期日都相同的看涨期权和看跌期权。这种策略的投资成本是有限的（即两倍的权利金），无论汇率朝哪个方向变动，期权买方的净收益一定是某种倾向汇率的差价减去两倍的权利金。只要汇率波动足够大，即汇率差价大于投资成本，无论汇率波动的方向如何，期权的买方均可受益。

课堂讨论

期权是在期货的基础上产生的一种金融衍生工具。你能否总结一下这种金融衍生工具对期权买方的益处？

案例

使用外汇期权组合产品规避企业汇率风险

我国外汇市场自 2011 年 12 月起推出外汇看跌和外汇看涨两类风险逆转期权组合业务。期权组合是指客户同时买入和卖出一个币种、期限、合约本金相同的人民币对外汇普通欧式期权所形成的组合，包括看跌和看涨两类风险逆转期权组合业务。外汇看跌风险逆转期权组合，即客户针对未来的实际结汇需求，买入一个执行价格较低的外汇看跌期权，同时卖出一个执行价格较高的外汇看涨期权。而外汇看涨风险逆转期权组合，意味着客户针对未来的实际购汇需求，卖出一个执行价格较低的外汇看跌期权，同时买入一个执行价格较高的外汇看涨期权。此项业务赋予客户向银行买入和卖出期权的权利，有利于将潜在最大损失封顶，同时降低成本，更好地满足经济主体的汇率避险保值需求。

目前我国银行间外汇市场由人民币外汇即期、人民币外汇远期、人民币外汇和货币掉期、人民币外汇期权市场组成。以往企业普遍选用的汇率风险规避工具是远期结售汇，而外汇期权组合相对远期结售汇更加灵活。远期结售汇产品是买方的义务，到期时必须以事先约定的价格购买或出售外汇，这就可能出现汇率走势与预期不同时造成的以协定价交易带来的汇兑损失；而外汇期权是一种选择权，买方有权选择在期权到期时以事先约定的价格购买或出售外汇，而非义务，外汇期权到期时，若市场上汇率的走势与预期的不同，买方可以选择不以不利的协定价交割，避免不利汇率带来的汇兑损失，但是需要以高昂的期权费为代价。根据有关规定，客户卖出期权收入的期权费应不超过买入期权支付的期权费，从而防止客户因净收入期权费而过度承担风险。买入期权的期权费支出可以与卖出期权的期权费收入相互抵消，使保值的净成本接近于零。因此，外汇期权组合不仅可以保持灵活性，使客户可以结合到期日时的汇率选择是否按协定价进行外汇交易，避免了较大的潜在损失，同时与单纯的买入期权相比，降低了交易成本。这种期权产品最适用于汇率走势不确定下的套期保值，而且，相对于其他避险工具而言，外汇期权资金投入少，头寸调拨灵活。

例如，某一出口企业未来 3 个月将收入 100 万美元，由于 3 个月后的美元汇率走势的不确定性，企业主要担心美元到期贬值，为避免由于美元贬值造成的汇兑损失，可以选择两种方案：一是办理远期结汇业务；二是单纯买入外汇看跌期权或者买入外汇看跌风险逆转期权组合，对未来的收入进行保值。

第一种方案：企业远期结汇，约定以 1 美元 =6.32 元人民币的远期汇率交割，而实际上 3 个月到期时美元与预期相反，美元升值，市场上实际汇率为 1 美元 =6.35 元人民币。此时若以约定的远期汇率结汇，企业实际上潜在损失 3 万元人民币。

第二种方案：企业买入外汇看跌期权，有权以固定的汇率卖出美元，如 1 美元 =6.32 元人民币。3 个月到期与预期相反，美元升值，此时企业可以选择放弃该权利，选择以市场实际汇率交割，但前提是损失相应的期权费。而若企业选择外汇看跌风险逆转期权组合，买入一个执行价格较低的外汇看跌期权，同时卖出一个执行价格较高的外汇看涨期权。此时买卖期权的成本与收入抵消，企业可以以较低的成本或者零成本锁定汇率区间。

虽然办理远期结汇业务可避免外币贬值带来的损失，提前锁定成本且不需支付费用，但同时也放弃了外币升值可能带来的收益，到期以协定价交易可能带来潜在损失。相比之下，风险逆转期权组合的优势在于以较低的成本在外币贬值时按协定价结汇；若外币升值则可放弃该权利，以市场价结汇。同理，进口企业主要规避外币升值的风险，此时既可以选择办理远期售汇或者买入外汇看涨风险逆转期权组合。

4.2.4 金融互换

互换是一种金融交易的协议，协议双方约定，在未来的一段时间内，互相交换一系列的付款。互换协议分为利率互换协议和货币互换协议两种。

（1）利率互换协议。利率互换协议是指双方达成的一种交换一笔现金利息的协议，一方以固定利率计算，另一方则以浮动利率计算。利率互换协议的特点是，交易双方的本金和利息采用同一种货币，而利息的计算则采用不同的利率。例如，甲方同意对20万英镑的本金支付按8%固定利率计算的利息，而乙方则对同一本金额支付按伦敦同业拆借利率（LIBOR）的浮动利率支付的利息。如果在协议规定时期内伦敦同业拆借利率高于8%，则甲方获利；反之，如果在协议规定时期内伦敦同业拆借利率低于8%，则乙方获利。

（2）货币互换协议。货币互换协议是双方达成的一种交换不同货币现金流量的协议。根据货币互换协议期限的长短，又分为外汇市场货币互换协议和资本市场货币互换协议。外汇市场货币互换协议是指交易双方按照既定的汇率交换两种货币，并约定在将来某一期限内按该汇率购回原来的货币。外汇市场货币互换协议由于期限较短，一般不涉及利息的支付。资本市场货币互换协议的做法与外汇市场货币互换协议基本相同，所不同的是其期限较长，一般为5～10年，而且交易双方要向对方支付自己所购入货币的利息。

案例

假如A公司借美元比较方便，但从经营角度来看，使用日元更有利；B公司借日元比较方便，但从经营角度来看，使用美元更有利。这样双方可以达成协议，A和B按照汇率借入等额的美元和日元，然后在约定的期限内，互相为对方支付利息，待债务期满时，互相支付对方的本金。这样，就不用再进行货币兑换，免除了不同货币兑换的麻烦，也免除了其中的汇率风险。

延伸阅读 世界上第一笔正式的货币互换

目前被公认为世界上第一笔正式的货币互换是1981年8月由美国所罗门兄弟公司为美国国际商业机器公司（IBM）和世界银行安排的一次互换。通过所罗门兄弟公司的撮合安排，世界银行将其发行的2.9亿欧洲美元债券与IBM公司等值的西德马克、瑞士法郎债券进行互换。作为世界级大型投资银行的所罗门兄弟公司，在此次互换中发挥了重要的中介作用，其本身也得到了巨大收益，同时也揭开了投资银行积极参与金融互换的序幕。金融互换得以飞速发展，投资银行的作用至关重要。

单元小结

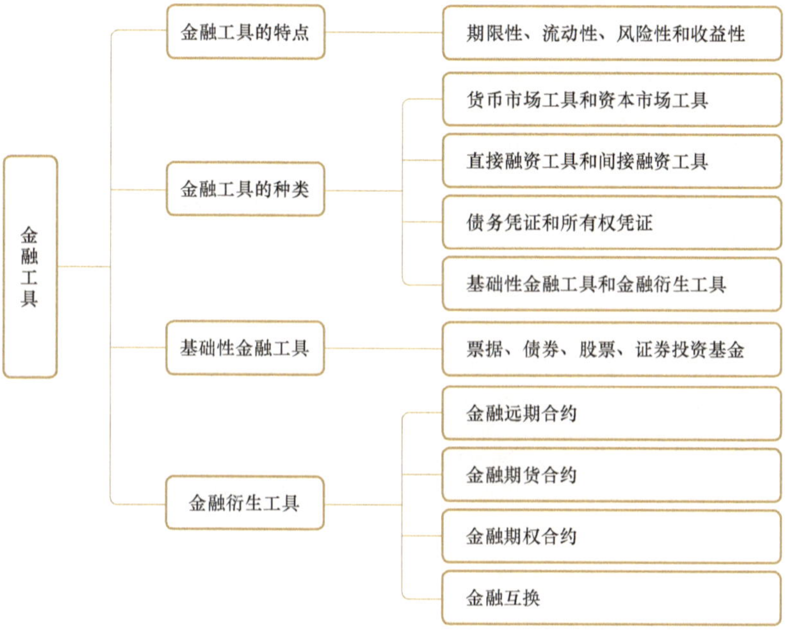

复习思考题

一、单项选择题

1. 以下不是金融工具必须具有的重要特征是（　　）。

A．期限性　B．收益性　C．流动性　D．风险性

E．安全性

2. 票据保证可以不记载（　　）。

A．保证字样　B．保证人名称与住所

C．被保证人名称与住所　D．保证人签章

3.（　　）是出票人签发的，委托付款人在见票时或者在指定日期无条件支付确定金额给收款人或持票人的票据。

A．支票　B．本票　C．汇票　D．提货单

E．完全票据

4. 按照股票所代表的股东权益，股票可分为（　　）。

A．普通股、优先股　B．记名股票、无记名股票

C．面额股票、无面额股票

5. 债券是发行人依照法定程序发行，并约定在一定期限还本付息的有价证券。它反映的

是（　　）的关系。

A．契约　B．所有权、使用权

C．债权、债务　D．权利、义务

6．记账式债券因为发行和交易无纸化，所以效率高、成本低且（　　）。

A．流动性高　B．交易安全　C．灵活性高　D．交易方便

7．我国现阶段的国债种类中，属于实物债券的是（　　）。

A．无记名国债　B．公司债券　C．企业债券　D．金融债券

8．与股票、债券不同，证券投资基金反映的经济关系是（　　）。

A．所有权关系　B．债权债务关系

C．信托关系　D．合伙投资关系

9．看跌期权也称为（　　），投资者之所以买入它，是因为预期该看跌期权的标的资产的市场价格将下跌。

A．买入期权　B．卖出期权　C．欧式期权　D．货币资产期权

10．金融期货是以（　　）为对象的期货交易品种。

A．股票　B．债券

C．金融期货合约　D．金融证券

二、多项选择题

1．汇票基本当事人的身份包括（　　）。

A．出票人　B．付款人　C．收款人　D．背书人

E．承兑人

2．以下关于债券的说法，正确的有（　　）。

A．发行人是借入资金的经济主体

B．投资者是出借资金的经济主体

C．发行人需要在一定时期付息还本

D．反映了发行者和投资者之间的债权债务关系

3．金融期货与金融期权的区别主要表现在（　　）。

A．基础资产不同　B．交易者的权利和义务的对称性不同

C．履约保证不同　D．现金流转不同

E．盈亏特点不同　F．套期保值的作用与效果不同

4．货币期权也可以称为（　　）。

A．外币期权　B．本币期权　C．资金期权　D．外汇期权

5．金融互换具体类型主要有（　　）。

A．货币互换　B．利率互换　C．期货互换　D．期权互换

三、问答题

1．简述汇票、本票和支票的概念。

2．简述债券的概念及特征。

3．简述基金、股票与债券的区别。

4．简述金融期货与远期合约的区别。

5. 简述金融互换与金融期货、金融期权的区别。

四、案例分析

多年来，全球经济一体化方兴未艾，金融自由化市场得到了长足的发展，但是相对于西方较为发达和成熟的金融市场而言，我国的金融市场发展不甚健全，尤其是金融衍生市场。一些金融机构在规避风险方面，没有专门和专一的工具，例如一些银行在规避利率波动方面，没有专门或者较为健全的利率期货衍生工具。我国自 20 世纪 90 年代开始，逐步展开金融衍生业务，这主要是针对我国加入 WTO 之后在自由市场上的承诺。自 21 世纪以来，我国在全面对外开放金融市场的同时，也要应对市场经济方面的诸多风险，必须采用金融衍生工具进行规避，同时，也要采用国外相对成熟和健全的金融衍生工具，以此提高金融业的国际竞争力。但是，金融衍生工具是一把双刃剑，既存在着对市场风险进行分散的作用，同时又存在着所谓的“投机”，即采用激进式和冒险式来转移相关风险。具体来说，一旦对金融衍生工具采用过度“投机”，其后果不堪设想，严重时会对社会产生较大的动荡，造成一些银行倒闭，相关人员大量失业，具有代表性的例子就是英国巴林银行的倒闭。为此，有人形象地把金融衍生工具称为一条潜伏的“鳄鱼”。如何防范和规避这种威胁和风险，成为我国金融市场发展过程中的一个极大的考验。

问题：怎样正确评价金融衍生工具的作用？我国在发展金融衍生工具的过程中应注意哪些问题？

技能实训

汇票的填制

1. 认识各种汇票。
2. 学会填制汇票。
3. 知道汇票的业务流程。
4. 了解各种票据行为的体现。
5. 根据实训结果形成实训报告。
6. 组织各小组汇报和讨论。

单元 5

华尔街的前世今生——认识金融机构体系

学习目标

【能力目标】

- 能够认识和分析各种金融机构的作用和职能。
- 能够系统地阐述我国金融机构体系的构成。
- 能够与商业银行、保险公司、证券机构等金融机构进行简单业务往来。

【知识目标】

- 掌握金融机构的含义，理解金融机构的作用和职能。
- 掌握中央银行、商业银行的性质和职能。
- 掌握现代金融机构体系的构成，了解金融机构体系的发展情况。
- 熟悉我国金融机构体系的构成。
- 了解国际金融机构体系的发展与构成。

【素质目标】

- 熟悉各类金融机构的性质，正确指导客户。
- 热爱金融事业，在工作和学习上能够知难而进、迎难而上，全力战胜前进道路上各种困难和挑战，依靠顽强斗争打开事业发展新天地。

单元引例

世界金融中心——华尔街

荷兰西印度公司在美洲做贸易的时候发现了一处天然良港，于是在此地建立了一座城市，叫作“新阿姆斯特丹”，后来这座城市被命名为“纽约”。荷兰人为了防止敌人抢走这片地盘，在城市周围建立了城墙。随着城市的扩大，城墙最终被拆除，城墙之后 30 米的空地却被保留下来成为一条主要街道，因为毗邻城墙，故被命名为“Wall Street”，就是著名的华尔街。这里是美国乃至全世界的金融中心，集中了形形色色的金融机构，如：纽约证券交易所、美国证券交易所、投资银行、政府和市办的证券交易商、信托公司、联邦储备银行、保险公司的总部以及美国洛克菲勒、摩根等大财团开设的银行、保险、证券等大公司的总管理处。

你知道这些金融机构的作用和职能吗？你知道它们在金融市场上扮演着什么样的角色吗？你知道我们国家的金融机构体系是由哪些机构组成的吗？接下来将为大家介绍金融机构体系的有关内容，包括：金融机构体系的含义、构成、发展；我国金融机构体系；国际金融机构体系。

5.1 北京有一条金融街

案例引入

北京金融街是北京市第一个大规模整体定向开发的金融产业功能区，位于北京市西城区，地处北京市中轴对称中心地带，南起复兴门内大街，北达阜成门内大街，西抵西二环路，东临太平桥大街。金融街所在地区，元代起就被称为“金城坊”，遍布金坊、银号，商贾云集。至清朝末期，户部银行即设于此，后改称大清银行，民国元年又改为中国银行。新中国成立后，这一地区一直是中国人民银行等国家最高金融管理机构所在地。

鉴于这块具有悠久历史的“宝地”的独特性，1993 年，经国务院批复的《北京城市总体规划》提出在西二环阜成门至复兴门一带建设国家级金融管理中心，集中安排国家级银行总行和非银行金融机构总部。北京金融街应运而生，1994 年正式开工建设。

目前，金融街集中了中国人民银行、中国银保监会、中国证监会等中国最高金融决策和监管机构，几乎所有有关中国金融的重大决策都在这里酝酿、讨论和最终形成，令金融街成为中国的金融决策监管中心；金融街云集了国内包括银行、证券、保险等在内的绝大多数经营性金融机构的总部以及外资金融机构，令金融街成为中国的金融资产管理中心；人民银行清算总中心、中国国债登记结算公司、中央证券登记结算公司等中央金融企业聚集，令金融街成为中国金融业的资金结算中心；伴随该区域的不断发展，凭借其金融决策监管部门与金融机构总部集中的优势，辅之畅通发达的通信系统，及时汇集、传递全国乃至世界各地的经济、金融信息，令金融街成为中国的金融信息中心。北京金融管理中心已基本形成，有人称北京金融街为中国的“华尔街”。

请思考：金融街聚集了大量的金融机构，那么究竟什么是金融机构？你知道的金融机构有哪些？

知识解读

政府机关、企事业单位都要在银行开户办理业务，个人和家庭也经常会去银行、证券公司和保险公司存取款、买卖证券或购买保险。种类繁多、功能各异的金融机构之间分工协作、相互联系，形成了一个系统完整的金融机构体系。现代市场经济中的货币、信用和金融活动都与金融机构有关，金融机构与金融市场相互支持，共同实现了金融对经济发展的重要作用。

5.1.1 金融机构的含义

金融机构是指从事金融活动的组织，也称为金融中介或金融中介机构。从某种程度上说，金融机构是社会资金运动的组织者和运营者，是金融活动的载体和媒介。在间接融资领域中的金融机构，是作为资金余缺双方进行交易的媒介体，如各类银行和非银行金融机构；在直接融资领域中的金融机构，是为筹资者和投资者双方牵线搭桥的证券公司。

金融机构作为金融活动中起中介作用的主体，其作用主要体现在两个方面：一方面，金融机构充当支付中介，在不同经济主体间传递或转移货币，发挥着货币资金支付的中介作用；另一方面，金融机构充当调剂中介，为资金的盈余单位和赤字单位提供资金融通的便利，发挥了调剂资金余缺的中介作用，并通过资金的重新调配有效地配置社会资源。

相互联系的金融机构的总体构成了金融机构体系。金融机构体系是指金融机构的组织体系，简称金融体系。它是一个由经营和管理金融业务的各类金融机构所组成的有机整体，包括各类金融机构的构成、职责分工和相互关系。一个国家建立什么样的金融机构体系，是由这个国家的经济发展水平、经济体制、货币信用发达程度等因素来决定的。

5.1.2 金融机构体系的构成

现代金融机构种类繁多，除银行这一传统的金融机构以外，还有许多非银行金融机构，它们从事综合的或专门的金融业务和金融服务，形成相互联系、相互影响的统一体，即构成金融机构体系。世界各国金融机构体系的形成不同，其组成环节和划分方法也各有特色，但概括起来，各国金融机构体系基本上由中央银行、商业银行、专业银行、非银行金融机构构成。

5.1.2.1 中央银行

中央银行

中央银行是国家赋予其制定和执行货币政策、对国民经济进行宏观调控和管理监督的特殊金融机构。中央银行是一个国家的金融管理机构，它是在商业银行的基础上发展形成的，是现代各国金融体系的核心，具有特殊的地位和功能。

1. 中央银行的产生

中央银行是适应商品货币信用及商业银行体系发展的需要而产生的，它的产生有其深刻的经济背景和客观经济条件。就世界范围来说，中央银行最早产生于17世纪后半期，即1656年成立的瑞典银行和1694年成立的英格兰银行。英格兰银行是中央银行发展史上的一个重要里程碑，是现代中央银行的鼻祖。尽管它的产生要晚于瑞典银行近40年，但它最先真正、全面地发挥了中央银行的职能。在这一时期，资本主义经济发生了重大的变化，主要表现在商品经济的迅猛发展、资本主义经济危机频繁出现、银行信用的普遍发展等。19世纪中叶至20世纪初，中央银行制度得到普遍推行，中央银行的职能逐步完善。

社会生产力的快速发展和商品经济的迅速扩大，促使货币信用制度进一步的发展完善，商业银行体系也随之建立起来。也正是商业银行发展过程中出现的一系列问题，诸如信用问题、银行券流通问题、票据交换与清算问题以及金融监管问题等，呼唤着中央银行的产生。这些问题的产生与解决恰恰是中央银行形成的客观经济基础。

（1）银行的支付保障能力，即“最后贷款人”问题。随着资本主义商品经济的迅速发展，工商客户对贷款的要求与日俱增，而商业银行单凭自己吸收的存款来发放贷款是很难满足其自身发展需要的，并且对吸收的存款的过度运用，又会削弱其本身的清偿能力。在众多的商业银行中，往往有些银行营运资金不足，头寸调度不灵，周转困难甚至会濒临挤提、倒闭的边缘。这样，客观上要求有一家大的银行既能集中众多银行的存款准备，又能不失时宜地为其他商业银行提供必要的周转资金，为银行充当最后的贷款人，中央银行的出现正是适应了这样的客观需求。

（2）银行券，即信用货币的发行问题。在银行业发展初期，几乎每家银行都有发行银行券的权力，许多商业银行除办理存贷和汇兑等业务外，还从事银行券的发行。但随着经济的发展、市场的扩大和银行机构的增多，银行券分散发行的弊病越来越明显：一是在资本主义竞争加剧、银行林立的情况下，一些银行特别是小的商业银行，由于信用能力薄弱、经营不善或同业挤兑，无法保证自己所发银行券的兑现，从而无法保证银行券的信誉及其流通的稳定，容易引起社会的混乱；二是一些银行由于资力、信用和分支机构等问题，其信用活动的领域受到限制，所发行的银行券只能在国内有限的地区流通，从而给生产和流通带来困难。由此，客观上要求有一个资力雄厚且在全国范围内享有权威的银行来统一发行银行券。这样，在解决银行券分散发行问题的过程中，产生了垄断本国货币发行的银行，这一银行就是中央银行的最早雏形。

（3）票据交换和清算问题。随着银行业的不断发展，银行经营必然日趋扩大，银行每天收受票据的数量增多，各家银行之间的债权债务关系日趋复杂，由各家银行自行轧差进行当日清算已发生困难，这种状况不仅表现为异地结算矛盾突出，即使同城结算也成问题。因此，客观上要求建立一个全国统一的、有权威的、公正的清算中心，而这个中心只能由中央银行来承担。

（4）金融监督与管理问题。银行业和金融市场的发展，需要政府出面进行必要的管理，而有效的方法是政府通过一个专门的机构来实施。这一机构不仅在业务上与一般银行有密切联系，而且还必须能依据政府的意图制定一系列金融政策和管理条例，以此来统筹、管理和监督全国的货币金融活动。很显然，这一使命由中央银行来承担最为合适。

2. 中央银行的类型

就各国的中央银行制度来看，中央银行大致可以归纳为四种类型：单一中央银行制、复合中央银行制、准中央银行制和跨国中央银行制。

（1）单一中央银行制。单一中央银行制是指国家设立专门的中央银行机构，纯粹行使中央银行职能。单一中央银行制又有以下两种具体形式：①一元式，是指一国由独家中央银行及其众多的分支机构来执行中央银行职能。世界上大多数国家都采用这种形式，我国也是如此。②二元式，是指在一国内建立中央和地方两级相对独立的中央银行机构，如美国、德国等。

（2）复合中央银行制。复合中央银行制是指在一国之内，不设立专门的中央银行，而是由一家大银行来同时扮演商业银行和中央银行两种角色。这种复合制度主要存在于东欧部分国家。

（3）准中央银行制。准中央银行制是指国家不设通常完整意义上的中央银行，而设立类似中央银行的金融管理机构，或由政府授权某个或几个商业银行行使部分中央银行职能的制度形式。实行准中央银行制度的国家主要有新加坡、马尔代夫、利比里亚等。

（4）跨国中央银行制。跨国中央银行制是指由多个主权国家设立共同的中央银行。它一般是与一定的货币联盟联系在一起的，如欧洲货币联盟建立的欧洲中央银行。

3. 中央银行的职能

中央银行的职能可以概括为以下三个方面：

（1）中央银行是发行的银行。中央银行垄断货币发行权，成为全国唯一的现钞发行机构，这是中央银行最基本、最重要的标志，也是中央银行履行全部职能的前提和基础。中央银行独占货币发行权，一方面有利于防止因分散发行造成信用膨胀、货币紊乱；另一方面也有利于调节和控制货币流通，有利于货币稳定和宏观调控。

（2）中央银行是银行的银行。中央银行为商业银行和其他金融机构融通资金，成为最后贷款人，同时对商业银行及其他金融机构进行管理。银行的银行这一职能是中央银行作为特殊的金融机构最为直接的表现，也是中央银行作为金融体系核心的基本条件，同时也是中央银行对商业银行和其他金融机构施加影响的重要途径。中央银行作为银行的银行，具体体现在三个方面：集中保管商业银行的存款准备金；作为最后贷款人为商业银行和其他金融机构提供信贷资金；为商业银行和其他金融机构办理清算业务。

（3）中央银行是政府的银行。中央银行代表政府制定和执行货币金融政策，代表政府管理财政收支以及为政府提供各种金融服务。作为政府的银行，中央银行为政府提供以下几方面金融服务：代理政府债券的发行和兑付；为政府融通资金；制定与实施货币政策；组织与实施金融监管；保管黄金外汇储备；代表政府参与国际活动等。

学中做，做中学

我国的中央银行是中国人民银行。1948 年 12 月 1 日，以华北银行为基础，合并北海银行、西北农民银行，在河北省石家庄市组建了中国人民银行，并发行人民币，成为中华人民共和国成立后的中央银行和法定本位币。1983 年 9 月，国务院决定由中国人民银行专门行使国家中央银行职能。1995 年 3 月 18 日，第八届全国人民代表大会第三次会议通过了《中华人民共和国中国人民银行法》，至此，中国人民银行作为中央银行以法律形式被确定下来。中国人民银行成立至今的 70 多年，特别是改革开放以来，在体制、职能、地位、作用等方面，发生了巨大而深刻的变革，在宏观经济调控中起到了突出作用。

学中做：请收集资料，说明中国人民银行成立至今在体制、职能、地位等方面的变化。

做中学：中国人民银行在我国经济发展中起到了哪些突出作用？

5.1.2.2 商业银行

商业银行

商业银行以机构数量多、业务渗透面广和资产总额比重大而成为金融机构体系中的骨干和中坚力量，它是最早出现的现代银行机构。

1．商业银行的性质

商业银行是以追求最大利润为目标，以多种金融负债和金融资产为经营对象，能够利用负债进行信用创造，全方位经营各类金融业务的综合性、多功能的金融服务企业。

（1）商业银行具有一般的企业特征。获取最大利润不仅是商业银行产生的基本前提和基本目标，也是商业银行的内在动力。

（2）商业银行是经营货币资金的特殊企业。商业银行的活动范围是货币信用领域，其创造的是能够充当一般等价物的信用货币。

（3）商业银行不同于其他金融机构。首先，商业银行不同于中央银行；其次，商业银行也不同于中央银行之外的其他金融机构。

2．商业银行的职能

商业银行在现代经济活动中发挥的职能主要表现在以下几个方面：

（1）信用中介。信用中介是指商业银行充当将经济活动中的赤字单位与盈余单位联系起来的中介人的角色。信用中介是商业银行最基本的职能，它在国民经济中发挥着多层次的调节作用：一是将闲散货币转化为资本；二是使闲置资本得到充分利用；三是将短期资金转化为长期资金。

（2）支付中介。支付中介是指商业银行借助支票这种信用流通工具，通过客户活期存款账户的资金转移为客户办理货币结算、货币收付、货币兑换和存款转移等业务活动。商业银行发挥支付中介职能的主要作用有：节约了流通费用，降低银行的筹资成本，扩大银行的资金来源。

（3）信用创造。信用创造是指商业银行通过吸收活期存款、发放贷款，从而增加银行的资金来源、扩大社会货币供应量。商业银行发挥信用创造职能的作用主要在于：通过创造存款货币等流通工具和支付手段，既可以节省现金使用，减少社会流通费用，又能够满足社会经济发展对流通手段和支付手段的需要。

（4）金融服务。金融服务是指商业银行利用在国民经济中联系面广、信息灵通等的特殊地位和优势，利用其在发挥信用中介和支付中介职能的过程中所获得的大量信息，借助电子计算机等先进手段和工具，为客户提供财务咨询、融资代理、信托租赁、代收代付等各种金融服务。

3. 商业银行的组织形式

受国内外政治、经济、法律等多方面因素的影响，世界各国商业银行的组织形式可以分为单一银行制、分支银行制和集团银行制。

（1）单一银行制。单一银行制是指不设立分行，全部业务由各个相对独立的商业银行独自进行的一种银行组织形式，这一体制主要集中在美国。

单一银行制有以下优点：①可以限制银行业的兼并和垄断，有利于自由竞争；②有利于协调银行与地方政府的关系，使银行更好地为地区经济发展服务；③由于单一银行制富于独立性和自主性，内部层次较少，因而其业务经营的灵活性较大，管理起来也较为容易。

单一银行制的缺点也很明显：①银行规模较小，经营成本较高，难以取得规模效益；②单一银行制与经济的外向发展存在矛盾，人为地造成资本的迂回流动，削弱了银行的竞争力；③银行的业务相对集中，风险较大。随着电子计算机应用的普及，单一制限制银行业务发展和金融创新的弊端也愈加明显。

（2）分支银行制。分支银行制又称总分行制。实行这一制度的商业银行可以在总行以外普遍设立分支机构，分支银行的各项业务统一遵照总行的指示办理。

分支银行制按管理方式不同又可进一步划分为总行制和总管理处制。总行制即总行除了领导和管理分支行处以外，本身也对外营业；而在总管理处制下，总行只负责管理和控制分支行处，本身不对外营业，在总行所在地另设分支行或营业部开展业务活动。

分支银行制有很多优点：①实行这一制度的商业银行规模巨大，分支机构众多，便于银行拓展业务范围，降低经营风险；②在总行与分行之间，可以实行专业化分工，大幅度地提高银行工作效率，分支行之间的资金调拨也十分方便；③易于采用先进的计算机设备，广泛开展金融服务，取得规模效益。虽然分支银行制度也有一些缺点，如容易加速垄断的形成，而且由于实行这一制度的银行规模大，内部层次多，从而增加了银行管理的难度等，但就总体而言，分支银行制更能适应现代化经济发展的需要，因而受到各国银行界的普遍认可，已成为当代商业银行的主要组织形式。

（3）集团银行制。集团银行制又称为持股公司银行制，是指由少数大企业或大财团设立控股公司，再由控股公司控制或收购若干家商业银行。

银行控股公司分为两种类型：一是非银行性控股公司，它是通过企业集团控制某一银行的主要股份组织起来的，该种类型的控股公司在持有多家银行股票的同时，还可以持有多家非银行企业的股票；二是银行性控股公司，是指大银行直接控制一家控股公司，并持有若干家小银行的股份。

集团银行制在美国发展最快，其原因是商业银行试图借此逃避法律上对设立银行分支机构的限制。目前，集团银行制已成为美国商业银行最基本的组织形式。

集团银行制的优点是能够有效地扩大资本总量，增强银行实力，提高银行抵御风险的能力，弥补单一银行制的不足；其缺点是容易引起金融权力过度集中，并在一定程度上影响了银行的经营活力。

即学即练

判断题

在整个金融体系中，银行机构属支配地位。（　　）

单选题

1. 商业银行最基本、最能反映其经营活动特征的职能是（　　）。
   A. 借用中介　　B. 支付中介　　C. 信用创造　　D. 金融服务
2. 采用单一银行制的代表国家是（　　）。
   A. 中国　　B. 日本　　C. 英国　　D. 美国

5.1.2.3 专业银行

专业银行是指专门经营某种特定范围的金融业务和提供专门性金融服务的银行。它是在商业银行的基础上逐渐形成和建立起来的专业化金融机构。专业银行的出现，是社会分工的发展在金融业上的反映。随着社会生产力的发展，社会分工越来越细，要求银行必须精通某一方面的知识，提供专门的、有特色的金融服务，才能更好地满足经济发展的需要，确保资金的安全和盈利。

（1）投资银行。投资银行是指专门对工商企业办理投资和长期信贷业务的银行。其资金来源主要是发行自己的股票和债券，有些国家的投资银行被允许接受定期存款或从其他银行获取贷款作为资金来源。其主要业务有：对工商企业的股票和债券进行直接投资；发放中长期贷款；为工商企业代办发行或包销股票与债券，参与企业的创建和改组活动；为企业提供投资和财务咨询服务等。投资银行的名称在各国有所不同，欧美国家称其为投资银行、投资公司等，而日本称其为证券公司。

（2）开发银行。开发银行是指专门为满足长期投资需要而设立的银行，它以基本建设项目和资源开发项目为主要投资对象，如工业、农业、电信、铁路、公路、港口及公共事业、文化教育等工程项目。这类项目投资量大、投资时间长、见效慢、风险大，一般商业银行不愿承担，所以多由国家或政府创办的开发银行来承担，开发银行不以营利为目的，而是以促进某一区域经济建设的发展为宗旨，财政上自负盈亏，所以，一般都由国家或政府组建。

（3）进出口银行。进出口银行是指专门提供对外贸易及非贸易结算、信贷等国际金融服务的银行。这类银行的设立主要是为了支持本国对外贸易事业的发展，促进本国产品的出口，加强国际金融合作，广泛吸引国际资本和收集国际信息。其业务重点是为本国企业提供优惠出口信贷以增强本国产品的出口竞争能力，同时执行政府对外经济援助及资本输出的任务，其业务的具体形式主要有国内业务的出口信贷、对外直接借款和提供国内外投资贷款的担保等。因其职能特殊，进出口银行一般是政府组建的非营利性官方机构，如美国进出口银行、日本输出入银行、中国进出口银行等，都属于政府金融机构，其资金来源大部分是官方的投资以及向政府借款，或通过发行债券来筹措；也有半官方性质的，如法国外贸银行，是由法兰西银行与一些商业银行共同出资组建的。

（4）储蓄银行。储蓄银行是指专门以吸收居民储蓄存款为资金来源的专业银行。各国储蓄银行的名称有所不同，如美国称其为互助储蓄银行、储蓄贷款协会等，而英国称其为信托储蓄银行。储蓄银行的资金来源主要是靠吸收小规模的居民储蓄存款和定期存款，这种资金来源相对稳定，所以储蓄银行的资产业务主要是中长期贷款或投资，如向居民个人发放中长期不动产抵押贷款，购买政府债券和公司债券等。然而，储蓄银行面临的竞争压力越来越大，如商业银行也办理储蓄业务，多种金融工具不断涌现，都在一定程度上分流了储蓄银行的资金来源。所以，储蓄银行的业务也在不断拓新，如涉足商业贷款以及从事融资租赁等非传统业务。

（5）抵押银行。抵押银行也称不动产抵押银行，是指专门从事土地、房屋及其他不动产等抵押贷款的长期放款银行。它一般不办理存款业务，资金来源主要靠发行不动产抵押证券以及短期票据贴现，其贷款对象主要是以土地或房屋做抵押的土地所有者、购买者和建筑商。抵押银行在许多国家都很发达，如法国地产信贷银行、德国联合抵押银行、美国的联邦国民抵押贷款协会均属于此类专业银行。它们的贷款业务均占据了抵押贷款市场的较大份额。

5.1.2.4　非银行金融机构

一般将中央银行、商业银行、专业银行以外的金融机构称为非银行金融机构。因此，这一类机构比较庞杂，如保险公司、信用合作社、财务公司、养老基金会等，它们均属于信用机构。

1．保险公司

保险公司是专门通过经营保险业务，为保障社会经济生活的安全和连续而提供经济补偿的一种金融机构。保险是一种经济补偿制度，是为了弥补在生产和生活中发生意外事故给人们带来不同程度的经济损失，使生产不致中断、生活继续有所保障，通过交纳保费来获取补偿的一种措施。保险公司的资金来源主要是吸纳投保人的保费以及发行人寿保险单。保险公司收入的保费，除支付赔款和业务开支外，剩余的款项形成一笔巨大资金，在没有形成巨额赔款的支付之前，这笔资金比银行存款还稳定可靠，可以进行长期投资。所以保险公司的资金业务一般以进行有价证券的投资为主，如购买政府债券、企业债券和股票，或发放不动产抵押贷款。

保险公司有许多种类，大体可分为财产保险公司、人寿保险公司、火灾和事故保险公司、老年和伤残保险公司、信贷保险公司等。

2．信用合作社

信用合作社是指在特定行业或特定范围之内发展起来的一种互助合作性的金融组织。如在城市，有主要以城市手工业者为成员的城市信用社；在农村，有农民组建的农村信用社。这类金融机构一般规模不大，其资金来源主要是合作社成员缴纳的股金以及吸收的存款，其资金主要用于解决其成员的资金需要，向其成员发放短期生产性贷款或消费贷款。在资金充裕时，信用社也从事以不动产或以证券为抵押的中长期贷款。

3. 财务公司

财务公司主要靠吸收大额定期存款或发行商业票据、债券和股票获得资金，其资金主要用于发放抵押贷款，支持汽车及其他耐用消费品的购买者及部分工商企业的资金需要。财务公司的资产结构比商业银行更具有灵活性，一般不受商业银行法规的限制，无须交存款准备金，其依靠吸收大额存款、发放小额贷款往往可以更合理地安排资产负债结构。

我国的财务公司和国外财务公司有所不同，通常是由产业集团各公司集资组建并主要为集团内企业提供信贷和金融服务的金融机构。

4. 养老基金会

养老基金是指由雇主或雇员按期交付工资的固定比例，在退休后，可取得一次付清或按月支付的退休养老金。养老基金会聚集的资金主要投向公债券、企业债券和股票、不动产抵押贷款等。

5. 共同基金

共同基金是指人们在自愿的基础上，以一定的方式组织基金，并在金融市场上进行投资，以获取高收益的金融机构。共同基金在英国和中国香港地区称为“单位信托基金”，在日本、韩国和中国台湾地区称为“证券投资信托”。

6. 资产管理公司

资产管理公司是指在美国、日本、韩国等一些国家，对从金融机构中剥离出的不良资产实施公司化经营而设立的专业金融机构。

除上述机构外，列为非银行金融机构的还有消费信贷机构、租赁公司和邮政储蓄机构等。

5.1.3 金融机构体系的发展

金融体系的分工与组成并不是一成不变的，金融业的发展经历了分业经营到混业经营的过程。

20 世纪初至 20 世纪中叶，在大多数国家的金融机构体系中，商业银行与非银行金融机构有较明确的业务分工，各国纷纷立法将商业银行业务与投资银行业务分开，将一般银行业务与信托业务和证券业务分离，各银行和非银行金融机构在经营业务范围上有严格的区别，不允许不同类型的金融机构跨业务范围经营。

20 世纪 70 年代之后，经济自由主义占了上风，以美国、英国为代表的国家政府为减少政府对经济的干预，更好地发挥市场对经济的作用，开始放松管制。这使得金融机构之间的竞争日益加剧。金融行业的竞争促使各银行和非银行金融机构不断推出各种新的业务品种。银行不断进行金融创新，并提供全方位服务以吸引客户；银行业通过兼并带来优势互补，拓展业务领域，争取更广泛的客户。金融创新活动在各市场经济国家的广泛兴起，使金融机构的分业经营模式逐渐被打破。一些新的金融业务虽然在形式上没有违背分业经营的法规，但实际已融合银行业务和非银行金融机构的业务。分业经营向多元化、综合性经营过渡。1999 年 11 月，美国参众两院通过了《金融现代化服务法案》，标志着美国金融业分业经营时代的结束。自此，各种金融机构原有的差异日趋缩小，银行业、证券业、保险业之间的界限已变得不再清晰，综合性、全能化成为金融机构的发展趋势。我国是世界上为数不多的实行分业经营、分业监管的国家。

5.1.4 我国的金融机构体系

经过 40 多年改革开放的发展，我国金融业取得了巨大的进步，金融机构体系日臻完善，形成了由中央金融委员会、中央金融工作委员会统一领导，由“一行一局一会”（中国人民银行、国家金融监督管理总局和中国证券监督管理委员会）进行监管，以大中小型商业银行为主体，多种非银行金融机构并存的层次丰富、种类较为齐全、服务功能比较完备的金融机构体系。

5.1.4.1 银行类金融机构

我国的银行类金融机构主要包括商业银行和政策性银行。

1. 商业银行

商业银行业是我国金融业的主体，以银行信贷为主的间接融资在社会总融资中占主导地位。

我国的商业银行有以下七种类型：

（1）国有大型商业银行。其中，中国工商银行、中国银行、中国建设银行、中国农业银行是由国有专业银行转轨而成的商业银行，1995 年《中华人民共和国商业银行法》颁布实施后称为国有独资银行，2003 年起陆续进行了股份制改革，借助资本市场的力量，通过财务重组和增资扩股改善财务状况，建立并陆续完善了公司治理结构。交通银行原属于股份制银行，后来升级为国有银行。

（2）按股份制模式组建的商业银行。最早的一批股份制银行有中信银行、光大银行、招商银行、深圳发展银行等。股份制银行最大的优势是可以在全国范围内开设分支机构，跨区域经营；但随着分支机构网点趋于饱和，零售端线上冲击加剧，城商行通过信托等渠道也可以全国配置资产等，股份制银行相对于城商行的制度优势明显衰退。股份制银行不是从公司组织形式上定义“股份制”，实际上目前国有银行、多数城商行、部分农商行、外资银行都已经是股份公司，一般“股份制银行”特指 12 家可以全国开展业务的中资商业银行。

（3）城市商业银行。1995 年，在原城市信用社的基础上，由城市企业、居民和地方政府投资入股组成了地方性股份制商业银行。其主要核心的监管框架和股份制、国有大行一致，都适用流动性监管、集中度监管、资本监管，还有诸如票据、理财、贷款、存款等业务的监管基本都没有差异。从规模上看，目前上海银行、江苏银行、北京银行等城商行资产规模都已超过部分股份制银行。

（4）农村商业银行和村镇银行。2001 年 11 月，在农村信用社基础上改制组建的首批股份制农村商业银行成立。2006 年，为增加农村金融供给，我国又开始在农村地区设立主要为当地农民、农业和农村经济发展提供金融服务的村镇银行。农村商业银行和村镇银行不能跨区域经营。

（5）外资商业银行。外资商业银行在我国一些经济发达地区和一些重要业务领域已占据相对重要地位，市场影响日益扩大，外资银行在银团贷款、贸易融资、零售业务、资金管理和衍生产品等业务方面具有一定的优势。

（6）中国邮政储蓄银行。1986 年 2 月，为了更有效地利用遍及全国城乡的邮政机构的现有基础设施，并发挥它们点多、面广、相关业务联系密切和四通八达的电信网络等优势，在全国开办邮政储蓄业务，并在邮政总局下设立邮政储蓄局。2006 年 12 月，银监会批准由中国邮政集团公司以全资方式出资成立邮政储蓄银行，2007 年 3 月正式挂牌。邮储银行基于服务“三农”、城乡居民和中小企业的市场定位，从2012年股改、2015年引战到2016年H股上市，再到2019年12月10日成功在上海证券交易所上市，完成了“股改—引战—A、H两地上市”三步走的改革路线。

（7）民营银行。民营银行是与外资银行和国有银行相对的概念，其结构以非公有制经济成分为主。监管部门为民营银行设立了“四个标准”：一是资本标准，明确为自有民营资金；二是股东标准，明确资本所有者应具有良好的个人声望，奉公守法，诚信敬业，没有关联交易的组织构造和不良记录；三是银行标准，明确为设计良好的股权结构和公司治理结构、风控体系、信息科技架构、合理可行的市场定位和经营方针，合格的董事、高管人才等；四是机制标准，明确有承担剩余风险的制度安排、办好银行资质条件和抗风险能力、股东接受监管的协议条款、差异化的市场定位和特定战略、合法可行的恢复和处置计划。民营银行是2014年开始的金融改革大潮的一部分，从近年的发展看，其生命力和规范度都值得认可。由于成立时间较短，民营银行诸多业务开展资质受限，其分支机构限制较城市商业银行更加严格，民营银行即便在省内也不能再设立分支机构，只有一个总部，加上民营银行远程开户尚未放开，普通企业和居民存款扩张非常有限。多数民营银行的主要业务入口只能依靠互联网，因此多以“互联网化”自居。

2. 政策性银行

政策性银行是由政府组建、参股或保证，专门在某一领域从事政策性金融业务的国家银行，也是我国金融体系的重要组成部分。政策性银行不同于商业银行，因为它的业务活动不以营利为目的。政策性银行虽然与专业银行一样，从事某一专业、某一领域的金融业务，但也不同于专业银行，因为它受政府的扶植和控制，决不像专业银行那样完全出自某一方面的信用需要，独立开展业务而不必秉承政府意图。政策性银行的主要任务是执行国家产业政策，对某些行业和企业发放低息优惠贷款，支持重点产业部门、基础产业部门和支柱产业部门的发展。政策性银行的业务有严格的政策界定并接受中国人民银行的监督。1994年，国务院决定建立在中央银行调控之下的政策性金融与商业性金融相分离的金融机构体系，为此建立了三家政策性银行：

（1）国家开发银行。国家开发银行的主要任务是集中资金支持国家扶植的基础设施、基础产业的政策性基本建设和技术改造项目以及达不到社会平均利润的其他政策性项目和国务院决策的重大建设项目。目前，国家开发银行是全球最大的开发性金融机构。

（2）中国进出口银行。中国进出口银行的主要任务是贯彻执行国家产业政策和外贸政策，为扩大我国机电产品、成套设备和高新技术产品出口，推动有比较优势的企业开展对外承包工程和境外投资，促进对外关系发展和国际经贸合作提供政策性金融支持。

（3）中国农业发展银行。中国农业发展银行的主要任务是对农业基础建设、农副产品、农业发展等提供资金支持。

2017年11月，银监会发布《国家开发银行监督管理办法》《中国进出口银行监督管理办法》和《中国农业发展银行监督管理办法》，进一步明确了国开行、进出口银行和农发行的政策性职能定位，督促三家银行依法合规经营、审慎稳健发展。目前三家政策性银行的业务特点表现为：①国家开发银行：依托国家信用支持，通过开展中长期信贷与投资等金融业务，为国民经济重大中长期发展战略服务。主要从事开发性业务，如新型城镇化，保障性安居工程，“两基一支”，支持“走出去”、科技、文化和人文交流等。②中国进出口银行：依托国家信用支持，积极发挥在稳增长、调结构、支持外贸发展、实施“走出去”战略等方面重要作用，加大对重点领域和薄弱环节的支持力度，促进经济社会持续健康发展。支持对外经贸发展和跨境投资，

“一带一路”建设、国际产能和装备制造合作，科技、文化以及中小企业“走出去”和开放型经济建设等领域。③中国农业发展银行：按照国家的法律法规和方针政策，以国家信用为基础筹集资金，承担农业政策性金融业务，代理财政支农资金拨付，为农业和农村经济发展服务。

思考与提升

我国政策性银行的改革工作

与 1994 年政策性银行成立之初相比，当前我国宏观经济环境、产业结构和市场需求都发生了许多变化，带有补贴性、政府指令的政策业务逐渐减少，而自营开发性业务逐渐增多，政策性银行的业务结构中市场化比重不断提高，面临继续发挥政策性银行作用和向市场转轨的任务。2006 年，国务院明确提出深化并推进政策性银行改革的战略，由中国人民银行和财政部具体负责，三家政策性银行研究设计符合各自特点的改革方案。2014 年至 2015 年 3 月，三家政策性银行的改革方案陆续获得国务院批准，指出要厘清政策性和自营性业务边界，强化政策性银行的政策功能定位。2015 年 4 月，《国务院关于同意国家开发银行深化改革方案的批复》发布，正式确认国开行回归政策性银行的定位。2020 年初银保监会公布的《关于推动银行业和保险业高质量发展的指导意见》指出，政策性银行要明确细化业务边界，严格执行交办程序，落实开发性政策性业务和自营性业务分账管理、分类核算要求，强化法规约束、资本约束和市场约束，有效服务国家重大战略和薄弱环节。2021 年政府工作报告又进一步提出，推进政策性银行分类分账改革。

问题讨论：政策性银行在新时期有哪些重大作用？

总结提高：金融服务实体经济、服务国家战略是新时期做好金融工作的必然要求。“十四五”时期有包括乡村振兴、低碳发展等许多新的发展方向和内容，这些新领域的发展有助于整个经济结构的调整、实现经济高质量发展。政策性银行在国家金融支持实体经济的大战略下发挥日益重要的作用。

5.1.4.2　非银行金融机构

1. 保险公司

中国人民保险集团股份有限公司（简称中国人保）是经营国内外保险和再保险业务的金融机构。其主要任务是：组织和集聚保险基金、建立社会经济补偿制度，保持生产和人民生活的稳定，增进社会福利；经营国内外保险和再保险业务以及与保险业务有关的投资活动，促进社会生产、流通和对外贸易的发展。为适应经济发展的需要，中国人保的财险业务和寿险业务现已分离。另外，我国还有中国太平洋保险（集团）股份有限公司、中国平安保险（集团）股份有限公司、中国人寿保险（集团）公司、中国太平保险集团有限责任公司等。国外一些跨国保险公司也在国内设有分支机构，如美亚财产保险有限公司即是美国国际集团（AIG）在中国的独资子公司。

2. 信托公司

我国的信托公司有三种类型：国家银行附属的信托公司；全国性的信托公司，如中国中信集团（原中国国际信托公司）；地方性信托公司，即地方政府为促进本地区与国外的经济技术合作而在大中城市建立的信托公司。2023 年 3 月银保监会发布的《关于规范信托公司信托业务分类的通知》规定，根据各类信托服务的实质，以信托目的、信托成立方式、信托财产管理内容为分类维度，信托公司信托业务分为资产服务信托、资产管理信托、公益慈善信托三大类。

小资料

中国信托业的历史演进

我国信托业自改革开放以来，与其他金融行业相比走过了一条跌宕起伏的独特发展之路。信托是目前唯一可以横跨货币市场、资本市场和实业市场的金融行业，拥有资产管理、投融资、中介代理等诸多功能。然而，信托制度的灵活性却引发了信托业的不规范经营问题，总共经历了六次大规模的全行业治理整顿，信托业一度陷入“发展—整顿—再发展—再整顿”的恶性循环之中，长期处于众说纷纭的模糊状态。

在不断的探索和总结经验过程中，监管当局对信托业的发展思路逐步明晰，自2001年《中华人民共和国信托法》颁布以来，金融监管部门相继颁布了一系列与信托相关的规范性文件，形成了目前以商业信托为主的信托法律法规体系。随着监管主体和思路的不断变革，中国的信托法律法规体系也经历了一系列的演变。2007年银监会颁布实施《信托公司管理办法》并修订了《信托公司集合资金信托计划管理办法》，由此以新的“一法两规”为基础和核心的信托法律法规体系显现雏形。

近年来，信托业呈现良好的发展趋势，行业注册资本、净资产稳步攀升，行业总收入和净利润呈现螺旋式上升。信托业的资产规模获得爆发式增长，与银行、证券、保险共同构成我国现代金融业的四大支柱。

3. 信用合作组织

我国的城市和农村信用合作社是群众性合作制金融组织，是对国家银行体系的必要补充和完善。它的本质特征是：由社员入股组成，实行民主管理，主要为社会提供信用服务。城市信用合作社是城市合作金融组织，是由个体工商户和城市集体企业入股组建的，入股者民主管理，主要为入股人提供金融服务，具有法人地位的金融机构。目前，我国城市的信用合作组织已经通过合并、改组成为城市合作银行，后成为地方城市商业银行。农村信用合作社是由农民和集体经济组织自愿入股组成，由入股人民主管理，主要为入股人服务的具有法人资格的金融机构，是我国农村金融的主要形式。其主要业务包括：办理个人储蓄业务；办理农户、个体工商户、农村合作经济组织的存贷款业务；代理银行委托业务及办理批准的其他业务。

4. 金融资产管理公司

金融资产管理公司是经国务院决定设立的收购国有银行不良贷款，管理和处置因收购国有银行不良贷款形成的资产的国有独资非银行金融机构，是由国家全资投资的特定政策性金融机构。1999年4月20日，我国第一家经营商业银行不良资产的公司——中国信达资产管理公司在北京宣告成立。同年8月3日，华融、长城、东方三家资产管理公司同时宣告成立。2014年11月，银监会等部门联合发布《金融资产管理公司监管办法》，进一步完善了金融资产管理公司的资本监管规则和要求。截至2016年12月，四大金融资产管理公司均完成了股份制改革，成功实现商业化转型。

5. 金融租赁公司

金融租赁公司是指以经营融资租赁业务为其主要业务的非银行金融机构。所谓融资租赁业务，是指出租人根据承租人对租赁物和供货人的选择或认可，将其从供货人处取得的租赁物按合同约定出租给承租人占有、使用，向承租人收取租金的行为。1981 年 2 月，我国第一家租赁公司——中国东方租赁有限公司成立，这是一家与日本东方租赁公司合资的中外合资企业。同年 7 月，中国租赁有限公司成立，这是国内第一家股份制租赁公司。1986 年 11 月，为更好地促进国内租赁业务的发展，中国人民银行批准中国租赁有限公司为第一家持有金融营业许可证的金融租赁公司。金融租赁公司作为主要从事融资租赁业务的非银行金融机构，经历数十年的发展，目前在服务实体经济、支持战略新兴领域发展等方面发挥着重要作用。截至 2022 年年底，全国共设立金融租赁公司 68 家，其中银行成立的金融租赁公司占据主体地位。

6. 汽车金融公司

汽车金融公司是我国加入世界贸易组织后，为履行开放汽车消费信贷的承诺而设立的一类非银行金融机构。汽车金融公司的主要职能是提供汽车消费信贷及其他与汽车相关的金融服务。与商业银行开办汽车消费信贷业务相比，汽车金融公司是提供汽车销售融资的专门机构，其专业化程度更高，更具有专业优势。

7. 证券机构

我国的金融市场上活跃着许多为证券投资活动提供服务的金融机构，主要包括证券交易所、证券登记结算公司、证券公司、投资基金管理公司等。不同的机构在证券投资活动中扮演着不同的角色，从事着不同的业务，发挥着不同的作用。

8. 财务公司

我国的财务公司和国外的财务公司有着很大的区别。我国的财务公司是由大型企业集团成员单位出资组建，以加强企业集团资金集中管理和提高企业集团资金使用效率为目的，为企业集团成员单位提供财务管理服务的非银行金融机构。

案例

中国电力财务有限公司

中国电力财务有限公司（以下简称中国电财）成立于 2000 年 1 月，是由国家金融监督管理总局监管的非银行金融机构。中国电财的注册资本金为 280 亿元，国家电网有限公司持股 51%，国网英大集团持股 49%。公司本部位于北京，拥有 26 家区域及省级分支机构。中国电财主要为国家电网有限公司成员单位及经监管机构核准的服务对象提供金融服务，多次荣获“中国金融机构金牌榜 • 金龙奖”年度最佳财务公司称号。

经监管机构核准，中国电财业务范围包括：吸收成员单位存款；办理成员单位贷款；办理成员单位票据贴现；办理成员单位资金结算与收付；提供成员单位委托贷款、债券承销、非融资性保函、财务顾问、信用鉴证及咨询代理业务；从事同业拆借；办理成员单位票据承兑；办理成员单位产品买方信贷和消费信贷；从事对金融机构的股权投资；从事有价证券投资。

5.1.4.3 监管类金融机构

1. 中国人民银行

中国人民银行是中华人民共和国的中央银行，在国务院领导下，制定和执行货币政策，防范和化解金融风险，维护金融稳定。中国人民银行履行下列职责：发布与履行其职责有关的命令和规章；依法制定和执行货币政策；发行人民币，管理人民币流通；监督管理银行间同业拆借市场和银行间债券市场；实施外汇管理，监督管理银行间外汇市场；监督管理黄金市场；持有、管理、经营国家外汇储备、黄金储备；经理国库；维护支付、清算系统的正常运行；指导、部署金融业反洗钱工作，负责反洗钱的资金监测；负责金融业的统计、调查、分析和预测；作为国家的中央银行，从事有关的国际金融活动；国务院规定的其他职责。

2. 中国证券监督管理委员会

1992 年 10 月，国务院证券委员会（简称国务院证券委）和中国证券监督管理委员会（简称中国证监会）成立。1998 年 4 月，根据《国务院机构改革方案》，决定将国务院证券委员会与中国证券监督管理委员会合并，组成国务院直属正部级事业单位。2023 年 3 月，根据中共中央、国务院印发的《党和国家机构改革方案》，中国证券监督管理委员会调整为国务院直属机构，强化资本市场监管职责。中国证监会是我国证券业的监管机构，依照法律、法规和国务院授权，统一监督管理全国证券期货市场，维护证券期货市场秩序，保障其合法运行。

3. 国家金融监督管理总局（原银保监会）

1998 年 11 月，中国保险监督管理委员会设立。2003 年 4 月，中国银行业监督管理委员会设立。2018 年 3 月，在上述两个监督管理委员会基础上合并设立中国银行保险监督管理委员会。

党的二十大做出明确部署，要依法将各类金融活动全部纳入监管。为解决金融领域长期存在的突出矛盾和问题，2023 年的第十四届全国人民代表大会第一次会议表决通过在中国银行保险监督管理委员会基础上组建国家金融监督管理总局，作为国务院直属机构，统一负责除证券业之外的金融业监管，强化机构监管、行为监管、功能监管、穿透式监管、持续监管，统筹负责金融消费者权益保护，加强风险管理和防范处置，依法查处违法违规行为。为加强金融消费者合法权益保护，统一规范金融产品和服务行为，把中国人民银行对金融控股公司等金融集团的日常监管职责、有关金融消费者保护职责，中国证券监督管理委员会的投资者保护职责划入国家金融监督管理总局，不再保留中国银行保险监督管理委员会。

5.2 认识国际金融机构

案例引入

非洲进出口银行成立于 1994 年 9 月 30 日，总部设在埃及首都开罗。非洲进出口银行是由非洲各国政府、非洲金融机构和私人投资者共同设立的，以资助、促进和扩大非洲内部和非洲外贸易，业务范围涉及农业、能源、矿产、交通、旅游、大宗商品、电信、金融服务和小型加工制造业等多个领域。

该银行股东分为 A、B、C 三类，其中，A 类为非洲主权国家和非洲区域性金融机构，占比 35%；B 类为非洲各国的公、私营金融机构和投资者，占比 40%；C 类为非洲以外地区的各类机构和私人投资者，占比 25%。

请思考：你知道现存的国际金融机构有哪些吗？它们成立的原因是什么？又有哪些功能呢？

知识解读

国际金融机构泛指从事国际金融业务，协调国际金融关系，维护国际货币、信用体系正常运作的超国家机构。

5.2.1 国际金融机构的产生与发展

国际金融机构的产生与发展是同世界政治经济情况及其变化密切相关的。第一次世界大战爆发后，各主要国家政治经济发展的不平衡，使得各国间的矛盾尖锐化，利用国际经济组织控制或影响他国成为必要。同时，战争、通货膨胀及国际收支恶化，又造成诸多工业国家面临国际金融的困境，也希望借助国际经济力量。这样，建立国际性金融机构便成为多数工业国家的共同愿望。

1930 年 5 月，英国、法国、意大利、德国、比利时、日本等国在瑞士的巴塞尔成立国际清算银行，这是建立国际金融机构的重要开端。它的主要任务是处理战后德国赔款的支付及协约国之间债务清算问题。在后来的发展中，这一机构在促进各国中央银行合作，特别是在推动各国银行监管合作方面，发挥着越来越重要的作用。

第二次世界大战后，随着生产和资本国际化，国际经济关系得到空前发展，国际货币信用关系进一步加强，国际金融机构也迅速增加。1944 年 7 月，44 个主要国家参加的美国新罕布什尔州布雷顿森林会议，确定建立国际货币基金组织和国际复兴开发银行，即世界银行，目的在于重建一个开放的世界经济及稳定的汇率制度，并对世界经济及社会发展提供资金。1956 年国际金融公司正式成立，目的是扩大对发展中国家私人企业的国际贷款，促进外国私人资本在这些国家的投资。1959 年 10 月，在美国财政部的建议下，国际开发协会成立，作为世界银行的附属机构，其目的是向更贫穷的发展中国家提供优惠贷款，加速这些地区的经济发展。自此，世界银行集团正式出现，并成为全球最大的国际金融机构。与此同时，随着国际经济金融关系的发展，大量的区域开发合作性国际金融机构也迅速发展起来。

第二次世界大战后国际金融机构迅速发展的主要原因是：美国控制国际金融、扩大商品和资本输出的需要；工业国家的经济恢复及新兴国家民族经济的发展对资金的迫切需求；生产和资本的国际化，要求各国政府共同干预经济活动。金融干预是一个重要方面，这种趋势的加强为国际性金融机构的建立创造了有利条件；随着生产和资本国际化而来的经济和货币金融一体化的要求，为国际金融机构的产生和发展奠定了基础。

国际金融机构可分为两大类型：一是全球性金融机构，主要有国际货币基金组织和世界银行集团。二是区域性金融机构，具体又包括两种类型，一类是联合国附属的区域性金融机构，可称为准全球性金融机构，如亚洲开发银行、泛美开发银行、非洲开发银行等；另一类是真正意义上的地区性金融机构，如欧洲投资银行、阿拉伯货币基金组织、伊斯兰开发银行、国际经济合作银行、国际投资银行、加勒比开发银行等。

5.2.2 全球性国际金融机构

1. 国际货币基金组织

国际货币基金组织（International Monetary Fund，IMF）是根据布雷顿森林会议通过的《国际货币基金协定》成立的全球性国际金融机构。1944 年 7 月 1 ～ 22 日，44 个国家的代表在美国新罕布什尔州布雷顿森林举行“联合与联盟国家货币金融会议”，签订了“布雷顿森林协定”，决定成立国际货币基金组织与国际复兴开发银行。1946 年 3 月国际货币基金组织正式成立，1947 年 3 月 1 日开始活动，1947 年 11 月 15 日成为联合国所属专营国际金融业务的机构，总部设在华盛顿，成员包括 150 多个国家和地区，其中 39 个国家为创始成员国。

我国是国际货币基金组织的创始成员国之一，由于历史的原因，中断关系多年，1980 年 4 月 17 日国际货币基金组织正式通过决议恢复我国合法席位。1980 年 5 月末我国政府向该组织先后委派了正副理事；同年 9 月我国政府第一次派代表担任国际货币基金组织的执行董事。

该组织的宗旨是：通过一个常设机构来促进国际货币合作，为国际货币问题的磋商和协作提供方法；通过国际贸易的扩大和平衡发展，将促进和保持成员国的就业、生产资源的发展、实际收入的高水平作为经济政策的首要目标；稳定国际汇率，在成员国之间保持有秩序的汇价安排，避免竞争性的汇价贬值；协助成员国建立经常性交易的多边支付制度，消除妨碍世界贸易的外汇管制；在有适当保证的条件下，基金组织向成员国临时提供普通资金，使其有信心利用此机会纠正国际收支的失调，而不采取危害本国或国际繁荣的措施；按照以上目的，缩短成员方国际收支不平衡的时间，减轻不平衡的程度等。

课堂讨论

国际货币基金组织的使命是什么？说一说历史上该组织的一些紧急援助行动。

2. 世界银行集团

世界银行集团（the World Bank Group）是一个国际组织，由国际复兴开发银行、国际开发协会、国际金融公司、多边投资担保机构和解决投资争端国际中心五个成员机构组成，总部设在美国华盛顿。其建立之初的使命是帮助在第二次世界大战中被破坏的国家重建。现在，它的任务是资助落后国家摆脱贫困，联合向发展中国家提供低息贷款、无息贷款和赠款，帮助他们建设教育、农业和工业设施。五个成员机构分别侧重于不同的发展领域，但都运用其各自的比较优势，协力实现共同的最终目标，即减轻贫困。

（1）国际复兴开发银行。国际复兴开发银行也被称为“世界银行”，是与国际货币基金组织密切联系、相互配合的全球性国际金融机构，也是布雷顿森林体系的产物。它于 1946 年 6 月开始营业，1947 年起成为联合国专门金融机构，总部设在华盛顿，并在纽约、日内瓦、巴黎、东京等地设有办事处。只有国际货币基金组织的成员才有资格申请加入世界银行，只有成员才能申请贷款。

世界银行的资金来源主要有三个：一是成员国缴纳的股金；二是向国际金融市场借款；三是发行债券和收取贷款利息。

世界银行的最高权力机构是理事会，由成员方的财政部长、中央银行行长或级别相当的官员担任理事。每年与国际货币基金组织联合召开一次春季会议和一次年会。根据 2018 年世界银行年会通过的增资和股权改革方案，我国在国际复兴开发银行的股权和投票权分别提升至 6.01% 和 5.71%，居第三位。

（2）国际开发协会。国际开发协会成立于 1960 年 9 月 24 日，11 月开始营业，总部设在华盛顿。名义上它是独立的机构，但实际上经营方针、贷款原则都与世界银行相同，有“第二世界银行”之称，唯一区别在于国际开发协会主要是向更为贫穷的发展中国家提供长期优惠贷款，作为世界银行贷款的补充，以促进这些国家经济发展和生活水平提高。贷款只向政府提供，不收利息，但收取少量手续费。贷款期限长达 50 年，可以部分或全部用本国货币偿还。这种长期低息贷款被称为“软贷款”，区别于世界银行的“硬贷款”。

（3）国际金融公司。国际金融公司于 1956 年 7 月 24 日正式成立。只有世界银行的成员方才能成为国际金融公司的会员。由于世界银行贷款是以成员方政府为对象，对私人企业贷款必须有政府担保，这在一定程度上限制了世界银行业务的扩展。所以 1954 年世界银行同会员国政府协商后决定建立国际金融公司。

国际金融公司是世界银行的附属机构，但在法律上却是独立实体。公司的组织机构与世界银行一样，最高权力机构是理事会，下设执行董事会主持日常事务。它的正副理事、正副执行董事同时也是世界银行的正副理事和正副执行董事，公司经理由世界银行行长兼任。

国际金融公司的主要资金来源是成员方认缴的股本。此外，世界银行及个别国家对金融公司的贷款、自身利润积累等也构成资金来源的一部分，公司的主要活动是对成员私人企业贷款。这种贷款不需政府担保，期限为 7 ～ 15 年，以原借入的货币偿还，利率一般高于世界银行的贷款，有时高达 10%。公司还可以对企业直接投资入股，投资对象一般是发展中国家的私营企业。

（4）多边投资担保机构。多边投资担保机构成立于 1988 年，是世界银行集团里成立时间最短的机构，1990 年签署第一笔担保合同。该机构的宗旨是向外国私人投资者提供政治风险担保，包括征收风险、货币转移限制、违约、战争和内乱风险担保，并向成员方政府提供投资促进服务，加强成员方吸引外资的能力，从而推动外商直接投资流入发展中国家。作为担保业务的一部分，多边投资担保机构也帮助投资者和政府解决可能对其担保的投资项目造成不利影响的争端，防止潜在索赔要求升级，使项目得以继续。多边投资担保机构还帮助各国制定和实施吸引和保持外国直接投资的战略，并以在线服务的形式免费提供有关投资商机、商业运营环境和政治风险担保的信息。

（5）解决投资争端国际中心。解决投资争端国际中心成立于 1966 年 10 月，是国际复兴开发银行下属的一个独立机构，是一个专门处理国际投资争议的国际性常设仲裁机构。该中心设在美国华盛顿，其宗旨是为各缔约国的国民之间的投资争端提供调停和仲裁的便利，促进相互信任的气氛，借以鼓励私人资本的国际流动。中国于 1993 年 2 月 6 日成为该中心的成员方。

案例

积极参与国际金融治理体系，不断提升制度性影响力

近年来，全球经济治理体系进入加速调整期，我国秉持人类命运共同体理念，大力倡导并主动践行开放合作，积极参与全球经济治理体系变革，引领全球经济治理体系朝着开放包容、公正合理、合作共赢方向演进。

2010 年世界银行对其投票权结构进行重大改革，我国在世界银行的投票权份额从之前的 2.77% 提高到 4.42%，2018 年增资之后，我国在世界银行的投票权份额达到 5.71%，成为世界银行第三大股东国。在国际货币体系改革中，中国创造性地提出一系列建议，推动国际货币基金组织将超过 6% 的投票权转移给新兴经济体和发展中国家。改革完成后，中国在国际货币基金组织的份额和投票权分别提高至 6.39% 和 6.07%。2016 年 10 月 1 日，人民币正式加入国际货币基金组织特别提款权（SDR）货币篮子，所占权重位列第三，为 10.92%。

3. 国际清算银行和巴塞尔委员会

国际清算银行是世界上历史最悠久的国际金融组织，1930 年 5 月在瑞士的巴塞尔正式营业，是国际上唯一办理中央银行业务的机构。它的主要任务是，促进各国中央银行的合作并为国际金融的运营提供便利，致力于维持和促进国际金融的稳定。该行的管理机构是股东大会、董事会及经营管理当局。

我国于 1984 年与国际清算银行建立了业务联系，每年派代表团以客户身份参加该行年会。1996 年 9 月 9 日，该行董事会通过决议，决定接纳中国、巴西、印度、韩国、墨西哥、俄罗斯、沙特阿拉伯、新加坡等国家和地区的中央银行及货币当局为成员。这无疑有助于我国及时了解国际金融界主要决策者的意图，把握国际金融市场动态，加强金融监管的国际合作与交流，提高金融监管水平。

巴塞尔银行监管委员会，是国际清算银行的常设监督机构。1974 年 9 月由国际清算银行发起，十国集团和瑞士的中央银行行长在瑞士的巴塞尔开会，首次讨论跨国银行的国际监督与管理问题，1975 年 2 月成立了常设机构——巴塞尔银行监管委员会，简称巴塞尔委员会。

5.2.3 区域性国际金融机构

1. 亚洲开发银行

亚洲开发银行（以下简称亚行）是一家仅次于世界银行的第二大开发性国际金融机构，也是亚太地区最大的政府间金融机构。根据联合国亚洲及远东经济委员会（1974 年改名为亚洲及太平洋经济社会委员会）决议，亚行于 1966 年 11 月 24 日成立，总行设在马尼拉。根据章程规定，其宗旨是促进亚洲和太平洋地区的经济增长与合作，并协助本地区的发展中成员国集体和单独地加速经济发展的进程。亚行的最高权力机构是理事会。理事一般由各成员国的财政部部长或中央银行行长担任，代表本国政府行使投票权。理事会下设执行董事会，负责日常业务。1983 年 2 月，我国政府正式通知亚行行长，申请加入亚行。经多次交涉与协商，于 1985 年 11 月 26 日达成《谅解备忘录》，明确规定中华人民共和国作为中国唯一合法代表加入亚行，中国台湾以“中国台北”名义留在亚行。1986 年 2 月 17 日亚行理事会以压倒多数的投票通过了接纳中国加入亚行的决议。1987 年年会上，中国当选为亚行董事国，同年 7 月 1 日正式设立执行董事办公室，专门负责中国对亚行的各种事务。1989 年 5 月 4 ～ 6 日亚行第 22 届年会在北京召开，标志着中国与亚行合作关系进入新阶段，亚行成为我国引进外资的重要渠道。

2. 非洲开发银行

非洲开发银行（以下简称非行）是非洲国家创办的区域性国际金融机构，成立于 1964 年 9 月，1966 年 7 月正式营业，总行设在科特迪瓦经济首都阿比让。成立初期有 23 个成员方，都是非洲国家。1978 年后允许区外国家参加。中国于 1985 年 5 月 10 日正式加入非行。非行的宗旨是为成员国的经济和社会发展提供资金，协助非洲大陆制定总体发展战略，协调各国的发展计划，以便逐步实现“非洲经济一体化”。为实现这一宗旨，非行的主要任务是利用本行的各种资金为本地区成员国提供各种开发性贷款和技术援助。

非行的最高权力机构为理事会，由各成员国委派理事和副理事各一名，其人选一般由各国财政部长或负责经济事务的部长担任。理事会下设执行董事会，负责银行日常业务。行长由董事会选举产生，任期 5 年，并兼任董事会主席。

非行的资金主要由成员国认缴股本构成。非行成立时核定资本为 2.5 亿记账单位（1 记账

单位 =1971 年贬值前的 1 美元），之后数次增资。此外，向国际金融市场借款，发达国家的捐款及非行的经营利润也构成了非行的资金来源。非行还设立了非洲开发基金等四个合办机构，根据不同需要，筹措资金开展业务。非行的贷款业务分为普通贷款和特种贷款。前者使用普通资本基金，后者使用特别基金。贷款主要为项目贷款，其次是结构和政策调整方面的贷款。

3. 泛美开发银行

泛美开发银行（以下简称泛行）是以美国和拉美国家为主，联合一些西方国家和南斯拉夫合办的区域性国际金融机构。1960 年正式营业。泛行的宗旨是动员美洲内外资金，为拉美成员国的经济和社会发展提供项目贷款和技术援助，以促进拉美经济的发展和“泛美体制”的实现。

泛行的最高权力机构是理事会，由成员国委派一名理事和候补理事组成，人选一般由成员国财政部长或中央银行行长担任。理事会下设执行董事会，负责日常业务。泛行的最高领导人是行长。理事会和执行董事会的投票权分为两部分：一是基本投票权，各成员国平均分配；二是按认缴资本额分配的投票权。其中基本投票权比重较小。目前在泛行的投票权中美国占绝对优势。泛行的资金来源主要是成员国认缴的股本和借款两大部分。该行最初核定资本 10 亿美元，之后数次增资。此外，该行的净收入以及用成员国实足捐款设立的特别业务基金也构成了泛行资金来源。泛行的资金主要运用于成员国的项目贷款，这是该行的主要业务活动，贷款期限一般为 10 ～ 25 年，利率一般为筹资成本加上 0.5% 的利差。特别业务基金用于成员国长期、低息的项目贷款，贷款期限一般为 20 ～ 40 年，宽限期为 5 ～ 10 年，利率在 1% ～ 4%，可全部或部分用本国货币偿还。

4. 亚洲基础设施投资银行

亚洲基础设施投资银行（以下简称亚投行）是一个政府间性质的亚洲区域多边开发机构，重点支持基础设施建设，成立宗旨是促进亚洲区域的建设互联互通化和经济一体化的进程，并且加强中国及其他亚洲国家和地区的合作。总部设在北京。亚投行法定资本 1 000 亿美元。

2013 年 10 月 2 日，习近平主席提出筹建倡议。2014 年 10 月 24 日，包括中国、印度、新加坡在内的 21 个首批意向创始成员国的财长和授权代表在北京签约，共同决定成立亚投行。2015 年 4 月 15 日，亚投行意向创始成员国确定为 57 个，其中域内国家 37 个、域外国家 20 个。2015 年 6 月 29 日，《亚洲基础设施投资银行协定》签署仪式在北京举行，亚投行 57 个意向创始成员国财长或授权代表出席了签署仪式。2015 年 12 月 25 日，亚投行正式成立，全球迎来首个由中国倡议设立的多边金融机构。2016 年 1 月 16 ～ 18 日，亚投行开业仪式暨理事会和董事会成立大会在北京举行。

亚投行的治理结构分理事会、董事会、管理层三层。理事会是最高决策机构，每个成员方在亚投行有正副理事各一名。董事会有 12 名董事，其中域内 9 名、域外 3 名。管理层由行长和 5 位副行长组成。

5. 金砖国家新开发银行

金砖国家新开发银行（以下简称金砖银行）是在 2012 年提出的，是金砖国家为避免在下一轮金融危机中受到货币不稳定的影响，计划构筑的一个共同的金融安全网，成员国可以借助这个资金池兑换一部分外汇用来应急。应急储备基金是由中国提出的一个倡议，主要是为了解决金砖国家短期金融危机，是一种救助机制，不是营利机制。

2014 年 7 月 15 日，金砖国家领导人第六次会晤发表的《福塔莱萨宣言》中表明，金砖国家新开发银行法定资本 1 000 亿美元，初始认缴资本 500 亿美元，由创始成员国平等出资，总部设在中国上海。2017 年 9 月 4 日，中国向金砖国家新开发银行项目准备基金捐赠仪式在厦门举行，与金砖银行行长签署了中国捐赠 400 万美元的协议。中国是首个向该项目准备基金出资的创始成员国。该基金将为金砖银行项目运行打造更高效的环境，将用于相关项目的可行性研究，帮助制订国家间伙伴关系计划、开展项目周期调研等。

金砖银行主要资助金砖国家以及其他发展中国家的基础设施建设，对金砖国家具有非常重要的战略意义。金砖银行不仅为我国带来经济利益，同时也带来一种长远的战略利益。从短期来看，中国已成为世界第二大经济体，到底如何在国际舞台上展现一个新兴大国的形象，关系到中国自身的发展，也关系到国际社会共同的利益。中国推动设立金砖银行，做出实实在在的贡献，是彰显中国大国责任的好机会。在基础设施建设方面，设立金砖银行可推动其他国家的基础设施建设，也是分享中国经验的好机会，与中国“走出去”战略相符合。中国输出的既是经验和技术，也是一种标准。作为金融合作的一个具体体现，金砖银行的建立拓展了金砖国家在合作方面新的空间，同时也代表着金砖国家在金融合作方面新的进程。

课堂讨论

说一说亚洲基础设施投资银行和金砖国家新开发银行成立的意义。

单元小结

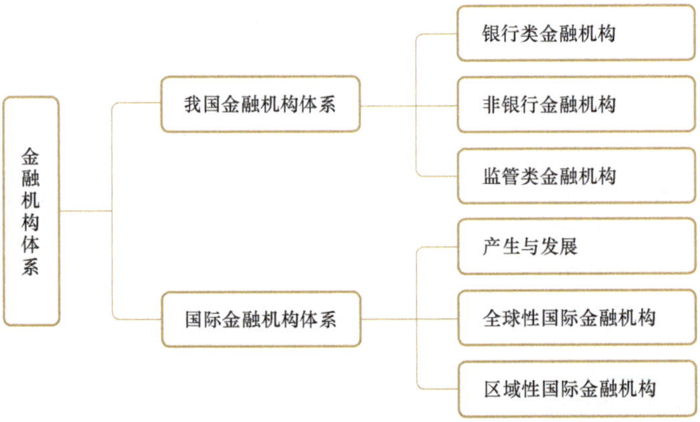

复习思考题

一、单项选择题

1. 属于一国金融管理机构的是（　　）。
   A．商业银行　　B．中央银行　　C．专业银行　　D．投资银行
2. 下列不属于中国人民银行具体职责的是（　　）。
   A．发行人民币　　B．给企业发放贷款
   C．经理国库　　D．审批金融机构

3. 我国的财务公司是由（　　）集资组建的。

A. 商业银行　B. 政府　C. 投资银行　D. 企业集团内部

4. 我国国有控股银行不包括（　　）。

A. 中国工商银行　B. 中国农业银行

C. 中国银行　D. 招商银行

5. 我国的中央银行是（　　）。

A. 中国人民银行　B. 中国农业银行

C. 国家开发银行　D. 中国银行

6. 我国城市信用社改组之初，采用了（　　）的过渡名称。

A. 城市商业银行　B. 城市发展银行

C. 城市投资银行　D. 城市合作银行

7. 下列不属于我国商业银行业务范围的是（　　）。

A. 发行金融债券　B. 监管其他金融机构

C. 吸收存款　D. 发放贷款

8. 我国在（　　）年建立了政策性银行。

A. 1992　B. 1993　C. 1994　D. 1995

9. （　　）年年底，国家开发银行的改革方案获得批准，向商业银行转轨，主要开展长期信贷业务和股权投资金融业务。

A. 2005　B. 2006　C. 2007　D. 2008

10. 世界上历史最悠久的国际金融组织是（　　）。

A. 国际金融公司　B. 国际货币基金组织

C. 国际清算银行　D. 国际复兴开发银行

二、多项选择题

1. 下列属于我国金融机构体系格局构成的是（　　）。

A. 财政部　B. 货币当局

C. 商业银行　D. 在华外资金融机构

2. 1994 年，我国成立的政策性银行有（　　）。

A. 国家开发银行　B. 中国进出口银行

C. 中国农业发展银行　D. 城市商业银行

3. 下列属于我国非银行金融机构的有（　　）。

A. 信托公司　B. 证券公司　C. 财务公司　D. 邮政储蓄机构

4. 当前我国调整金融机构体系建设的根本原则是（　　）。

A. 混业经营　B. 分业经营　C. 分业管理　D. 混业管理

5. 专业银行的主要种类包括（　　）。

A. 开发银行　B. 储蓄银行　C. 外汇银行　D. 进出口银行

6. 1944 年 7 月，在美国布雷顿森林召开的联合国货币金融会议上成立的国际性金融机构是（　　）。

A. 国际金融公司　B. 国际货币基金组织

C. 国际清算银行　D. 国际复兴开发银行

7. 下列属于原城市信用合作社改组成的城市商业银行的是（　　）。
   A. 深圳发展银行　　B. 盛京银行
   C. 北京银行　　D. 广东发展银行
8. 下列属于世界银行集团成员机构的是（　　）。
   A. 国际金融公司　　B. 国际货币基金组织
   C. 国际清算银行　　D. 国际复兴开发银行
9. 通常，把（　　）合称为世界银行。
   A. 国际金融公司　　B. 国际货币基金组织
   C. 国际开发协会　　D. 国际复兴开发银行
10. 区域性国际金融机构包括（　　）。
   A. 亚洲开发银行　　B. 泛美开发银行
   C. 非洲开发银行　　D. 国际复兴开发银行

三、问答题

1. 简述金融机构体系的构成。
2. 简述我国金融机构体系的构成。
3. 国际金融机构包括哪些？

四、案例分析

巴林银行的倒闭

1995年2月26日，一条消息震惊了整个世界金融市场。具有230多年历史，在世界1 000家大银行中按核心资本排名第489位的英国巴林银行，因进行巨额金融期货投机交易，造成9.16亿英镑的巨额亏损，在经过英国中央银行英格兰银行先前一个周末的拯救失败之后，被迫宣布破产。后经英格兰银行的斡旋，同年3月5日，荷兰国际集团（ING）以1美元的象征价格，宣布完全收购巴林银行。

事情起因是1994年下半年，巴林银行交易员尼克·里森在日本东京市场上做了一种十分复杂、期望值很高、风险也极大的衍生金融商品交易——日本日经指数期货。他认为日本经济走出衰退，日元坚挺，日本股市必大有可为。日经指数将会在19 000点以上浮动，如果跌破此位，一般来说日本政府会出面干预，故想赌一赌日本股市劲升，便逐渐买入日经225指数期货建仓。1995年1月26日里森竟用了270亿美元进行日经指数期货投机。不料，日经指数从1月初起一路下滑，到1995年1月18日又发生了日本神户大地震，股市因此暴跌。里森所持的多头头寸遭受重创。为了反败为胜，他继续从伦敦调入巨资，增加持仓，即大量买进日经股价指数期货，沽空日本政府债券。到2月10日，里森已在新加坡国际金融交易所持有55 000份日经股价指数期货合约，创出该所的历史纪录。

所有这些交易均进入“88888”账户。（注：1992年巴林银行有一个账号为“99905”的“错误账号”，专门处理交易过程中因疏忽而造成的差错，如将买入误为卖出等。新加坡巴林期货公司的差错记录均进入这一账号，并发往伦敦总部。1992年夏天，伦敦总部的清算负责人乔丹·鲍塞要求里森另行开设一个“错误账户”，以记录小额差错，并自行处理，以省却伦敦的麻烦，此“错误账户”以代码“88888”为名设立。数周之后，巴林总部换了一套新的计算机系统，重新决定新加坡巴林期货公司的所有差错记录仍经由“99905”账户向伦敦报免，“88888”差

错账户因此搁置不用，但却成为一个真正的错误账户留存在计算机系统中。这个被人忽视的账户后来就成为里森造假的工具。）为维持数额如此巨大的交易，每天需要3 000万～4 000万英镑。巴林总部竟然接受里森的各种理由，照付不误。2月中旬，巴林总部转至新加坡5亿多英镑，已超过了其47 000万英镑的股本金。

1995年2月23日，日经股价指数急剧下挫276.6点，收报17 885点，里森持有的多头合约已达6万余份，面对日本政府债券价格的一路上扬，持有的空头合约也多达26 000份。由此造成的损失则激增至令人咋舌的8.6亿英镑，并决定了巴林银行的最终垮台。当天，里森已意识到无法弥补亏损，于是被迫仓皇出逃。26日晚9点30分，英国中央银行英格兰银行在没拿出其他拯救方案的情况下只好宣布对巴林银行进行倒闭清算，寻找买主，承担债务。同时，伦敦清算所表示，经与有关方面协商，将巴林银行作为无力偿还欠款处理，并根据有关法律赋予的权力，将巴林自营未平仓合约平仓，将其代理客户的未平仓合约转移至其他会员处置。27日（周一），东京股市日经平均指数再急挫664点，又令巴林银行损失增加了2.8亿美元，全部损失达6亿英镑，约合9亿美元。截止至当日，里森持有的未平仓合约总值达270亿美元，包括购入70亿美元日经指数期货，沽出200亿美元日本政府债券与欧洲日元。

在英国央行及有关方面协助下，3月2日（周四），在日经指数期货反弹300多点的情况下，巴林银行所有（不只新加坡的）未平仓期货合约（包括日经指数及日本国债期货等）分别在新加坡国际金融期货交易所、东京及大阪交易所几近全部平掉。至此，巴林银行由于金融衍生工具投资失败引致的亏损高达9.16亿英镑，约合14亿多美元。

从制度上看，巴林银行最根本的问题在于交易与清算角色的混淆。里森在1992年到新加坡任职巴林新加坡期货交易部兼清算部经理，作为一名交易员，里森本来的工作应是代巴林客户买卖衍生性商品和替巴林从事套利这两项，基本上没有太大的风险。因为代客操作，风险由客户自己承担，交易员只是赚取佣金，而套利行为亦只赚取市场间的差价。但不幸的是，里森却一身兼交易与清算二职。

在损失达到5 000万英镑时，巴林银行曾派人调查里森的账目。事实上，在每天的资产负债表中都有明显的记录，可看出里森的问题——如果巴林真有严格的审查制度。里森假造花旗银行有5 000万英镑存款，但这5 000万已被挪用来补偿88888号账户中的损失了。查了一个月的账，却没有人去查花旗银行的账目，以致没有人发现花旗银行账户中并没有5 000万英镑的存款。

最令人难以置信的是，巴林在1994年年底发现资产负债表上显示5 000万英镑的差额后，仍然没有警惕到其内部控制的松散及疏忽。在发现问题至其后巴林倒闭的两个月时间里，有很多巴林的高级资深人员曾对此问题加以关注，更有巴林总部的审计部门正式开展调查。但是这些调查都被里森以极轻易的方式蒙骗过去。里森对这段时期的描述为："对于没有人来制止我的这件事，我觉得不可思议。伦敦的人应该知道我的数字都是假造的，这些人都应该知道我每天向伦敦总部要求的现金是不对的，但他们仍旧支付这些钱。"

里森说："有一群人本来可以揭穿并阻止我的把戏，但他们没有这么做。我不知道他们的疏忽与罪犯级的疏忽之间界限何在，也不清楚他们是否对我负有什么责任。但如果是在任何其他一家银行，我是不会有机会开始这项犯罪的。"

问题：（1）案例最后，里森说的一番话有何意义？从中能吸取什么教训？

（2）你认为导致巴林银行倒闭的最根本原因是什么？属于哪一类风险？为什么？

技能实训

对我国各种金融机构的认识

1. 登录中国人民银行、国家金融监督管理总局、中国证监会网站，了解监管类金融机构的职能和任务。

2. 登录各大商业银行网站，了解商业银行的主要业务。

3. 登录保险公司、证券公司网站，了解以证券、保险为主的非银行金融机构具体业务。

4. 根据实训所得结果形成实训报告。

5. 组织各小组汇报和讨论。

单元6

银行的演进——探知银行业务

学习目标

【能力目标】

- 能够认识和分析商业银行的各项经营业务。
- 能够认识和分析中央银行的各项经营业务。

【知识目标】

- 掌握商业银行、中央银行的经营原则。
- 熟悉商业银行、中央银行的负债业务、资产业务和中间业务。

【素质目标】

- 熟悉银行基本业务，掌握基本专业技能；树立通过勤奋劳动实现自身发展的意识。
- 领会“金融服务实体经济，加强对‘三农’‘小微企业’‘民营企业’等领域的金融服务”政策精神。
- 领会“深化金融体制改革，建设现代中央银行制度”政策精神。

单元引例

银行及其业务的演进

汉语“银行”是指专门从事货币借贷业务的机构。“银行”的英文“Bank”一词据说源于古意大利文“Banko”，原意是指商业交易所用的长凳和桌子。英语将其转化为“Bank”，原意为存放钱财的柜子，后来泛指专门从事货币存贷和办理汇兑、结算业务的金融机构。

世界上最早的银行出现在意大利。早在1272年，意大利的佛罗伦萨就成立了一家巴尔迪银行。到1397年意大利又设立了麦迪西银行，10年后成立了热那亚圣乔治银行。比较具有近代意义的银行是1587年成立的威尼斯银行。中世纪的威尼斯凭借其优越的地理位置而成为著名的世界贸易中心，各国的商贾云集于此。商人们为了便利，把各自携带的货币兑换成意大利的货币，出现了专门的货币兑换商。随着贸易量的扩大，货币收付的规模也日益扩大，各地商人为了避免长途携带大量金属货币的不便和危险，便将剩余的货币委托货币兑换商保管，逐渐发展到委托他们办理支付和汇兑。货币兑换商借此集中了大量金属货币。他们发现这些长期大量积存的货币余额相当稳定，可以用来发放高利贷，获取高额利息收入，因此货币兑换商便从原来被动接受客户委托保管货币变成积极地揽取货币保管业务。为了争取到更多的货币存放，他们降低保管费甚至不收保管费、倒给客户优惠，货币保管业务就转变成了存款业务。此时，货币兑换商也就演变成了集存款、贷款、汇兑、支付和结算于一身的早期银行。威尼斯的近代银行也就应运而生了。

17世纪，银行从意大利传播到欧洲其他国家，英国也出现了近代银行。英国经历了从金匠业演变成银行业的过程。当时伦敦附近的金匠，常应客户的委托，代他们保管金银，并签发收据。慢慢地这些收据进入流通领域，被人们广泛接受，成为一种新的支付手段，这就是银行券的前身。在长期的经营中，金匠们发现，所有客户在同一时间来兑取金银的可能性很小，所以他们只要保留很少一部分储备，而把大部分金银贷放出去，这也是部分准备金制度的起源。当时提供给政府的贷款都是高利贷，为了与高利贷做斗争，以维护新生的资产阶级的利益，英国政府于1694年建立了一家股份制银行——英格兰银行，并规定英格兰银行向工商、企业发放低利率贷款（5%～6%），以支持工商业发展。英格兰银行是英国历史上第一家股份制银行，也是现代银行产生的标志。

随着经济的高速发展，金融业务与金融服务惠及千家万户，涉及各个领域，各行各业都需要得到金融行业的更多支持。接下来将重点介绍现代商业银行与中央银行的主要业务，以便更进一步了解金融，了解金融行业。

6.1 认识商业银行

案例引入

我国历史上很早就出现了类似银行的金融机构，最早可以追溯到魏晋南北朝时期有些寺院创办的“寺库”，利用寺庙积累的财产放贷。隋唐时期又出现较为进步的“质库”，专门经营借贷（典当）业务。在唐宣宗时期（846—859年），苏州出现有“金银行”。北宋嘉祐二年（1057年），《教民十六事》第六条为“银行轧造吹银出卖许多告提”，这是“银行”一词单独出现最早的时间。

明朝中叶开始出现钱庄，钱庄又称银号，最初主要以经营不同货币间的兑换和保管为主，和威尼斯的早期银行一样，后逐渐发展成以存放款为主，汇兑业务为辅。

票号又称票庄，是主营汇兑业务的金融机构。中国很早就有汇兑业务，唐代的“飞钱”、宋代的“便换”、明清时期的“会票”，都具有汇兑的性质。但专营汇兑的票号到清中叶后才出现。中国第一家票号是1823年山西平遥商人雷履泰开设的“日升昌”票号。票号主营汇兑，兼营存款、放款，主要客户是清政府，主要业务是军饷和政府的岁银（财政收入），其他营业对象也多为封建官僚、地主和一般商人。

钱庄、票号经营的货币兑换、汇兑、存放款、发行票据等都与近代西方银行业务接近，但钱庄、票号与近代西方各国的银行有着深刻的区别。首先，钱庄、票号中大多数经营规模较小，资金多是一家一户的，有些是一个家族的，很少有广泛集资的，而同时代西方各国的银行却多是较广泛地集资兴办的。钱庄、票号的业务限于国内，而当时西方各国的银行多有跨越国界的业务。其次，钱庄、票号的存放款，用于生产性资金周转的占比很小，特别是由于放款利率较高（一般年利率多在十分之二上下），用于生产的放贷更少。换句话讲，就是钱庄、票号的业务与生产存在脱节的情况。这样就严重限制了其业务范围的扩展。最后，钱庄、票号的人员组成、经营管理具有较浓厚的封建性。其人员上下关系多靠血缘、宗族、主仆、师徒等来维系，其管理也是家族式的管理。钱庄、票号的极盛期是在鸦片战争以后的一段时间，随着国内银行业的产生和发展，它们也就因完成了历史使命而走向了衰落。

中国的第一家民族资本银行是 1897 年在上海成立的中国通商银行。1905 年，清政府成立大清户部银行，是中国最早的国家银行，总行设立于北京。

请思考：钱庄和票号与现代银行在业务上有哪些异同？现代银行有哪些业务种类？

知识解读

6.1.1　商业银行经营目标与原则

商业银行是特殊企业，为了获得最大限度的利润，同时又能满足存款人提取款项的需要，它的资金运用必须兼顾效益性原则、流动性原则和安全性原则，简称“三性原则”。

1. 效益性原则

效益性（盈利性）是指商业银行获取利润的能力。商业银行是经营金融业务的企业，追求效益是商业银行生存的必要保证，商业银行开办哪些业务项目，首先要看这些项目能否为商业银行创造利润。遵循效益性原则，即将效益作为商业银行经营活动的目标，在整个经营过程中加以考虑和运用。只有在保持理想的效益水平条件下，商业银行才能有充实的资本，并以此来增加经营实力，巩固信誉，提高商业银行的竞争力。

2. 流动性原则

流动性是指商业银行能够随时满足客户提取存款的能力。流动性原则是商业银行这种特殊企业性质所决定的。由于商业银行的经营资本主要来自于客户的存款，商业银行必须保证按期、足额满足客户提取存款的要求。只有保持流动性，才能确立商业银行的信用中介地位，并使其业务顺利进行。一方面，商业银行在安排资金运用时要保持流动性，即须持有相当数量的现金资产和短期有价证券来满足流动性的需求；另一方面，商业银行要注意保持合理的负债结构，即在必要时通过借入资金来满足流动性的要求。

3. 安全性原则

安全性是指商业银行能够在经营中避免经营风险，保证资金安全的能力。安全性原则是商业银行经营业务的前提。商业银行在经营中会面临很多风险，如信用风险、挤兑风险、市场风险、利率风险、流动性风险等，这些风险都会影响商业银行的安全和生存，甚至可能会导致金融危机。因此，商业银行在经营中必须遵循安全性原则，要正确地识别风险、度量风险和规避风险。

综上，商业银行的基本原则就是保证资金的安全、保持资产的流动性、争取最大利润，商业银行经营的三个原则既是相互统一的，又有一定的矛盾。具体来说，实现安全性原则要求商业银行扩大现金资产，减少高风险、高盈利资产；而实现效益性原则要求商业银行尽可能减少现金资产。因此，安全性与流动性成正比，但它们与效益性往往又有矛盾。这三个原则之间的矛盾，使商业银行在经营上必须统筹考虑三者之间的关系，在综合权衡利弊的基础上，在保证安全性、流动性的前提下，实现效益的最大化。

即学即练

单选题

1. 现代商业银行经营原则中占有核心地位的原则是（　　）原则。

A. 服务性　　B. 效益性　　C. 安全性　　D. 流动性

2. 商业银行能够随时应付客户提现和满足客户借贷的能力，体现了商业银行经营的（　　）原则。

A. 效益性　　B. 安全性　　C. 适度性　　D. 流动性

6.1.2 商业银行负债业务

商业银行负债业务是指形成其资金来源的业务。其全部资金来源包括自有资金和吸收的外来资金两部分。自有资金包括其成立时发行股票所筹集的股份资本以及公积金、未分配的利润。一般说来，商业银行的资金来源中自有资金所占比重很小，不过却是吸收外来资金的基础。外来资金的形成渠道主要是吸收存款、向中央银行借款、向其他银行和货币市场拆借及从国际货币市场借款等，其中又以吸收存款为主。所以，在有的国家中，也有存款货币银行这一称谓。

1. 吸收存款

吸收存款业务是指银行接受客户存入的货币款项，存款人可随时或按约定时间支取款项的一种信用业务。这是银行的传统业务，在负债业务中占有最主要的地位。可以说，吸收存款是银行与生俱来的基本特征。

传统的分类方法将存款概括为活期存款、定期存款和储蓄存款三大类。当前实际生活中的存款名目繁多，但都不外乎是这三类存款的变种。

（1）活期存款。活期存款是指那些可以由存户随时存取和转让的存款。存入这种存款的主要是用于交易和支付用途的款项。企业、个人、政府机关、金融机构都能在银行开立活期存款账户。商业银行彼此之间也可开立这种账户。开立活期存款账户的目的是通过银行进行各种支付结算。由于支付频繁，银行提供服务要付出较高费用，所以一般不对存户支付利息。虽然活期存款时存时取，流动性很强，但存取错综交替之中总会在银行形成一笔相对稳定、数量可观的余额，是银行用于贷放的重要资金来源。

（2）定期存款。定期存款是指那些事先约定期限、利率，到期后支取本息的存款。存入这种存款的是近期暂不支用、作为价值储存的款项。由于定期存款期限较长，到期前一般不能提取，所以银行给予较高的利息。定期存款最初都是由存户自己凭单取款。20 世纪 60 年代以来，银行为了更广泛地吸收存款，推出了“可转让”的定期存单，这种存单于到期日前可在货币市场上转让买卖。

（3）储蓄存款。这主要是针对居民个人积蓄货币之需所开办的一种存款业务。这种存款通常由银行发给储户存款凭证，储户持凭证向银行提款；一般不能据此签发支票，支用时只能提取现金或先转入存户的活期存款账户。储蓄存款以定期居多，但无论定期、活期，银行都会支付利息，只是利率的高低有别。

小资料

我国商业银行个人存款业务的主要种类

1．活期储蓄

活期储蓄是一种零星存入、随时存取、金额和存期不受限制、为适应群众日常生活需要而设置的一种储种。它的特点是灵活方便。该储种 1 元起存，多存不限，按季结息，清户时利随本清。

2．定期整存整取

定期整存整取是指确定存期、一次存入，到期支取本息。开户起存金额为 50 元，留足起存金额可不限次数部分提前支取，适合于较长时间不用的款项、较大的生活结余款及个人积累款的存储。存期分为 3 个月、6 个月、1 年、2 年、3 年和 5 年六种类型。

3．定期零存整取

定期零存整取是指每月按固定额度存储一次，开户起存金额为 5 元，存期分为 1 年、3 年、5 年，可全部提前支取，但不允许部分提前支取，中途漏存须在次月补齐。

4．存本取息定期储蓄

存本取息定期储蓄是指一次存入固定金额，分次支取利息，到期一次支取存款本金。起存金额为 5 000 元，存期分为 1 年、3 年、5 年，取息周期分为按月或按季支取。

5．教育储蓄

教育储蓄为零存整取定期储蓄存款，50 元起存，存期分为 1 年、3 年、6 年，本金合计不能超过 2 万元。开户时约定每月固定存入的金额，分月存入，中途漏存须在次月补齐，未补存的按零存整取定期储蓄存款有关规定办理。

6．通知存款

这是一种优于活期储蓄存款的新储种，5 万元起存。存款人需一次性存入，不能续存，可一次或多次支取存款。取款时提前 1 天或 7 天通知储蓄机构，约定支取日期和金额，最低支取金额为 5 万元。

延伸阅读

定期存款、大额存单、智能存款、结构性存款的区别

1．定期存款

普通定期存款是最基础的业务，相比其他三个，其特点是：第一，没有取存金额限制；第二，存期只有 3 个月、6 个月、1 年、2 年、3 年、5 年共六档；第三，提前支取，利息要算活期；第四，普通定期可以在卡上存，也可以有纸质存单。根据我国《存款保险条例》规定，储户在商业银行的存款本息受到存款保险保护，在同一家银行的最高偿付限额为 50 万元人民币。

2. 大额存单

大额存单是比普通存款门槛高、利率也更高的银行存款，同样受存款保险保护。“大额”的意思是，这种存款一般20万元起存。目前大额存单法定期限包括1个月、3个月、6个月、9个月、1年、1.5年、2年、3年和5年共九种，有一次性还本付息和每月付息到期还本两种计息方式，在一定规则下可以提前支取。

3. 智能存款

智能存款本质上是3～5年期银行存款，但支持提前支取，所以是可活期可长期，收益还比普通存款高的银行存款。智能存款是在普通定期存款的基础上，加了一个靠档计息的功能。也就是说，如果提前支取，可以按照最近档期的定期利率给予利息。

4. 结构性存款

结构性存款是在普通存款的基础上，嵌入了金融衍生工具的金融产品。通常，结构性存款将本金用于存款，仅用存款利息来投资金融衍生品，即将投资与利率、汇率、股票、黄金等挂钩，因此风险较高，同时可能赚得高收益。

结构性存款的名字中带有“存款”，但又和金融衍生品有关系，很多人会疑惑：结构性存款是不是存款？2019年10月银保监会发布了《关于进一步规范商业银行结构性存款业务的通知》（下简称《通知》），其中明确规定：“商业银行应当将结构性存款纳入表内核算，按照存款管理，纳入存款准备金和存款保险保费的缴纳范围。”可见，结构性存款是银行存款，本金享受存款保险保护。不过，《通知》也讲到，商业银行应当严格区分结构性存款与其他存款。平时，我们或许听到过“假结构性存款”，所谓的“假”体现在，其金融衍生工具触发的可能性极小或者收益率基本固定，变相成为高息揽储。为此，《通知》对结构性存款做出了相应的规定和调整。

2. 其他负债业务

商业银行的其他负债业务包括向中央银行借款、银行同业拆借、国际货币市场借款、结算过程中的短期资金占用、发行金融债券等。

（1）向中央银行借款。商业银行资金不足，必要时可向中央银行借款。一般来说，商业银行向中央银行借款，其主要的、直接的目的在于缓解本身资金暂时不足的境况，而非牟利。向中央银行借款主要有两种形式：①再贴现，即把自己办理贴现业务所买进的未到期票据，如商业票据、短期国库券等，再转卖给中央银行；②直接借款，即用自己持有的合格票据、银行承兑汇票、政府公债等有价证券作为抵押品以向中央银行取得抵押贷款。

（2）银行同业拆借。这是银行的一项传统业务，是指银行相互之间的资金融通。在这种拆借业务中，借入资金的银行主要是用以解决自身临时资金周转的需要，一般均为短期，有的只有1日。同业拆借的利率水平一般较低。同业拆借或通过各商业银行在中央银行的存款账户进行，即通过中央银行把款项从拆出行账户划转到拆入行账户，或采取同业存款以及回购协议等形式进行。

（3）国际货币市场借款。近年来，各国商业银行，尤其是大型商业银行，在国际货币市场上广泛地通过办理定期存款、发行大额定期存单、出售商业票据或银行承兑票据以及发行债券等方式筹集资金。发展迅速的一些国家和地区，其银行系统对这方面的依赖性往往很大。这种借款业务虽有利于获得资金，但同时也是一个易受冲击的脆弱环节。

（4）结算过程中的短期资金占用。银行在为客户办理转账结算等业务过程中可以短期占用客户的资金。以汇兑业务为例，从客户把款项交给汇出银行起，到汇入银行把该款项付给指定的收款人止，中间总会有一定的间隔时间，在这段时间内，该款项汇款人和收款人均不能支配，而为银行所占用。虽然从每笔汇款看，占用时间很短，但由于周转金额巨大，因而占用的资金数量也相当可观。因此，从任一时点上看，总会有那么一些处于结算过程中的资金，构成商业银行可资运用的资金来源。

（5）发行金融债券。发行债券也是商业银行的负债业务。自 1985 年以来，我国商业银行按照国家有关规定，经过中国人民银行批准，面向社会发行金融债券，为指定用途筹集资金。

6.1.3　商业银行资产业务

商业银行资产业务

商业银行的资产业务是指将银行通过负债业务所积聚的货币资金加以运用的业务，是其取得收益的主要途径。对于所集聚的资金，除了必须保留一定部分的现金和在中央银行的存款以应付客户提存外，其余部分主要是以贴现、贷款、证券投资和租赁等方式加以运用。

1．贴现

贴现在西方商业银行的开始发展阶段是最重要的资产业务，现在在资产业务中仍占相当大的比重。这项业务的内容是银行应客户的要求，买进其未到付款日期的票据。换句话说，银行买入未到期票据的业务即称为贴现。办理贴现业务时，银行向客户收取一定的利息，称为贴现利息或折扣。其具体程序是银行根据票面金额及既定贴现率，计算出从贴现日起到票据到期日止这段时间的贴现利息，并从票面金额中扣除，余额部分支付给客户。票据到期时，银行持票据向票据载明的支付人索取票面金额的款项。未到期票据贴现付款额的计算公式为

$$\text{贴现付款额} = \text{票据面额} \times (1 - \text{年贴现率} \times \text{未到期天数} / 360)$$

例如，银行以年贴现率 10% 为客户的一张面额为 1 万元且于 72 天后到期的票据办理贴现。依上式计算应付给该客户 9 800 元，即从票面额扣除 200 元作为贴现利息。当然，银行只有在这张票据到期时，才能从收到的 1 万元款项中实际获得这笔利息。

贴现业务形式上是票据的买卖，但实际上是信用业务。票据载明的支付人对持票人负债：在票据未贴现前，对持有票据的客户负债；贴现后，则对购入票据的银行负债。所以，票据的贴现实际上是债权债务关系的转移，即银行通过贴现间接贷款给票据金额的支付人。贴现业务，过去主要以商业票据为对象，现在已扩展到政府短期债券。由于政府债券信用可靠，风险较小，且易转让出售，商业银行对此办理贴现，既能逐利，又能在需要时收回资金。

学中做，做中学

甲公司 2023 年 2 月 17 日销售货物给乙公司，收到乙公司开具的银行承兑汇票一张，作为货款支付，金额为 900 万元，开票日期为 2023 年 2 月 17 日，期限 6 个月。2023 年 4 月 5 日甲公司急需一笔资金开拓市场，于是将未到期票据向银行贴现。

学中做： 请计算甲公司进行票据贴现的未到期天数和贴现付款额。

做中学： 银行开展的票据贴现业务有什么优势？

2．贷款

贷款又称放款，是银行将其所吸收的资金，按一定的利率贷放给客户并约期归还的业务。商业银行运用资金的方式虽不止贷款一种，但贷款在其资产业务中的比重一般占首位。这是因为，与贴现、证券投资等运用方式相比，贷款的风险虽然较大，但它的利率较高，同时通过发放与吸收，可维护与工商企业的密切往来关系，从而有利于稳定吸收存款和拓宽业务领域。

贷款业务种类很多，按不同的标准划分，至少有如下几个类别：

（1）按贷款是否有抵押品划分，有抵押贷款与信用贷款。抵押贷款是指以特定的抵押品做担保的贷款。抵押品可以是不动产、应收账款、机器设备、提单、股票和债券等资产。作为抵押的资产必须是能够在市场上出售的。如果贷款到期时借款人不愿或不能偿还，银行则可取消抵押品的赎回权并处理抵押品。抵押品资产的价值一般要求大于贷款金额。当银行由于借款人违约而处理其抵押品时，如果处理抵押品收入的金额超过贷款的本息和，超过部分应返还给借款人；反之，银行可通过法律程序追索不足的款项。信用贷款是指无抵押品做担保的贷款，通常仅由借款人出具签字的文书。信用贷款一般是贷给那些有良好资信者。对这种贷款，银行通常收取较高利息，并往往附加一定条件，如提供资产负债表、个人收支计划和报告借款用途等。这就使得银行可以比较容易地从中了解其财务状况和注意其经营发展。

小资料

抵押品的种类

（1）存货抵押，又称商品抵押，是指用工商业掌握的各种货物，包括商品、原材料、在制品和制成品抵押，向银行申请贷款。

（2）客账抵押，是指客户以应收账款作为担保取得短期贷款。

（3）证券抵押，是指以各种有价证券，如股票、汇票、期票、存单、债券等作为抵押，取得短期贷款。

（4）设备抵押，是指以机械设备、车辆、船舶等作为担保向银行取得定期贷款。

（5）不动产抵押，是指借款人提供如土地、房屋等不动产抵押，取得贷款。

（6）人寿保险单抵押，是指在保险金请求权上设立抵押权，以人寿保险合同的退保金为限额，以保险单为抵押，对被保险人发放贷款。

（2）按贷款对象划分，有工商业贷款、农业贷款和消费贷款。工商业贷款主要用于工业企业固定资产投资和购入流动资产的资金需要，以及商业企业商品流转的资金需要。由于工商企业都是营利性企业，贷款本息的收回通常比较可靠，在存款货币银行贷出的款项中一般以这种贷款的比重最大。农业贷款，短期的主要用于购买种子、肥料、农药等，长期的主要用于购买土地、改良土壤或建造水利设施以及造林等。消费贷款是指贷放给个人用来购买消费品或支付劳务费用的贷款，其中又主要是用于购买高档耐用消费品，如汽车、房屋等。消费贷款的清偿依靠借款人可靠的收入。

（3）按贷款期限划分，有短期贷款、中期贷款和长期贷款。短期贷款的期限不超过 1 年，中期贷款的期限在 1 ～ 5 年之间，长期贷款的期限则更长。银行发放中长期贷款可以获取较多的利息收入，但由于资金被长期占压，流动性差，风险较大。

（4）按还款方式划分，有一次偿还的贷款和分期偿还的贷款。一次偿还的贷款是在贷款到期时一次偿还本金，但其利息，根据约定，或在整个贷款期间分期支付，或在贷款到期时一次支付。分期偿还的贷款是指按约定在还款期内分次偿还贷款，还款期结束，贷款全部还清。

小资料

贷款证券化趋向

贷款期限的固定性或相对固定性使贷款必然时刻面对种种风险，如流动性风险、利率风险等。金融创新浪潮的掀起推动着银行千方百计地去寻求避免贷款风险的途径，创新了可变利率贷款、贷款证券化等方式。前者主要是已为人们所熟知的浮动利率贷款等，这里着重说说贷款证券化。

贷款证券化是为解决流动性问题的一种创新。由于信息不对称，一家银行的贷款资产质量很难为另一家银行所了解，例如，虽然 A 银行可以提供关于一笔贷款的全部资料或再加以大量补充说明，但 B 银行仍无法对该笔贷款了解得同 A 银行一样多或差不多，因此贷款资产在银行间很难直接转让。对于期限较长的贷款，即便 B 银行能够基本上了解 A 银行要售出的一笔贷款的质量，它也必须为此付出许多调查、评估等费用，使得贷款转让的交易成本较高。贷款流动性的限制使得银行不敢多放中长期贷款，尤其是类似于住房抵押贷款这样的长期贷款。为鼓励银行发放住房抵押贷款，美国联邦国民抵押贷款协会创造了一个叫作“直达抵押担保证券”的概念，开始发行抵押担保证券。其具体做法是把抵押贷款标准化，这样就可以做成证券的形式，该协会保证购买商业银行的这种证券，即相当于购买银行的抵押贷款。这就为抵押贷款创造了流动性。这一措施极大地激发了银行为住房抵押贷款提供资金的积极性，促进了房地产市场的繁荣。随后，又推出了以其他资产担保贷款为基础的抵押担保证券，使得贷款证券化趋势日益加强。

3. 证券投资

证券投资是指商业银行以其资金在金融市场上购买各种有价证券的业务活动。商业银行进行证券投资的目的主要是增加收益和增强资产的流动性，因此，证券投资的主要对象是信用可靠、风险较小、流动性较强的政府及其所属机构的证券，如公债券、国库券等。至于投资于公司、企业的股票，在实施职能分工型金融体制的国家中，在过去相当长时期内，管理是极为严格的，甚至严禁商业银行涉足此类活动；至于在允许商业银行全能经营的国家中，虽无严格的管理，但不少国家在投资数量上也有限制性的规定。伴随 20 世纪 80 年代以来金融自由化趋势的发展和金融业国际、国内竞争的加剧，很多国家金融体系混业经营已形成大趋势，相应地，各国对商业银行投资的限制也逐渐放松。

4. 租赁业务

租赁是人类社会古老的经济行为，如土地出租、房屋出租，由来已久。但现代的租赁业务，作为银行资产业务的一部分，则只有几十年的历史，20 世纪 50 年代兴起于美国，60 年代在西欧和日本得到广泛普及，现已成为国际性业务。租赁范围小到耐用消费品、办公室设备，大到机器设备、飞机、油轮甚至整座工厂、核电站。租赁业务通常是由独立的或由银行管辖的租赁公司经营。之所以把这种经营归入金融领域，是由于出租人总是要通过不论哪种形式的资金融通才能使自己取得对一定对象的出租权利。

即学即练

单选题

1. 一般情况下，在商业银行各项资产业务中，比重最高的是（　　）。
   A. 贷款业务　　B. 投资业务　　C. 汇兑业务　　D. 表外业务
2. 将贷款分为短期贷款、中期贷款和长期贷款的依据是（　　）。
   A. 形式　　B. 期限　　C. 内容　　D. 是否有担保

6.1.4 商业银行中间业务

中间业务是指商业银行代理客户办理收款、付款和其他委托事项并从中收取手续费的业务。商业银行经营中间业务无须占用自己的资金，大致而言，包括转账结算、信托、汇兑、代理、信用证、担保见证、咨询情报、计算机服务等。现代商业银行不断开拓中间业务的新领域，其收入已成为银行利润的重要组成部分。这里主要介绍转账结算、信托业务、代理业务和银行卡业务。

1. 转账结算

转账结算是商业银行主要的中间业务之一。转账结算又称“非现金结算”或“划拨清算”，是指银行为那些用收取或签发书面的收款或付款凭证代替现金流通来完成货币收支行为的企业和单位提供的服务，即用划转客户存款余额的办法来实现货币收付的业务活动。由于每笔转账结算业务都要涉及收款单位、付款单位和各自开户银行及其他经济往来单位，因此银行、单位和个人，在办理结算中都要共同遵守结算原则和相关规定。只有这样，才能正确处理好各方面的经济关系，使结算业务顺利进行。现行的银行结算方式有汇票、银行本票、支票、汇兑、委托收款和托收承付六种，分别适用于不同地区、不同经济单位、不同性质的商品交易和经济往来之间的资金划拨清算。

2. 信托业务

信托业务也是商业银行重要的中间业务，是指银行以受托人的身份，接受客户委托或授权代客户管理各项财产、资金和遗产，如动产、不动产、存款、有价证券等；或以受托人的身份代客户运用资金或投资于各类资产，如房地产等。银行在开展信托业务中也可提供一般性的投资或咨询服务。由于信托业务运用和管理的是客户的资产，银行在信托业务中仅收取手续费和佣金。

3. 代理业务

代理业务是指商业银行接受单位或个人委托，以代理人的身份，代表委托人办理一些经双方议定的有关业务。在代理业务中，委托人与银行一般必须用契约方式规定双方的权利和义务，包括代理的范围、内容、期限、纠纷的处理，由此形成一定的法律关系。商业银行在代理业务中，向委托人收取一定的报酬。代理业务主要有：

（1）代理收付款业务。如代发工资、代理保险、代理发行国债或企业债券以及代理收付公共事业费等。

（2）代理融通业务。代理融通又称代收账款或收买应收账款，是由商业银行代客户收取应收款项，并向客户提供资金融通的一种业务方式。代理融通业务后来有了进一步发展，已不限于账款的代收，还扩大到贸易融资、信用风险担保等综合性金融服务，又称保理业务。代理融通业务利息收入高，风险相对较小，是一项很有发展潜力的业务。

（3）代理行业务。代理行业务是指商业银行的部分业务由指定的其他银行代为办理的一种业务形式。代理行可以分为两类：一类是国内银行之间的代理，如我国政策性银行的一些业务就是通过商业银行来代理的；另一类是国际银行之间的代理，如我国商业银行在海外的许多业务是通过国外的银行代理的。

4. 银行卡业务

银行卡是由银行发行，供客户办理存取款和转账支付等业务的一种服务工具，包括信用卡、支票卡、记账卡、智能卡等。银行卡是银行业务与科学技术相结合的产物，我国最初的银行卡是 1986 年由中国银行发行的长城卡。

（1）信用卡。信用卡是银行或公司签发的证明持有人信誉良好，可以在指定的商店或场所记账消费，如购买商品、支付劳务，或在指定地点支取现金的一种信用凭证。它是所有银行卡中数量最多的一种，具有“先消费、后付款”的特点。同时，发卡银行通常还为持卡者规定一个透支限额，向持卡者提供延期支付的便利。信用卡实际上是银行向消费者支票账户提供的在一定期限、一定额度内进行透支的权利，是与消费者的支票账户相联系的贷款，一般额度不大，且较稳定。但银行往往会面临客户恶意透支的风险。

（2）支票卡。支票卡又称支票保证卡，是供客户签发支票时证明其身份的卡片，在欧洲比较流行。欧洲支票卡同一般信用卡的区别是它只起证明作用，而无授信功能。卡片上载明客户的账号、签名和有效期。使用时客户要出示卡片，并当着收款人的面签署支票，经检验卡片在有效期内，支票的账号和签名又与卡片相符，银行即可付现；也可给商店支付货款。

（3）记账卡。记账卡是一种可以在与银行电子计算机系统相连的各种终端机上使用的银行卡。它与信用卡的不同之处在于，使用时立即借记往来或储蓄账户，而不能获得银行授信。卡上的磁条或芯片中储存有持卡人的个人密码、开户银行编码、账户信息等。取现或购物时，客户可通过终端机，如售货终端（POS）机，或绑定手机银行，在移动终端上操作，即可以获得现款或直接办理转账。我国现在普遍发展的“借记卡”属于此类。

思考与提升

金融服务实体经济

不论经济发展到什么时候，实体经济都是我国经济发展、在国际经济竞争中赢得主动的根基。习近平总书记指出，我国经济是靠实体经济起家的，也要靠实体经济走向未来。金融作为现代经济的核心，亦是实体经济的血脉，发挥着配置资源要素、调节宏观经济的重要作用。近年来，我国金融机构快速发展，服务实体经济取得积极成效。金融机构在拓展业务的过程中要坚定不移地贯彻以服务实体经济为中心的金融发展理念，拥护各项“脱虚向实”的政策指导，这样才有助于促进新时期金融机构体系的有效运行和金融功能的有效发挥，有助于当前和今后一段时期我国金融机构能够引领中国经济由高速度增长迈向高质量发展。

总结提高：党的二十大报告重申发展是党执政兴国的第一要务，明确指出高质量发展是全面建设社会主义现代化国家的首要任务。金融是现代经济的核心，银行业是我国金融体系的主体。银行业要积极顺应国家发展大势，牢牢把握政策方向，遵循经济发展规律，有序调整服务重点，根据经济高质量发展需求提供更加及时、有效、足额的支持。

6.2 认识中央银行

案例引入

我国的中央银行是中国人民银行。人民银行的历史渊源，可以追溯到第二次国内革命战争时期。1931 年 11 月，在江西瑞金召开的“全国苏维埃第一次代表大会”上，通过决议成立“中华苏维埃共和国国家银行”（简称苏维埃国家银行），并发行货币。从土地革命到抗日战争时期一直到中华人民共和国诞生前夕，人民政权被分割成彼此不能连接的区域。各根据地建立了相对独立、分散管理的根据地银行，并各自发行在本根据地内流通的货币。1948 年 12 月 1 日，以华北银行为基础，合并北海银行、西北农民银行，在河北省石家庄市组建了中国人民银行，并发行人民币，成为中华人民共和国成立后的中央银行和法定本位币。中国人民银行成立至今的 70 多年，特别是改革开放以来，在体制、职能、地位、作用等方面，发生了巨大而深刻的变革，在宏观经济调控中的起到了突出作用。

中国人民银行 1984 年起专门行使中央银行职能。党的十八大以来，以习近平同志为核心的党中央高度重视中央银行工作。习近平总书记指出，“千招万招，管不住货币都是无用之招”“加强金融基础设施的统筹监管和互联互通”“打好防范化解重大风险攻坚战，重点是防控金融风险”“要提高金融业全球竞争能力，扩大金融高水平双向开放，提高开放条件下经济金融管理能力和防控风险能力，提高参与国际金融治理能力”，全面深刻概括了现代中央银行制度的内涵。党的二十大报告立足“构建高水平社会主义市场经济体制”，对“建设现代中央银行制度，加强和完善现代金融监管”做出战略部署，具有重要意义。

请思考：中国人民银行的发展历程体现了中央银行哪些职能？现代中央银行有哪些业务类型？如何理解建设现代中央银行制度？

知识解读

6.2.1 中央银行业务经营原则

中央银行作为一国金融体系的核心和最高管理机构，也有自身的资产负债业务。中央银行在进行这些业务活动时，必须遵守以下几项原则。

1. 非营利性原则

营利是商业银行从事业务活动的目的，而中央银行特殊的地位和作用，决定了中央银行要以调控宏观经济、稳定货币、保证充分就业、为银行和政府服务为己任，是宏观金融管理机构而非营利性金融机构，由此决定了中央银行的一切业务活动都要以此为目的，不能以营利为目标。

2. 流动性和安全性原则

为了保证中央银行的资金可以灵活调度、及时运用，中央银行必须使自己的资产保持最大的流动性和安全性，不能形成不易变现的资产。因为中央银行开展资产业务的目的，首先是向商业银行提供短期周转资金，弥补其资金流动性不足；其次是调节货币供应量，稳定和促进经济发展。这就决定了中央银行不能将其资金占用在投资期限长、风险大的资产上，必须保持资产的流动性和安全性。

3. 公开性原则

中央银行的公开性原则是指定期向社会公布业务与财务状况，并向社会提供有关的金融统计资料。这样做，一方面可以使中央银行的业务活动置于社会公众监督之下，有利于中央银行依法规范其业务活动，确保其业务活动的公平合理性，保持中央银行的信誉和权威；另一方面可以增强中央银行业务活动的透明度，使国内外有关方面及时了解中央银行的政策、意图及其操作力度，有利于增强实施货币政策的告示效应。

即学即练

判断题

1. 中央银行不经营一般银行的业务。　　(　　)
2. 中央银行不以营利为目的。　　(　　)

6.2.2 中央银行负债业务

中央银行的负债是指政府、金融机构、社会公众等持有的对中央银行的债权。中央银行负债业务主要有如下三种：

1. 货币发行业务

货币发行是指中央银行作为国家政府的代表向社会提供流通手段和支付手段，是中央银行对货币持有者的一种负债，构成了中央银行最重要的负债业务。中央银行的货币发行是通过再贴现、贷款、购买有价证券、收购金银及外汇等业务活动，将货币投放市场、注入流通，进而增加社会货币的供应量。货币发行都有法律规定的程序，各国不尽相同，但都是根据各国的中央银行法规定，依据经济发展的进程制定操作程序，以配合货币政策的执行。

小资料

管好“国家的名片”

钞票常被喻为“国家的名片”。《中华人民共和国中国人民银行法》规定，人民币是我国的法定货币，由中国人民银行统一印制、发行。以下是一张人民币作为商品交换媒介的生命全过程。

诞生：人民币体现了艺术与科技的完美结合。说它是艺术品，是因为中国人民银行组织专家精心设计人民币版面，精美的图案、优雅的文字、清晰的线条、柔和的色调，堪称精致的艺术杰作；说它是科技的结晶，是因为中国人民银行利用高新技术印制每张人民币，现行流通的第五套人民币就采用了许多先进的防伪技术。

问世：印制出来的人民币首先被存放在中国人民银行的发行库里，人民银行通过一定程序将人民币调拨到商业银行的业务库里。当商业银行从业务库里调出人民币时，一张张人民币就开始发挥它们的作用。当人们去商业银行提取存款时，人民币就被转移到人们手中，此后，这些钞票就在商业银行和社会公众之间来回辗转、循环往复地流通。

谢幕：人民币被不断使用后，由新变旧，由完整变得残缺，当它再也不能被投入使用时，便被中国人民银行回收，以被销毁的形式谢幕。

2. 准备金存款业务

准备金存款业务是中央银行存款业务中最重要、最主要的业务，它是中央银行资金的重要来源，与存款准备金制度直接相关。准备金存款由两部分组成：一部分是法定准备金存款，即商业银行按照法律规定将吸收存款的一定比率上存中央银行；另一部分为超额准备金存款，即商业银行在中央银行的存款中超过法定准备金的部分。准备金存款业务的主要内容包括：存款准备金比率及其调整幅度的规定、按存款的类别规定准备金比率、按金融机构的信用创造能力不同规定不同比率、规定可充当存款准备金资产的内容、确定存款准备金计提的基础等。

中国人民银行是于 1984 年行使央行职能后开办准备金存款业务的。根据《中国人民银行法》规定，要求银行业金融机构按照规定的比例交存存款准备金。1998 年之前，中国人民银行规定，存款准备金不能用于支付和清算。因此按照规定，金融机构在中国人民银行还要开设一般存款账户，即备付金存款，用于金融机构之间资金收付。1998 年 3 月 21 日起，法定存款准备金和备付金合并为存款准备金，中国人民银行对各类金融机构的存款准备金按旬平均余额计提。

3. 经理国库业务

中央银行作为政府的银行一般会经理国库业务，国家的财政的收入和支出都由中央银行代理。经常的、大量的财政存款构成了中央银行的负债业务之一。这部分存款经财政分配，下拨机关、团体单位作为经费后，形成机关、团体的存款，这部分存款是财政性存款，也是中央银行的负债。两种存款均为中央银行资金的重要来源。

课堂讨论

如何理解中央银行是金融体系的中枢？

6.2.3 中央银行资产业务

中央银行资产业务是中央银行运用货币资金的业务，是调控信用规模和货币供应量的主要手段。与负债业务相同，中央银行的资产业务也是其基本业务之一，主要包括贷款业务、再贴现业务、公开市场业务和国际储备业务。

1. 贷款业务

中央银行贷款业务是指中央银行采用信用放款或者抵押放款的方式，对商业银行等金融机构、政府以及其他部门进行贷款。贷款是中央银行主要的资产业务之一，也是其向社会提供基础货币的重要渠道。

（1）对商业银行贷款。这种贷款称为再贷款，是中央银行贷款的最主要渠道。它是中央银行为了解决商业银行在信贷业务中发生临时性资金周转困难而发放的贷款，是中央银行作为“银行的银行”的具体表现。在国外，再贷款多为以政府债券或商业票据为担保的抵押放款。中央银行通常定期公布贷款利率，商业银行提出申请后，由中央银行对其数量、期限、用途和申请者资信进行审查。

中国人民银行行使中央银行职能以来，再贷款一直是其主要资产业务。目前人民银行对金融机构的再贷款由中国人民银行总行直接对商业银行总行发放。中国人民银行向国内金融机构再贷款多为短期贷款，贷款期限有 20 天以内、3 个月以内、6 个月以内和 1 年期四个档次，中国人民银行向商业银行发放再贷款也是我国实现货币政策目标的重要、间接调控手段。

（2）对政府贷款。这种贷款是在政府财政收支出现失衡时，中央银行向其提供贷款支持的应急措施，多为短期的信用放款。由于这种贷款会威胁货币流通的正常和稳定、削弱中央银行宏观调控的有效性，因而各国法律对此都有严格的时间规定和数量限制。在我国，《中国人民银行法》第二十九条明确规定，中国人民银行不得对政府财政透支，不得直接认购、包销国债和其他政府债券；第三十条规定，中国人民银行不得向地方政府、各级政府部门提供贷款。这样，在法律上限制了政府向人民银行借款的行为。

案例

“最后贷款人”在行动

1987 年 10 月 19 日被称为“黑色星期一”，纽约股市又一次遭遇大崩溃。美国人对 1929 年 10 月的那次股灾还记忆犹新，而这一次，风暴来得更加猛烈——股市一天就丧失了 5 000 亿美元的市值，相当于当年美国国内生产总值的 1/8；全天有超过 6 亿股的股票被抛售，投资者脱手之急迫，几乎到了不顾价格的地步。恐慌四处蔓延，人们的神经异常紧张：大萧条是不是又要来了？在 20 世纪 30 年代的大萧条时期，美联储消极作为，政策不当，饱受批评。

而这一次，美联储的官员们似乎要积极作为，就在 10 月 20 日星期二股市开市之前，上任仅两个月的美联储主席格林斯潘发表声明，要给经济金融体系提供流动性支持，承诺向任何处于困境中的金融机构提供贷款帮助。这一言论明显镇住了市场，股市当日即迅速反弹。在随后的一段时间里，恐慌情绪渐渐散去，市场逐渐有所起色。事后来看，尽管这次冲击造成不小的损失，但美国的经济和金融体系最终闯过一劫。

2001 年 9 月 11 日，美国自珍珠港事件后首次在本土遭受大规模恐怖袭击，纽约世界贸易中心被夷为平地，几千人无辜死伤，全美国各大城市都进行人员疏散，日常工作和生活陷于停顿，美国股市被迫关闭 4 天，经济损失极为惨重，仅给纽约市一地带来的各种直接和间接经济损失就可能超过千亿美元。美国经济此前正在低谷徘徊，此次事件则彻底将其推向衰退的深渊，美国人的信心受到严重打击。在危急关头，美联储积极行动起来：9 月 12 日，通过回购协议向市场注入大笔资金，通过再贴现将货币直接注入银行体系；与此同时劝说商业银行向出现临时性流动性问题的借款人发放专项贷款，并声称美联储将随时准备提供必要的帮助。9 月 17 日清晨，股市重新开盘前，联邦公开市场委员会将联邦基金利率下调 0.5 个百分点。这些政策立竿见影，局势不再继续恶化，金融体系恢复正常运转。尽管美国经济和股票市场随后经历了很长一段时间的低迷，但最终没有出现全国性的危机，经济金融秩序得以维持。美国金融体系再一次经受住了考验。

2．再贴现业务

中央银行的再贴现业务是指商业银行以未到期的商业票据向中央银行申请贴现取得融资的业务。中央银行运用再贴现执行最后贷款人的职能。对于中央银行而言，接受再贴现即为买进商业银行已经贴现的商业票据，付出资金；对于申请贴现的商业银行而言，则为卖出票据，取得资金。

我国的再贴现业务起步较晚。1986 年，中国人民银行颁布了《中国人民银行再贴现试行办法》，同年，中国人民银行上海分行开办了再贴现业务，随后此业务在全国其他城市逐步推开。1994 年 10 月，中国人民银行总行开始办理再贴现业务。

3. 公开市场业务

通过公开市场买卖证券是中央银行重要的资产业务。中央银行买卖证券的目的不是营利，而是调节和控制社会货币供应量，以影响整个宏观经济。当市场需要扩张时，中央银行即在公开市场买入证券，以增加社会的货币供应量，刺激生产；反之则相反。1996 年，中国人民银行开始在我国二级市场买卖短期国债，买卖对象是由人民银行根据条件在参与国债交易的金融机构中选定的一级交易商，主要是采取公开投标方式，进行国债的回购交易。

4. 国际储备业务

国际储备是指各国政府委托本国中央银行持有的国际上广泛接受的各种形式资产的总称。目前国际储备主要由外汇、黄金组成，其中外汇储备是最重要的部分。中央银行经营国际储备是中央银行作为政府的银行这一功能的又一体现。它能起到弥补国际收支逆差、干预外汇市场、维持汇率稳定、增强国际信誉度、增强本国货币的国际信誉的作用。从目前来看，外汇是各国中央银行持有的国际储备中最主要的资产，为了合理解决构成问题，各国中央银行的普遍做法是：努力优化国际储备构成，尤其是注重实现外汇资产的多样化，以争取分散风险、增加收益，同时获得最大的流动性。

课堂讨论

中央银行与财政部门在业务上的往来主要有哪些内容？

6.2.4 中央银行清算业务

中央银行清算业务又称中间业务，即中央银行对各金融机构之间因经营活动而发生的资金往来和债权债务进行了结。它主要有以下内容：

1. 组织同城票据交换

工商企业、事业单位及消费者用票据进行债权债务清偿和支付时，要通过开户银行的转账结算系统实现资金收付。当各银行收到客户提交的票据后，通过票据交换的方式将代收的票据交付款行。所谓票据交换，是指将同一城市中各银行间收付的票据进行当日的交换。参加交换的各银行每日在规定时间内，在交换场所将当日收进的以其他银行为付款行的票据进行交换，这种票据交换的清算一般由中央银行组织管理，集中办理交换业务，结出各机构收付相抵后的差额，其差额通过各商业银行在中央银行的存款账户进行划转清算。

小资料

票据交换所的诞生

18 世纪，英国伦敦的伦巴第街是金融业集中的地区。1773 年，在那里诞生了世界上最早的票据交换所，开创了票据集中清算的先河。1853 年，美国纽约市成立了美国第一家票据交换所，不久，波士顿等城市也成立了这样的机构。巴黎于 1872 年，大阪于 1878 年，柏林于 1887 年也先后成立了票据交换所，票据交换制度在全世界发展起来。

清朝末年，上海旧式的钱庄相当兴盛，钱庄之间代收的票据，采取相互派专人携带汇划账簿到对方钱庄，使用现银清算差额的办法，很不方便。到了 1890 年，上海钱业公会成立了汇划总会，改为使用“公单”，通过汇划总会以“公单”交换和转账结算来清算差额。这是中国早期的票据交换形式，也起到了票据清算中心的作用。20 世纪初期，华商银行增设渐多，但无自己的清算机构，其同业间票据收付是委托钱庄通过汇划总会办理的。1933 年 1 月 10 日，我国第一家票据交换所在上海成立。

2. 办理异地资金汇划

办理异地资金汇划是指办理不同区域、不同城市、不同银行之间的资金转移，如各行的异地汇兑形成各行间异地的债权债务，需要进行跨行、跨地区的资金划转。这种跨地区的资金汇划，必须由中央银行统一办理。一般有两种方法：一是先由各金融机构内部组成联行系统，最后各金融机构的清算中心通过中央银行办理转账结算；二是将异地票据统一集中传至中央银行总行办理轧差头寸的划转。我国的清算通常也采用这两种方法。

通过中央银行的异地资金汇划，减少了各行运送现款的麻烦，加速了资金周转。同时，中央银行还可以通过资金清算业务了解各金融机构的资金营运情况以及全国的资金供求状况，有利于中央银行加强对金融机构的监管，也有利于对货币供求状况和市场货币流通量进行合理的控制和调节。

3. 跨国清算

在国家的对外支付清算和跨国支付系统网络建设中，中央银行也发挥着不可替代的作用。跨国清算是指由于国际贸易、国际投资及其他方面所发生的国际债权债务，借助一定的结算工具和支付系统进行清算，实现资金跨国转移的行为。跨国清算通常是通过各国的指定银行分别向本国的中央银行办理。由两国中央银行集中两国之间的债权债务直接加以抵销，完成清算工作。

单元小结

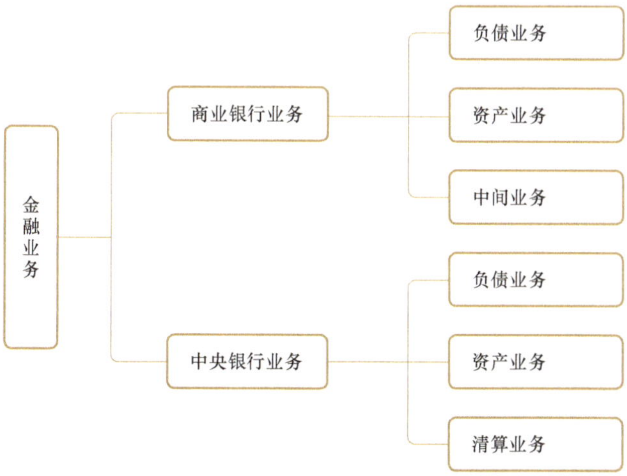

复习思考题

一、单项选择题

1. 商业银行“三性”原则是指效益性、流动性和（　　）。

A. 投资性　B. 投机性　C. 安全性　D. 风险性

2. 1998 年，我国商业银行开始实行（　　）。

A. 资产管理　B. 负债管理

C. 资本管理　D. 资产负债比例管理

3. 现代银行业的鼻祖是（　　）。

A. 中国银行　B. 花旗银行　C. 英格兰银行　D. 汇丰银行

4. 吸收存款是商业银行（　　）业务。

A. 中间　B. 表外　C. 资产　D. 负债

5. 世界公认的央行鼻祖是 1694 年在英国成立的（　　）。

A. 瑞典银行　B. 英格兰银行　C. 威尼斯银行　D. 丽如银行

6. 商业银行不运用或较少运用自己的资产，以中间人的身份替客户办理收付或其他委托事项，为客户提供各类金融服务并收取手续费的业务是（　　）。

A. 资产业务　B. 负债业务　C. 中间业务　D. 信托业务

7. 中央银行资产业务中，（　　）业务的意义在于稳定币值和汇价以及国际收支平衡。

A. 再贷款　B. 再贴现

C. 黄金和外汇储备　D. 证券买卖

8. 中央银行握有证券并进行买卖的目的不是（　　）。

A. 营利　B. 投放基础货币

C. 回笼基础货币　D. 对货币供求进行调节

9. 每张投入市场的纸币是每个持有人对中央银行的（　　）。

A. 债权　B. 债务　C. 负债　D. 交换关系

10. 下列不属于中央银行业务对象的是（　　）。

A. 城市商业银行　B. 政府

C. 股份制商业银行　D. 国有大中型企业

二、多项选择题

1. 商业银行的负债业务有（　　）。

A. 贷款业务　B. 存款业务　C. 借入款业务　D. 投资业务

E. 票据贴现

2. 商业银行的资产业务有（　　）。

A. 贷款业务　B. 存款业务　C. 借入款业务　D. 投资业务

E. 票据贴现

3. 商业银行替客户办理中间业务可能获得的好处有（　　）。

A. 控制企业经营　B. 与客户分成

C. 手续费收入　D. 暂时占用客户的资金

E. 获得稳定的客户，增加其资金来源的稳定性

4. 中央银行的负债业务包括（　　　）。

A. 再贷款　　B. 货币发行

C. 持有有价证券　　D. 集中存款准备金

E. 再贷款

5. 中央银行的资产业务包括（　　　）。

A. 再贷款　　B. 货币发行

C. 持有有价证券及黄金外汇　　D. 集中存款准备金

E. 再贷款

三、问答题

1. 试述商业银行的经营原则以及各原则之间的关系。
2. 商业银行的主要资产业务是什么？
3. 中央银行的主要负债业务是什么？

四、案例分析

1. 某镇政府为了加速经济发展，决定再做一个投资 5 000 万元的大项目，可是资金不足，镇长找到当地农业银行，希望给予贷款。农业银行行长没有表态，因为该镇政府前几年规划的几个工程项目都没成功，欠农业银行几千万元贷款无力偿还，可该镇长却对行长再次表示："反正银行的钱就是国家的钱，不用白不用，再说，即使损失了，银行再多印些钱就行了。"针对上述情况，结合商业银行和中央银行的相关理论回答下面的问题：

问题：（1）你认为银行行长应如何答复？

（2）请说明这样答复的理由。

2. 某人于 2022 年 1 月 5 日将 5 万元存入商业银行，选择了 2 年期的定期存款，即于 2024 年 1 月到期。但在 2023 年 1 月 5 日由于急于购买住房，需要资金，鉴于定期存款未到期支取将视同活期存款，损失很多利息收入，因此，决定不将存款取出，而是先向商业银行申请 1 年期贷款，等存款到期时归还。

问题：上述决定是否合理？试阐述你的理由。（该银行 2022 年 1 月的 2 年期定期存款利率为 2.25%，2023 年 1 月的活期存款利率为 0.3%，2023 年 1 月的 1 年期贷款利率为 4.35%。）

技能实训

加深对商业银行业务的认识

1. 以小组为单位通过实地调查或网络查询的方式完成以下任务：

（1）了解商业银行的个人存款业务种类以及开户要求。

（2）了解工商企业的存款业务种类和开户要求。

（3）了解个人的贷款业务种类和要求。

（4）分析银行信用卡的种类、特点和用途。

2. 根据实训结果形成实训报告。

3. 组织各小组汇报和讨论。

单元 7

盈余和短缺的融通桥梁——认识金融市场

学习目标

【能力目标】

- 能够正确认识并区分不同类型的金融市场。
- 能够结合所学的金融原理对金融市场的现象进行简单分析。
- 能够关注国内外金融市场的资讯和动态。

【知识目标】

- 了解金融市场的概念。
- 掌握金融市场的构成要素、分类。
- 理解金融市场的功能。
- 掌握货币市场、资本市场的含义、特点、类型。

【素质目标】

- 掌握金融市场运作知识，提高专业服务技能，科学服务客户。
- 树立正确的投资理财观念。
- 理解“健全资本市场功能，提高直接融资比重”的政策精神。

单元引例

健全资本市场功能，更好服务实体经济和投资者

近几十年，特别是党的十八大以来，我国资本市场改革发展取得重大进展，市场规模跃居世界前列，市场结构大幅改善，市场韧性和活力全面增强。其中一个重要的经验就是，走出了一条既遵循资本市场一般规律又具有中国特色的发展之路。

党的二十大报告明确提出要“健全资本市场功能，提高直接融资比重”。健全资本市场功能，

形成适应不同类型、不同发展阶段企业差异化融资需求的多层次资本市场体系，增强服务的普惠性，是提高直接融资比重的关键；反过来讲，提高直接融资比重、拓宽资金包容度和覆盖面，也是打造高质量可持续发展的资本市场、强化其功能发挥的必然要求和最终结果。健全资本市场功能，最重要的一步就是强化资本市场的资源配置功能，坚持金融服务实体经济的宗旨。而发展直接融资可将不同风险偏好、期限的资金更为精准高效地转化为资本，促进要素向最具潜力的领域协同集聚，提高要素质量和配置效率，推动产业基础高级化、产业链现代化。

另外，健全资本市场功能，还要更好发挥其财富管理功能。党的二十大报告强调，“依法规范和引导资本健康发展”。这一要求有利于推动市场形成稳定清晰的预期，为各类资本合规发展释放出更大空间。A 股投资者数量已突破 2 亿，资本市场改革发展稳定关乎着亿万家庭的切身利益。加快投资端改革步伐，使中长期资金“愿意来、留得住”，激发市场活力，满足广大人民群众财富管理需求，持续强化投资者合法权益保护。

接下来我们将从金融市场的概念和功能入手，分析金融市场的构成要素，探讨货币市场和资本市场的基本特征及其主要构成内容。

7.1 你了解金融市场吗

案例引入

党的二十大报告提出，“深化国资国企改革，加快国有经济布局优化和结构调整，推动国有资本和国有企业做强做优做大，提升企业核心竞争力”。资本市场近年来已成为推动国企改革的重要平台，未来将在深化国资国企改革中发挥更大作用。

党的二十大报告提出，“优化民营企业发展环境，依法保护民营企业产权和企业家权益，促进民营经济发展壮大。完善中国特色现代企业制度，弘扬企业家精神，加快建设世界一流企业。支持中小微企业发展”。小微企业是发展的生力军、就业的主渠道、创新的重要载体。一直以来，我国高度重视小微企业发展，出台一系列金融政策为小微企业纾困，特别是多层次资本市场精准滴灌小微企业，助力经济高质量发展。

党的二十大报告提出，“完善支持绿色发展的财税、金融、投资、价格政策和标准体系，发展绿色低碳产业，健全资源环境要素市场化配置体系，加快节能降碳先进技术研发和推广应用，倡导绿色消费，推动形成绿色低碳的生产方式和生活方式”。资本市场作为优化金融资源配置的重要平台，积极落实“双碳”战略部署，推动资本流向低碳经济行业，并已取得一系列显著进展。

党的二十大报告提出，“建设现代化产业体系”。其中，“推动战略性新兴产业融合集群发展，构建新一代信息技术、人工智能、生物技术、新能源、新材料、高端装备、绿色环保等一批新的增长引擎”被列为重要一项。资本市场天然具有发现价值、培育价值、实现价值的基本属性，可以在落实国家产业战略上持续发力，通过其价值判断的独特视角，促进服务战略性新兴产业融合集群发展。

请思考：什么是金融市场？上述政策内容反映了我国现行金融市场的哪些种类？金融市场有哪些功能？金融市场又是如何运作的？

知识解读

金融市场是现代经济体系的一个重要组成部分，像其他商品市场一样由供求双方和交易对象组成。股票、债券、外汇、期货这些金融工具构成了市场上的特殊商品，政府、企业、家庭和个人以及各种金融机构是这个市场上的交易主体。从依靠股票的发行修建世界上第一条铁路起，金融市场在日益发达的经济社会中所起的作用便越来越大。

7.1.1 金融市场的概念

金融市场是指以金融资产为交易对象而形成的资金供应者和资金需求者进行资金融通的场所。其含义有广义和狭义之分：广义的金融市场是指金融机构与客户之间、各金融机构之间、客户与客户之间所有以资金商品为交易对象的金融交易，包括存款、贷款、信托、租赁、保险、票据抵押与贴现、外汇、债券买卖等全部金融活动；狭义的金融市场一般限定在以票据和有价证券为交易对象的融资活动范围之内。金融市场可以是在固定场所进行交易的各种融资活动，也可以是没有固定场所，由参加交易者利用电子通信技术手段进行联系洽谈而完成融资交易。只要在一定区域进行各种金融产品的买卖行为或过程都应视为金融市场的业务。

金融市场是商品经济高度发展的产物，也是信用制度发展到一定程度的结果。金融市场产生的基础是信用及其制度，而信用制度的形成与发展是与商品经济的发展紧密相连的，可以说是商品经济发展的直接结果。

7.1.2 金融市场的构成要素

金融市场构成要素

一个较完善的金融市场一般包括以下基本要素：

1. 金融市场业务活动的参加者

金融交易同其他交易一样要有交易双方，即货币资金的供应者和需求者，也就是金融市场业务活动的参加者，一般有企业、金融机构、政府、个人、国外投资者和中央银行。

（1）企业。企业是金融市场运行的基础，也是整个经济活动的中心，金融市场活动的其他参加者都与企业有着密不可分的联系。金融市场又是企业筹集和运用资金的最好场所，当企业资金有盈余时，可以利用金融市场进行投资，并视其资金闲置时间长短选择不同的信用工具，或投资于货币市场或投资于证券市场取得收益；当企业资金不足需要筹措资金时，企业可以从金融市场上取得资金，或是持未到期的商业票据到银行办理贴现，或是以企业财产和各种有价证券做抵押到银行办理抵押贷款，或是在证券市场上发行股票和债券。金融市场成为企业筹集各种资金，运用闲置资金进行金融投资的理想场所。

（2）金融机构。金融机构是金融市场运行的主导力量。商业银行是金融市场上资金的最大供应者，除了为客户提供各种贷款与票据贴现外，也对有价证券进行投资；同时商业银行也通过吸收存款以及发行金融债券、定期存单等形式筹集资金，成为资金的需求者。而各类专业银行则通常是通过发行股票、债券的方式筹集资金，除一部分用于专门的放款外大部分用于有价证券投资。其他金融机构也通过各种方式从金融市场筹集资金或者向金融市场供给资金。

（3）政府。政府在金融市场上首先是资金的需求者。政府为了弥补财政赤字或刺激经济增长，利用国家信用工具来筹措资金，在短期金融市场上发行短期政府债券——国库券，在长期金融市场上发行公债券等。由于政府债券的大量发行，每个银行、企业及个人都或多或少地拥有国债，因此政府部门对金融市场影响很大并在金融市场上占有重要的地位。

政府也是资金的供给者。它通过地方财政、国有企业等公共部门向民间特定的领域和政策性金融机构提供稳定资金，来调整经济结构或影响整个经济活动的规模。尽管财政资金的投放有时不通过金融市场进行，但财政资金的供应可以改变金融市场上的资金供求关系，因此政府仍然可以认为是金融市场的资金供给者之一。

（4）个人。个人主要是金融市场的资金供给者。个人的货币收入大于支出的部分可以在金融市场上用于各种投资。他们可以根据投资目的不同而选择不同的金融资产。如有的人投资以安全性为第一选择，就会购买国债或信誉卓著的公司股票和债券，这些证券风险小但利率也较低；有的人投资目的是获取高额利息或红利收入，则可以选择股票或一些低级债券，同时承担的风险也较大；有些人的资金闲置时间很短，可以投资于短期的国库券、存单或活期存款这些资产，利率低但变现性很强。

个人也是金融市场上的资金需求者。当个人收入或储蓄不足，在购买汽车、住房发生资金困难时，也可以从金融市场上通过消费贷款而取得资金，以实现自己的消费行为。

（5）国外投资者。随着金融市场向着国际化方向发展，国外投资者在各国金融市场进行筹资和投资的需求越来越大，这部分资金的流出或流入对金融市场产生重大影响。

（6）中央银行。中央银行是商业银行最后贷款人，通过再贷款与再贴现的方式解决商业银行放款来源的不足；同时它还通过公开市场操作在金融市场上购入和出售有价证券，扮演资金供应者与需求者的双重角色。当然在这些活动中，中央银行更重要的是以资金供求的调节者和金融市场的管理者身份出现的。

2. 金融市场的交易对象

如果参加者是金融市场主体，那么交易对象就是金融市场的客体。金融市场的交易对象是货币资金，作为特殊商品的货币资金是以金融工具的形式出现的。无论是银行的存贷款，还是证券市场上的证券买卖，最终都要实现货币资金的转移，但这种转移在多数情况下只是货币资金使用权的转移，而不是所有权的转移。这与商品市场上作为交易对象的商品的转移不同，在商品的交易中，不仅商品的使用权要发生转移，而且所有权也要从卖者手中转移到买者手中，使用权的转移要以所有权的转移为前提。一个健全、完善的金融市场，能够向参加者提供众多的可供选择的金融资产和金融工具，从短期的票据到国库券再到长期的公债、公司债券和股票等一应俱全，以满足参加者各种不同的需求。

3. 交易价格

在金融市场上，交易对象的价格就是货币资金的价格。具体来说，在借贷市场上，借贷资金的价格就是借贷利率；而在证券市场上，资金的价格较为隐蔽，直接表现出的是有价证券的价格，从这种价格反映出货币资金的价格；至于外汇市场，汇率反映了货币的价格，其中，直接标价法反映外币的价格，而间接标价法反映本币的价格；在黄金市场上，一般所表现的交易价格是黄金的货币价格，如果反过来，就显示出单位货币的黄金价格。

即学即练

单选题

1. 金融市场的交易主体是（　　）。

A. 金融工具　　B. 货币资金　　C. 利率　　D. 参与者

2. 金融市场的交易载体是（　　）。

A. 货币资金　　B. 利率　　C. 金融工具　　D. 投资主体

3. 金融市场的交易客体是（　　）。

A. 货币资金　　B. 利率　　C. 金融工具　　D. 筹资主体

7.1.3 金融市场的种类

金融市场的构成十分复杂，它是由许多不同的市场组成的一个庞大体系。

1. 按地理范围不同，可分为国际金融市场与国内金融市场

（1）国际金融市场。国际金融市场是由经营国际货币业务的金融机构组成的，其经营内容包括资金借贷、外汇买卖、证券买卖和资金交易等。

（2）国内金融市场。国内金融市场由国内金融机构组成，办理各种货币、证券及金融业务活动。它又分为城市金融市场和农村金融市场，或者分为全国性、区域性、地方性的金融市场。

2. 按经营场所不同，可分为有形金融市场与无形金融市场

有形金融市场是指有固定场所和操作设施的金融市场；无形金融市场是指以营运网络形式存在的市场，通过电子电信手段达成交易。

3. 按交易性质不同，可分为发行市场与流通市场

发行市场，也称一级市场，是新证券发行的市场，它可以增加公司资本；流通市场，也称二级市场，是已经发行、处在流通中的证券的买卖市场，不会增加资本，只是在不同的股东之间流通。

4. 按交易对象不同，分为货币市场、资本市场、外汇市场、黄金市场和金融合约市场

（1）货币市场。货币市场是指融资期限在 1 年以内的金融交易市场，是金融市场的重要组成部分。货币市场就其结构而言，可分为票据贴现市场、短期债券市场、银行间同业拆借市场、回购市场、可转让大额存单市场和共同基金市场等。

（2）资本市场。资本市场主要是指进行长期资金交易的场所，包括证券市场和长期借贷市场。在证券市场上，交易的工具主要是股票、债券、投资基金。

（3）外汇市场。外汇市场是指由外汇需求者与外汇供给者以及中介机构所构成的买卖外汇的场所或交易网络。在外汇市场上，既可以进行本币与外币之间的买卖，也可以进行以一种外币兑换成另一种外币，即不同币种的外币间的买卖。外汇市场是国际金融市场的一个重要组成部分，并且与其他金融市场存在着种种密切关系。例如，国际货币市场的借贷业务、国际资本市场上的投资活动以及黄金市场上的各种交易都离不开外汇买卖。外汇市场的参与者有经营外汇业务的外汇银行、接洽外汇买卖的外汇经纪人、从事外币有价证券买卖的证券公司、买卖外汇的进出口公司及个人、负责监管的中央银行。

（4）黄金市场。黄金市场是集中进行黄金买卖和金币兑换的交易中心或场所。由于目前黄

金仍是各国进行国际储备的工具之一，在国际结算中占据重要的地位，因此，黄金市场仍被看作金融市场的一个重要的组成部分。国际黄金市场是世界各国集中进行黄金交易的交易场所，目前世界上主要的黄金市场有英国伦敦、美国纽约和芝加哥、瑞士苏黎世、中国香港和上海等。世界范围的黄金交易可以在一天 24 小时内不停地进行。

小资料

国际黄金市场

1．英国伦敦黄金市场

伦敦黄金市场是世界上最大的黄金市场之一。1804 年，伦敦取代荷兰阿姆斯特丹成为世界黄金交易的中心。1919 年伦敦金市正式成立，每天进行上午和下午的两次黄金定价。由五大金行定出当日的黄金市场价格，该价格也影响着美国纽约和中国香港的黄金交易。市场黄金的供应者主要是南非。1982 年以前，伦敦黄金市场主要经营黄金现货交易，1982 年 4 月，伦敦期货黄金市场开业。

2．瑞士苏黎世黄金市场

苏黎世黄金市场是第二次世界大战后发展起来的国际黄金市场。瑞士特殊的银行体系和辅助性的黄金交易服务体系为黄金买卖提供了一个既自由又保密的环境，加上瑞士与南非也有优惠协议，获得了 80% 的南非金，且当时苏联的黄金也聚集于此，使瑞士不仅成为世界上新增黄金的最大中转站，也成为世界上最大的私人黄金的存储中心。

3．美国纽约和芝加哥黄金市场

纽约和芝加哥黄金市场是 20 世纪 70 年代中期发展起来的，其发展的主要原因是 1977 年后，美元贬值，美国人（主要是以法人团体为主）为了套期保值和投资增值获利，使得黄金期货迅速发展起来。目前纽约商品交易所和芝加哥商品交易所是世界最大的黄金期货交易中心，两大交易所对黄金现货市场的金价影响很大。

4．中国香港和上海黄金市场

香港黄金市场已有 90 多年的历史，其形成是以香港金银业贸易场的成立为标志的。1974 年，中国香港政府撤销了对黄金进出口的管制，此后香港金市发展极快。由于香港黄金市场在时差上刚好填补了纽约、芝加哥市场收市和伦敦开市前的空档，可以连贯亚洲、欧洲、美洲，形成完整的世界黄金市场，其优越的地理条件引起了欧洲金商的注意，伦敦五大金商、瑞士三大银行等纷纷来中国香港设立分公司。他们将在伦敦交收的黄金买卖活动带到中国香港，逐渐形成了一个无形的当地“伦敦金市场”，促使中国香港成为世界主要的黄金市场之一。

2014 年 9 月上海黄金交易所（简称上金所）启动国际板，成为中国黄金市场对外开放的重要窗口；2016 年 4 月发布全球首个以人民币计价的黄金价格“上海金”，有效提升了我国黄金市场的定价影响力。近年来，上交所响应国家“一带一路”倡议，搭建“黄金之路”，积极落实与沿线国家、地区黄金市场的全方位对接和战略合作，中国黄金市场的竞争力及影响力日益增强。目前，上金所黄金交易量、实物交割量均居全球交易所市场前列。

（5）金融合约市场。金融合约市场是指以特殊的金融合约为交易对象的市场，所交易的金融合约主要包括期货合约、期权合约、互换合约等。保险市场也应属于金融合约市场，因为保险市场是以保险单和年金的发行与转让为交易对象的场所，而保险单（即保险合同）实际上是一种特殊的金融合约。

除此之外，按照融资方式不同，金融市场可以分为直接融资市场和间接融资市场；按照交割的时间不同，金融市场可以分为现货市场和期货市场。

7.1.4 金融市场的功能

1. 积累功能

在社会总储蓄向总投资的转化过程中，金融市场充当了这种转化的中介。在社会资金的供给者与需求者之间、资金供求的时间之间、资金数量之间和供求方式之间，往往难以取得一致。金融市场的介入，通过直接融资和间接融资方式，使社会资金流动成为可能。对于资金需求者，可以通过在金融市场上发行金融工具的办法募集大量资本；对于资金供给者，可以通过在金融市场上购买各种金融工具的方式提供资金，使得大量闲置的资金得以集中和有效利用。功能完善的金融市场可以使资金的需求者方便、经济地获得资金，使资金供给者获得满意的投资渠道，从而实现社会储蓄向投资转化的目的。

2. 配置功能

在金融市场上，随着金融工具的流动，带动了社会物质资源的流动和再分配，将社会资源由低效率部门向高效率部门转移。市场信息的变化、金融工具价格的起落，都给人以启示，引导人们放弃一些金融资产而追求另一些金融资产，使资源通过金融市场不断进行新的配置。随着资源的配置，金融市场上的风险也在发生新的配置，风险和收益并存，有的人在转让风险追求安全的同时，也就转让了收益；另一些人在获得更高收益的同时，也承担了更高的风险。

3. 调节功能

在微观方面，人们对金融工具的选择，实际是对投融资方向的选择，由此对运用资金的部门加以区分。这种选择的结果必然产生优胜劣汰的效应。金融市场参与者的不断自我完善，实现了调节经济结构的目的。在宏观方面，政府通过金融市场实施和传导货币政策、财政政策，从而实现对国民经济的调控。

4. 反映功能

金融市场是国民经济的“晴雨表”。股票、债券、基金市场的每日交易行情变化，能够为投资者判断投资机会提供信息；金融交易能够直接、间接地反映货币供应量的变动情况；金融市场上每天有大量专业人员从事信息情报的研究分析工作，及时了解上市公司的发展动态；发达的通信网络和信息传播渠道将全球金融市场连接在一起，能够及时了解世界经济发展和行情变化。

7.2 投资理财的主战场——资本市场

案例引入

股民小李在2006年的大牛市中，资金已实现了翻倍。2007年年初，股市又涨了许多，小李的大姨和小姨从来没有碰过股票，但听到股市可以让资金翻倍，于是各拿出一笔积蓄让小李帮忙买股票。小李大姨的女儿快要结婚了，大姨希望能陪嫁一辆车，本来车款准备了 18 万元，她盘算着反正还有一年多的时间，如果钱能翻倍，就可以买辆更好的。相比之下，小李的小姨就盲目得多，随便拿出一笔闲钱来，说“练练手，反正也没啥用”。

2007 年 3 月 16 日，小李帮大姨和小姨选择了一只股票，一个月后该只股票上涨了 20.3%，她们高兴坏了。这时小姨的儿子小王看到母亲挣钱这么容易，于是拿着向亲友借来的用于买房首付的钱炒股，刚开始一买就涨，小王高兴极了。

这时，小李看到股价有滞涨现象，就竭力劝说亲友注意风险，但在利润面前，小李的劝说显得苍白无力，对此，小李只有沉默。到了 10 月份，股市从 6124 点开始一泻千里，直至 2008 年下半年的 1664 点。到了 2008 年 9 月，大姨心里实在受不住了，无奈地割肉离开了股市，并发誓再也不投资了。小姨一直没有动，到了 2009 年还有意外之喜。而小王无奈地背上了一身债，只想利用手头剩下的一点钱翻本。

请思考：这个案例反映的是资本市场的什么特点？在资本市场投资需要注意什么问题？资本市场还有哪些其他的类型？与股票市场相比有什么异同？

知识解读

7.2.1　资本市场的含义及特点

资本市场是指融资期限在 1 年以上的长期资金交易市场。与货币市场相比，资本市场的特点主要有：

（1）融资期限长。至少在 1 年以上，也可以长达几十年，甚至无到期日。

（2）流动性较差。在资本市场上筹集到的资金多用于解决中长期融资需求，因此流动性和变现性相对较弱。

（3）风险大而收益较高。由于融资期限较长，发生重大变故的可能性较大，市场价格容易波动，投资者需要承受较大的风险。同时，作为对风险的报酬，其收益也较高。

7.2.2　资本市场的内容

在资本市场上，资金供应者主要是银行、保险公司、信托投资公司、各种基金公司和个人投资者，资金需求方主要是社会团体、政府机构、企业等。资本市场主要包括证券市场和长期借贷市场。其中，证券市场又包括发行市场和流通市场两部分，其各自的交易方式均不相同。在证券市场上，交易对象主要是股票、债券、投资基金，它们的交易及运行机制各不相同，下面以证券市场为主介绍资本市场的有关内容。

7.2.2.1　股票市场

迄今为止，资本市场的最大组成部分是股票市场。

1．股票的发行市场

股票的发行市场又称作一级市场，是指股份公司向社会增发新股的市场，包括公司初创期发行的股票和增资扩股所发行的股票。一级市场的整个运作过程通常由咨询与准备、认购与销售两个阶段构成。

（1）咨询与准备。咨询与准备是股票发行的前期准备阶段，发行人（公司）须听取投资银行的咨询意见并对一些主要问题做出决策，主要包括选择发行方式、选定作为承销商的投资银行或证券公司、准备招股说明书、路演、确定发行价格五个方面。发行公司着手完成准备工作之后，即可按照预定的方案发售股票。

1）选择发行方式。股票发行的方式一般可分为公募发行和私募发行两类。

公募发行是指面向市场上大量的非特定的投资者公开发行股票。其优点是：可以扩大股票的发行量，筹资潜力大；无须提供特殊优厚的条件，发行者具有较大的经营管理独立性；股票可在二级市场上流通，从而提高发行者的知名度和股票的流通性。其缺点则表现为工作量大，难度也大，通常需要承销者的协助，发行者必须向证券管理机关办理注册手续，必须在招股说明书中如实公布有关情况以供投资者做出正确决策。

私募发行是指只向少数特定的投资者发行股票，其对象主要有个人投资者和机构投资者两类，前者如使用发行公司产品的用户或本公司的职工，后者如大型金融机构或与发行者本人有密切业务往来关系的公司。私募发行具有节省发行费用、通常不必向证券管理机关办理注册手续、有确定的投资者从而不必担心发行失败等优点，但也有需要向投资者提供高于市场平均条件的特殊优厚条件、发行者的经营管理容易受干预、股票难以转让等缺点。

2）选定作为承销商的投资银行或证券公司。公开发行股票一般都通过投资银行来进行，投资银行的这一角色称为承销商。许多公司都与某一特定承销商建立起牢固的关系，承销商为这些公司发行股票而且提供其他必要的金融服务。在我国，承销商的职能由证券公司来承担。

3）准备招股说明书。招股说明书是公司公开发行股票的书面说明，是投资者了解和准备购买股票的依据。招股说明书必须包括财务信息、公司经营历史的陈述、高级管理人员的状况等。

4）路演。“路演”一词译自英文“Road Show”，是国际上广泛采用的证券发行推广方式，是指证券发行商发行证券前针对机构投资者的推介活动，是在投融资双方充分交流的条件下促进股票成功发行的重要推介、宣传手段。路演的主要形式是举行推介会，在推介会上，公司向投资者就公司的业绩、产品、发展方向等做详细介绍，充分阐述上市公司的投资价值，让准投资者深入了解公司的具体情况，并回答机构投资者关心的问题。随着网络技术的发展，这种传统的路演也逐渐搬到了互联网上，出现了网上路演，即借助互联网的力量来推广。网上路演现已成为上市公司展示自我的重要平台和推广股票的重要方式。

5）确定发行价格。发行公司和承销商可以将路演时投资者的关注度作为一个参考，并结合多种因素来考虑发行价格。确定发行价格是一级市场的关键环节。如果定价过高，会使股票的发行数量减少，进而使发行公司不能筹到所需资金，股票承销商也会遭受损失；如果定价过低，则承销商的工作会更容易，但发行公司却会蒙受损失。确定发行价格有平价、溢价、折价三种方式。平价发行是以股票票面所标明的价格发行；溢价发行就是按超过票面金额的价格发行；折价发行就是按低于票面金额的价格发行。

（2）认购与销售。发行公司着手完成准备工作之后，即可按照预定的方案发售股票。对于承销商来说，其销售股票的方式有以下几种：

1）全额包销。承销商买下全部股票，再按发行价推销，手续费高，承销机构风险最大。

2）余额包销。承销商将在规定期间内未销售出去的股票全部买下。

3）代销。在发行期间，承销商尽力销售，未销售出去的股票由发行人自行处理。此种方式承销商承担的风险最小，因此收取的佣金最低。

2. 股票的流通市场

股票的流通市场也称交易市场、二级市场，是不同的投资者之间买卖已发行的股票所形成的市场。二级市场可以分为有组织的证券交易所和场外交易市场。

（1）证券交易所。证券交易所是由证券管理部门批准的，为证券的集中交易提供固定场所和有关设施并制定各项规则以形成公正合理的价格和有条不紊的秩序的正式组织。交易所是一个有组织、有固定地点、交易制度严格、集中进行竞价成交的场所。股份公司符合一定条件，其公开发行的股票可以在证券交易所挂牌交易，也称为“上市”。

交易所本身并不参与证券的买卖，也不决定证券的交易价格，只是提供一个有组织的集中交易场所，并制定交易制度。我国内地目前有三家证券交易所，分别是上海证券交易所、深圳证券交易所和北京证券交易所。

学中做，做中学

北京证券交易所（简称北交所）于 2021 年 9 月 3 日注册成立，是经国务院批准设立的我国第一家公司制证券交易所，受中国证监会监督管理。其经营范围是依法为证券集中交易提供场所和设施、组织和监督证券交易以及证券市场管理服务等业务。2021 年 9 月 2 日，习近平总书记在 2021 年中国国际服务贸易交易会全球服务贸易峰会上的致辞中宣布：“我们将继续支持中小企业创新发展，深化新三板改革，设立北京证券交易所，打造服务创新型中小企业主阵地。”这是对资本市场更好服务构建新发展格局、推动高质量发展做出的新的重大战略部署，是实施国家创新驱动发展战略、持续培育发展新动能的重要举措，也是深化金融供给侧结构性改革、完善多层次资本市场体系的重要内容，对于更好发挥资本市场功能作用、促进科技与资本融合、支持中小企业创新发展具有重要意义。

学中做：请收集整理北交所上市公司数量、种类、资产等相关资料。

做中学：以北京证券交易所为例，说明金融市场的四个功能。

（2）场外交易市场。场外交易是相对于证券交易所交易而言的，凡是在证券交易所之外的股票交易活动都可以称为场外交易。场外交易与交易所交易相比，没有固定的集中场所，无法实行公开竞价，其价格是通过协商达成的。场外交易受到的管制少，灵活方便，因而能够为中小型及具有潜质的公司股票提供交易渠道。

小资料

美国纳斯达克市场

纳斯达克，即全美证券交易商协会自动报价系统（National Association of Securities Dealers Automated Quotations，NASDAQ），是全球第一个电子化的场外交易报价市场，也是全球最成功的创业板市场。主要扶植处于成长期的高科技企业，其上市标准低于主板市场。纳斯达克指数是反映纳斯达克市场行情变化的股票价格平均指数。纳斯达克的上市公司涵盖所有新技术行业，包括软件和计算机、电信、生物技术、零售和批发贸易等。我们所熟知的微软公司就是通过纳斯达克上市的。

课堂讨论

谈谈我国股票市场的发展现状并给出进一步完善的建议。

7.2.2.2 债券市场

债券是投资者向政府、公司或金融机构提供资金的债权债务合同，该合同载明发行者在指定日期支付利息并在到期日偿还本金的承诺，其要素包括期限、面值与利息、税前支付利息、求偿等级、限制性条款、抵押与担保及选择权（如赎回与转换条款）。

债券市场是一种直接融资的市场，即不通过银行等金融机构的信用中介作用，资金的需求者与资金的供给者，或者说资金短缺者与资金盈余者直接进行融资的市场。

1. 债券的发行

债券的发行按其发行方式和认购对象，可分为私募发行与公募发行。私募发行是指面向少数特定投资者的发行，一般来讲，私募发行的对象主要有两类，一类是有所限定的个人投资者，另一类是指定的机构投资者；公募发行是指公开向社会非特定投资者的发行，充分体现公开、公正的原则。

按其有无中介机构协助发行，债券的发行可分为直接发行与间接发行。直接发行是指债券发行人直接向投资人推销债券，而不需要中介机构进行承销；间接发行是指发行人不直接向投资者推销，而是委托中介机构进行承购推销。

按其定价方式，债券的发行又可分为平价发行、溢价发行和折价发行。平价发行即债券的发行价格与票面金额相一致；溢价发行即债券的发行价格高于票面金额；折价发行即债券的发行价格低于票面金额。

在债券发行过程中，除了要确定发行方式、承销方式外，还必须确定发行利率及发行价格，这也是债券发行市场的重要环节。

2. 债券的流通

债券在二级市场上的交易，主要有三种形式，即现货交易、期货交易和回购协议交易。

债券的现货交易是指买卖双方根据商定的付款方式，在较短的时间内进行交割清算，即卖者交出债券，买者支付现金。现货交易按交割时间的安排又可以分为三种：即时交割，即于债券买卖成交时立即办理交割；次日交割，即成交后的第二天办理交割；限期交割，即于成交后限定几日内完成交割。

债券的期货交易是指买卖成交后，买卖双方按契约规定的价格在将来的指定日期（如 3 个月、6 个月以后）进行交割清算。进行债券的期货交易，既可以为了回避和转嫁风险，实现债券的套期保值，也可以是一种投机交易，同时要承担较大的风险。

债券的回购协议交易是指债券买卖双方按预先签订的协议，约定在卖出一笔债券后一段时期再以特定的价格买回这笔债券，并按商定的利率付息。这种有条件的债券交易形式实质上是一种短期的资金借贷融通。这种交易对卖方来讲，实际上是卖现货买期货，对买方来讲，则是买现货卖期货。

思考与提升

证券公司基础工作岗位

（1）客户经理。对于证券公司而言，最基本的一线营销人员就是客户经理。证券公司的业务活动能否成功地推进，客户经理的作用十分关键。所谓证券公司客户经理，是指接受证券公司的聘用，从事客户招揽和客户服务等活动的证券公司营销人员。

（2）证券经纪。证券经纪业务是证券公司最基本的一项业务，也是多数证券公司主要的利润来源。成功的经纪业务开拓，既可以提高证券公司的利润，又可以塑造证券公司良好的品牌形象。

问题讨论：从事证券公司基础工作岗位应该具有哪些职业素养？

总结提高：①主动热情，爱岗敬业。业务人员必须凭着爱心与信任，主动热情、积极为客户服务，帮助客户分析市场行情。要热爱自己的事业，充分了解客户需求与投资目的，储备充分的业务知识，用主动热情的服务态度、周到细致的业务讲解，取得客户信任，传播公司信誉。②吃苦耐劳，阳光服务。业务人员要勇于克服困难，不怕挫折，诚恳对待客户，从客户实际需求出发，客观公正地介绍产品，遵规守法，做到清正廉洁，守住底线。③周到严谨，耐心细致。投资理财中，风险与收益并存，业务人员必须具备较强的专业知识，时刻注意风险提示，树立周到、严谨、耐心、细致的工作作风。

7.2.2.3　证券投资基金市场

证券投资基金是指通过发行基金股份（或收益凭证），将投资者分散的资金集中起来，由专业管理人员分散投资于股票、债券或其他金融资产，并将投资收益分配给基金持有者的一种金融中介机构。证券投资基金市场同样可以分为发行市场和流通市场两个层次。

1. 基金的发行市场

基金的发行市场主要从事基金的发行和认购，二者是同时进行的。无论是封闭型基金还是开放型基金，初次发行总额都要分成若干等额份数（即股份化），每份就是一个基金单位（或称 1 股）。如果某投资基金初次发行总额 1 亿元分为 1 亿份，那么每个基金单位（或每股）面值就为 1 元。但其价格不一定是 1 元，发行价往往是面值加 2% 左右的手续费，之后的价格依赖其每份净资产或市场供求状况变化。在基金的发行市场上，从投资者角度来说就是认购基金券：①认购开放型基金。开放型基金虽然总额变动，但初次发行时也要设定基金发行总额和发行期限，只有在 3 个月以后才可能允许赎回和续售。②认购封闭型基金。对于封闭型基金，除规定了发行价、发行对象、申请认购方法、认购手续费、最低认购额外，还规定了基金的发行总额和发行期限。发行总额一经售完，不管是否到期，基金都要进行封闭，不再接受认购申请。

2. 基金的流通市场

基金的流通原则上与股票流通相似，但开放型基金的二级市场与股市有较大区别。在基金初次发行完毕后，持有基金券的投资者希望卖出基金变现，持有现金的投资者希望买进基金投资，这些都要在证券二级市场实现。对封闭型基金而言，基金成立 3 个月后基金公司就会申请基金上市（在证交所挂牌交易），此后基金券的买卖都像股票买卖一样在二级市场委托证券公司代理，其价格由市场供求决定，大家竞价买卖。但是，对开放型基金而言，基金券的流通乃是基金经理公司赎回或再次发行的行为。它的二级市场一般就是指定的柜台或交易网点，交易的价格等于基金单位净值加上或减去申购赎回费用。

延伸阅读 赋能经济高质量发展，中国特色现代资本市场将精准发力

党的二十大报告提出，“高质量发展是全面建设社会主义现代化国家的首要任务”“坚持把发展经济的着力点放在实体经济上”。资本市场深改持续推进，高质量发展迈出坚实步伐。2022 年 11 月以来，个人养老金投资公募基金规则落地，之后步入实施；支持央企发行科技创新公司债 14 条举措出台，引导金融资源加快向科技创新领域聚集；公司债注册制改革迎进一步深化，推动交易所债市高质量发展；高质量建设区域性股权市场“专精特新”专板指导意见出台，补齐资本市场支持科技创新结构性短板。随着我国经济进入高质量发展阶段，支持高水平科技自立自强，助力建设现代化产业体系，促进科技、资本和实体经济高水平循环，增加居民财产性收入，都需要加快建设中国特色现代资本市场，提高资源配置效率，强化对重点领域融资支持，为实体经济精准赋能。

7.3 资本市场的孪生兄弟——货币市场

案例引入

小宋是做生意的，平时要准备一些资金以备不时之需，可是如果派不上用场，这些钱也不能存成定期，而只能以活期的形式存在银行，利率太低，他感觉很亏。小宋了解了货币基金的特点之后，打算拿这部分钱购买货币基金。货币基金是作为短期现金投资的工具，灵活赎回，也不会影响资金的使用，并且还可以获得比活期存款高很多的收益。在资金流动性方面，货币基金和银行活期差不多，但收益相对较高，且没有利息税，因此流动资金储备选择货币基金很合适。

请思考：什么是货币基金？和股票相比有什么异同？货币市场还有哪些类型？

知识解读

7.3.1 货币市场的含义和特点

货币市场是指融资期限在 1 年以内的短期资金交易市场。在这个市场上用于交易的工具形形色色，交易的内容十分广泛。相对于资本市场来说，货币市场有以下几个突出特点：

首先，它是短期的，而且是高流动性和低风险性的市场。在货币市场上交易的金融工具具有高度的流动性。倘若你急需一笔现金，被迫处理长期证券则会遭受损失，但如果你有短期债券，则可以乘机卖掉它们，而不致遭受太大的损失。短期债券到期很快，如果你脱手一段时间，

当它们到期时你可以按票面价值买回这些债券。

其次，货币市场是一种批发市场。由于交易额极大，周转速度快，一般投资者难以涉足，所以货币市场的主要参与者大多数是机构投资者，它们深谙投资技巧，精通各项业务，因而能在巨额交易和瞬变的行情中获取利润。

最后，货币市场又是一个不断创新的市场。由于货币市场上的管制历来比其他市场要松，所以任何一种新的交易方式和方法，只要可行就可能被采用和发展。

即学即练

单选题

货币市场与资本市场的划分依据是（　　）。

A. 交易形式　　B. 交易对象　　C. 交易期限　　D. 交割期限

多选题

货币市场的金融工具具有（　　）的特征。

A. 期限长　　B. 期限短　　C. 风险大　　D. 风险小

E. 流动性强

7.3.2　货币市场的主要类型

7.3.2.1　票据贴现市场

票据贴现是短期融资的一种典型方式，因此短期融资的市场也称票据贴现市场，或简称贴现市场。无论是商业票据、银行承兑票据还是中央银行票据，都多以贴现的方式进行交易。

用票据进行短期融资有一个基本的特征：利息先付，即出售票据一方融入的资金低于票据面值，票据到期时按面值还款，差额部分就是支付给票据买方（贷款人）的利息。这种融资的方式即为贴现，利息率则称为贴现率。

例如，有人欲将 3 个月后到期，面额为 50 000 元的商业票据出售给银行，银行按照 6% 的年利率计算，贴息为 750 元（50 000×6%/4）；银行支付给对方的金额则是 49 250 元（50 000−750）。贴现率的高低取决于商业票据的质量。评级越高的商业票据，贴现率越低，发行价格越高。目前世界上最著名的贴现市场是英国的伦敦贴现市场。贴现市场不仅是企业融通短期资金的场所，也是中央银行进行公开市场业务的场所。

我国现在票据贴现市场的规模较小，办理贴现业务的金融机构只有商业银行。贴现市场不发达的主要原因是用于贴现的票据少，且质量不高。

7.3.2.2　短期债券市场

短期债券市场指的是短期商业票据、银行承兑票据、中央银行票据和国库券的市场。

1. 商业票据

商业票据是指由企业签发的以商品和劳务交易为基础的短期无担保的债权债务关系凭证。它只反映货币合格债务关系，不反映交易的内容，即具有抽象性或无因性，相应的特征是不可争辩性。商业票据产生于商品交易的延期支付。在商业票据中，除了具有交易背景的票据外，还有大量并无交易背景而只是单纯以融资为目的发出的票据，通常称为融通票据。相对于融通票据，有商品交易背景的票据称为真实票据。

2. 银行承兑票据

在商品交易活动中，售货人为了向购货人索取货款而签发的汇票，经付款人在票面上注明承诺到期付款的“承兑”字样并签章后，即成为承兑汇票。经银行承兑的汇票即为银行承兑汇票。

银行承兑汇票主要特点有：①风险较小，银行承兑汇票以银行信誉作为担保。由于银行承兑汇票由银行承诺承担最后付款责任，实际上是银行将其信用出借给企业，因此，企业必须交纳一定的手续费。这里银行是第一责任人，而出票人则只负第二责任。②主要应用于国际贸易中。③银行承兑汇票二级市场的参与者主要是创造承兑汇票的承兑银行、市场交易商及投资者。④银行法规定，出售合格的银行承兑汇票所取得的资金不要求缴纳准备金。

3. 中央银行票据

中央银行票据，简称央行票据或央票，是中央银行向商业银行发行的短期债务凭证，其目的是调节商业银行的超额准备金。

央行票据与金融市场上其他类型的债券有着显著区别：其他金融机构发行债券的目的是筹集资金，而央行票据则是中央银行调节基础货币的一项货币政策工具，发行目的是减少商业银行的可贷资金规模。

中央银行票据主要采用回购交易方式，回购交易分为正回购和逆回购。正回购是指中央银行向一级交易商卖出有价证券，并约定在未来特定日期再买回这些有价证券的交易行为，正回购意味着中央银行从市场收回流动性；逆回购为中央银行向一级交易商购买有价证券，并约定在未来特定日期再将这些有价证券卖给一级交易商的交易行为，逆回购意味着中央银行向市场投放流动性。2005 年，中国人民银行将中央银行票据确定为常规性货币政策工具。

4. 国库券

在我国，不管是期限在 1 年以内还是 1 年以上的由政府财政部门发行的政府债券，均有称为国库券的习惯。但在国外，期限在 1 年以上的政府中长期债券称为公债，1 年以内的政府债券才称为国库券。

国库券是整个货币市场上流动性最高的信用工具，期限品种主要有 3 个月、6 个月、9 个月和 12 个月。

国库券的主要特点有：①违约风险小。国库券以政府信誉为支持，因而可以当作无风险的投资工具。②国库券是贴现性质的债券。国库券发行时按照一定的利率贴现发行。例如，投资人以 960 元的价格购买一张还有 90 天到期，面值为 1 000 元的国库券，则差额 40 元就是政府支付给投资人的利息；年贴现率是 16%（40/1 000×360/90）。由于投资人实际的投资是 960 元，所以投资人的实际年收益率是 16.67%（40/960×360/90）。③流动性强。国库券的期限短，发行的频率也比较高。④国库券是重要的货币政策工具。由于国库券市场有相对较强的流动性，所以很多国家的中央银行选择国库券市场开展公开市场业务，以实现货币政策的调控目标。

7.3.2.3 银行间同业拆借市场

银行间同业拆借市场是指银行之间短期的资金借贷市场。参与者为商业银行以及其他各类金融机构。拆借期限很短，有隔夜、7 天、14 天等，最长不超过 1 年，同业拆借的资金主要用于弥补金融机构短期资金的不足、票据清算的差额以及解决临时性的资金短缺的需要。交易手段比较先进，手续简便，成交时间短；交易额大，而且一般不需要担保或抵押。其交易方式主要有信用拆借和回购两种方式，以回购方式为主。银行间同业拆借市场是我国规模最大的货币市场，也是中国人民银行进行公开市场操作的场所。

银行间同业拆借市场利率或由融资双方根据资金供求关系以及其他影响因素自主决定，或由融资双方借助中介经纪商，通过市场公开竞标确定。拆息率每天不同，甚至每时每刻都有变化，拆息率的高低灵敏地反映着货币市场资金的供求状况。

思考与提升

上海银行间同业拆放利率

上海银行间同业拆放利率（Shanghai Interbank Offered Rate，SHIBOR）自 2007 年 1 月 4 日起开始运行，以位于上海的全国银行间同业拆借中心为技术平台计算、发布并命名，是由信用等级较高的银行组成报价团自主报出的人民币同业拆出利率计算确定的算术平均利率，是单利、无担保、批发性利率。目前，对社会公布的 SHIBOR 品种包括隔夜、1 周、2 周、1 个月、3 个月、6 个月、9 个月及 1 年。

问题讨论：SHIBOR 有哪些作用？

总结提高：SHIBOR 是由信用等级较高的银行自主报出的人民币同业拆出利率计算确定的算术加权平均利率。它可以作为市场的基准促进货币市场快速、高效发展，为其他金融产品定价提供基准，另外，它还是央行进行金融监控、制定货币政策的有效手段。SHIBOR 报价和考核制度的完善，也充分彰显了我国金融市场和利率体系的不断完善。

7.3.2.4 回购市场

回购市场是指对回购协议进行交易的短期融资市场。回购协议是证券出售时卖方向买方承诺在未来的某个时间将证券买回的协议，实际是一种有抵押的贷款，抵押品是相关证券。回购交易具有风险低、流动性高的特点，期限很短，一般是 1 天（也称“隔夜”）、7 天、14 天等，最长不超过 1 年。在我国，回购交易可以通过证券交易所和银行间债券市场进行。

7.3.2.5 可转让大额存单市场

可转让大额存单（NCDs）是由商业银行发行的一种金融产品，是存款人在银行的存款证明。与一般存单不同，可转让大额存单采用标准期限的产品形式，设有认购起点金额，在到期之前可以转让。可转让大额存单的出现帮助商业银行提高了竞争能力，同时也提高了存款的稳定性。

与普通定期存款相比，可转让大额存单具有以下特点：

（1）普通定期存款记名、不可流通转让；而可转让大额存单不记名、可以流通转让。

（2）普通定期存款金额不固定，可大可小；而可转让大额存单金额较大，我国央行规定，个人投资认购大额存单起点金额不低于 20 万元，机构投资人认购大额存单起点金额不低于 1 000 万元。

（3）可转让大额存单利率一般来说比同期限的普通定期存款利率高。

（4）普通定期存款可以提前支取，提前支取时要损失一部分利息；可转让大额存单不能提前支取，但可在二级市场流通转让。

小资料

大额可转让定期存单的起源

大额可转让定期存单是20世纪60以来金融环境变革的产物。由于20世纪60年代市场利率上升而美国的商业银行受“Q条例”的存款利率上限的限制，不能支付较高的市场利率，大公司的财务主管为了增加临时闲置资金的利息收益，纷纷将资金投资于安全性较好，又具有收益的货币市场工具，如国库券、商业票据等。这样，以企业为主要客户的银行存款急剧下降。为了阻止存款外流，银行设计了可转让定期存单这种短期的有收益票据来吸引企业的短期资金。

7.3.2.6 共同基金市场

共同基金是指将众多的小额投资者的资金集合起来，由专门的经理人进行市场运作，赚取收益后按一定的期限及持有的份额进行分配的一种金融组织形式。而对于主要在货币市场上进行运作的共同基金，则称为货币市场共同基金。目前，在发达的市场经济国家，货币市场共同基金在全部基金中所占比重最大。

我国货币市场共同基金正式创立于2003年。2003年12月10日，华安现金富利基金、招商现金增值基金、博时现金收益基金获批成立，标志着我国货币市场共同基金的正式启动，基金公司可以通过设立货币基金而在货币市场为闲置资金寻找一个安全的“避风港”。

单元小结

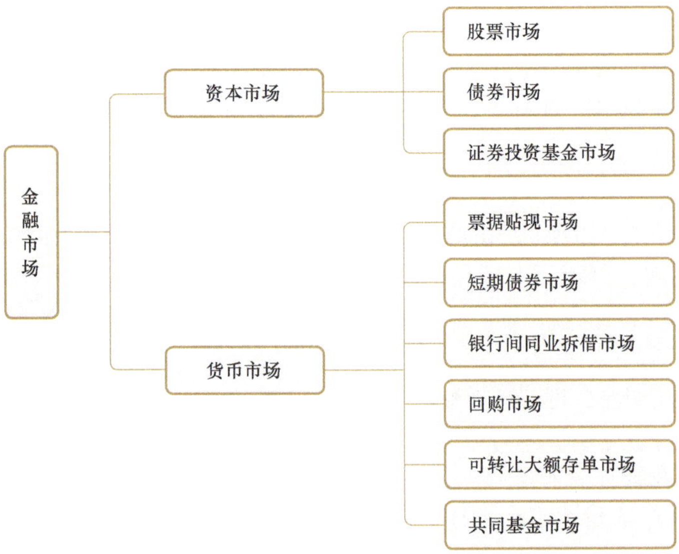

复习思考题

一、单项选择题

1. 金融市场按（ ）可分为货币市场、资本市场、外汇市场、黄金市场和金融合约市场。

A. 交易范围　　B. 交易方式

C. 定价方式　　D. 交易对象

2. 金融市场的宏观经济功能不包括（ ）。

A. 配置功能　　B. 财富功能

C. 调节功能　　D. 反映功能

3. （ ）一般没有正式的组织，其交易活动不是在特定的场所中集中开展，而是通过电信网络形式完成。

A. 货币市场　　B. 资本市场

C. 外汇市场　　D. 保险市场

4. 世界上最早的证券交易所是（ ）。

A. 荷兰阿姆斯特丹证券交易所　　B. 英国伦敦证券交易所

C. 德国法兰克福证券交易所　　D. 美国纽约证券交易所

5. 已发行的证券流通的市场称为（ ）。

A. 初级市场　　B. 次级市场

C. 公开市场　　D. 议价市场

6. 下列有价证券中风险最高的是（ ）。

A. 普通股　　B. 优先股

C. 企业债券　　D. 基金证券

7. 回购协议中所交易的证券主要是（ ）。

A. 银行债券　　B. 企业债券　　C. 政府债券　　D. 金融债券

8. 最早开发可转让大额存单的国家是（ ）。

A. 中国　　B. 美国　　C. 英国　　D. 日本

9. 有组织及严格的交易制度、有固定交易时间和交易地点并采取竞价成交的交易市场称为（ ）。

A. 场内交易市场　　B. 柜台市场

C. 第三市场　　D. 第四市场

10. 资本市场不包括（ ）。

A. 股票市场　　B. 长期债券市场

C. 投资基金市场　　D. 银行间同业拆借市场

二、多项选择题

1. 同传统的定期存款相比，可转让大额存单具有（ ）的特点。

A. 存单不记名　　B. 存单金额大

C. 存单采用浮动利率　　D. 存单可提前支取

E. 存单不可以提前支取

2. 资本市场上的交易工具主要有（　　）。

A. 货币头寸　B. 票据　C. 长期债券　D. 股票

E. 外汇

3. 货币市场包括（　　）。

A. 银行间同业拆借市场　B. 短期债券市场

C. 股票市场　D. 投资基金市场

E. 票据贴现市场

4. 货币市场的特点包括（　　）。

A. 期限短　B. 高流动性　C. 低流动性　D. 高风险

E. 低风险

5. 按照交割时间不同，金融市场可以分为（　　）。

A. 现货市场　B. 期货市场　C. 外汇市场　D. 发行市场

E. 流通市场

三、问答题

1. 货币市场与资本市场的区别有哪些？
2. 开放式基金和封闭式基金的流通有何不同？
3. 为什么说金融市场是国民经济的晴雨表？
4. 不同经济主体是如何参与金融市场的？

四、案例分析

纽约是世界最重要的国际金融中心之一。第二次世界大战以后，纽约金融市场在国际金融领域中的地位进一步加强。美国凭借其在战争时期膨胀起来的强大经济和金融实力，建立了以美元为中心的资本主义货币体系，使美元成为世界最主要的储备货币和国际清算货币。纽约联邦储备银行作为贯彻执行美国货币政策及外汇政策的主要机构，在金融市场的活动直接影响市场利率和汇率的变化，对国际市场利率和汇率的变化也有着重要影响。世界各地的美元买卖，包括欧洲美元、亚洲美元市场的交易，都必须在美国特别是在纽约的商业银行账户上办理收付、清算和划拨，因此纽约成为世界美元交易的清算中心。此外，美国外汇管制较松，资金调动比较自由。在纽约，商业银行、储蓄银行、投资银行、证券交易所及保险公司等金融机构云集，许多外国银行也在纽约设有分支机构。这些都为纽约金融市场的进一步发展创造了条件，加强了它在国际金融领域中的地位。

纽约金融市场按交易对象划分，主要包括外汇市场、货币市场和资本市场。

纽约外汇市场是美国，也是世界上最主要的外汇市场之一。纽约外汇市场并无固定的交易场所，所有的外汇交易都是通过电话、电子计算机等通信设备，在纽约的商业银行与外汇市场经纪人之间进行。这种联络就组成了纽约银行间的外汇市场。此外，各大商业银行都有自己的通信系统，与该行在世界各地的分行外汇部门保持联系，又构成了世界性的外汇市场。由于世界各地时差关系，各外汇市场开市时间不同，纽约大银行与世界各地外汇市场可以昼夜 24 小时保持联系，因此它在国际上的套汇活动几乎都可以立即完成。

纽约货币市场即纽约短期资金的借贷市场，是资本主义世界主要货币市场中交易量最大的一个。除纽约市金融机构、工商业和私人在这里进行交易外，每天还有大量短期资金从美国和世界各地涌入、流出。和外汇市场一样，纽约货币市场也没有一个固定的场所，交易都是供求双方直接或通过经纪人进行的。在纽约货币市场的交易，按交易对象可分为联邦基金市场、政府国库券市场、银行可转让大额存单市场、银行承兑汇票市场和商业票据市场等。

纽约资本市场是世界最大的经营中长期借贷资金的资本市场。纽约资本市场可分为债券市场和股票市场。纽约债券市场交易的主要对象是政府债券、公司债券、外国债券。纽约股票市场是纽约资本市场的一个组成部分。在美国，有 10 多家证券交易所按证券交易法注册，被列为全国性的交易所。其中纽约证券交易所、纳斯达克交易所和美国证券交易所最大，它们都设在纽约。

问题：对比纽约金融市场，上海在建立国际金融中心的过程中还有哪些方面需要提高？

技能实训

认识股票的流通市场

1. 登录一家证券公司网站，下载一种股票交易软件。

2. 打开股票交易软件，查看上市公司股票交易行情与动态，熟悉简单的操作功能。

3. 登录上海证券交易所、深圳证券交易所网站，浏览交易所简介、交易流程及费用、市场数据等有关内容。

4. 完成以下实训任务，根据所得结果形成实训报告。

①了解我国现有的股票种类；②掌握上市股票的发行方式；③明确股票的交易程序；④了解上市股票的交易规则，并熟练进行买卖委托操作。

5. 比较模拟股票投资的收益或亏损的情况。

模块三　宏观金融

宏观金融是以开放经济为前提，从宏观的角度把握金融体系的运转，其内容相当广博。这里我们重点学习货币供求及其均衡、货币政策与金融调控、汇率与国际收支、金融风险与金融监管等内容，进一步探寻货币需求的形成及货币供给的原理，把握货币均衡与经济均衡的关系，了解通货膨胀和通货紧缩现象，以及如何利用货币政策的调整实现币值稳定、充分就业、经济增长和国际收支平衡。如果说利率是货币的对内价格，那么，汇率就是一国货币的对外价格。如何利用汇率调节国际收支平衡，是开放经济条件下的主要话题。1994 年年底出现的墨西哥金融危机，1995 年年初发生的巴林银行倒闭，1997 年暴发的亚洲金融风暴，乃至 2008 年的全球金融危机，让世人逐渐加深了对金融风险危害性的认识。如何识别金融风险、防范和化解风险，怎样加强对金融风险的监管，如何提高金融风险监管技术与监管效率成为维持金融体系稳定的重要内容。

单元 8

货币从哪里来又到哪里去——认识货币供求

学习目标

【能力目标】

- 能够分析解释有关货币供求的社会经济现象。
- 能够分析解释有关货币失衡的社会经济现象。

【知识目标】

- 理解货币供给的含义，掌握派生存款的原理。
- 理解货币需求的含义，掌握货币需求的影响因素。
- 理解货币均衡与社会总供求均衡。

【素质目标】

- 树立正确的货币观。
- 正确解读当前货币供应量。

单元引例

货币的供给和需求

货币从哪里来，即货币供给，是指一定时期内一国银行系统（包括中央银行在内的金融机构）向经济中投入、创造、扩张（或收缩）货币的过程。货币供给有两条途径，一是中央银行通过提供基础货币来进行；二是商业银行等金融机构通过创造存款货币的功能来进行。货币供给量是指一国经济中在某一时点被个人、企事业单位和政府部门持有的可用于各种交易的货币总量。货币供给量是货币供给过程的结果，其源头是中央银行初始供给的基础货币，经过存款货币银行的业务活动可以出现数倍的货币扩张。凯恩斯和弗里德曼都认为，货币供给是外生变量，中央银行既能决定基础货币的量，也能决定货币乘数的大小，所以货币供给完全是由中央银行的政策决定的。

货币到哪里去，即货币需求。人们对货币需求的研究已经有 100 多年的历史，涉及的货币需求理论十分庞杂，但人们对它的认识还在进一步加深。当在一定时期社会的货币供应量与客观经济对货币的需求量基本相适应，即达货币均衡状态。

货币供给与需求是经济生活运行中的自然现象。合理的货币需求、适度的货币供给、相对的货币均衡，是保证国民经济正常运转的重要条件。接下来我们将在了解货币供给与需求理论的基础之上，熟悉货币均衡，以加深对金融体系的认识。

8.1 对持有货币的要求程度

案例引入

一个经济体的状况取决于总供给和总需求相互作用和均衡（总供给和总需求相等）的水平。就业、通货膨胀水平和实际 GDP，都由总供给和总需求共同决定。无论是总供给还是总需求，都是价格水平的函数，而价格水平是由货币的供给和需求决定的。如果有人问你想要多少货币，你一定会说，多多益善。但假如今天立即给每个人发一亿现金，大家全部成为亿万富翁，我们的生活是否就真的得到改善了呢？当然不会。所以，要特别注意不要陷入“合成谬误”，即认为“对个体而言正确，对集体也正确”。一个社会需要多少货币，不是取决于个别人的愿望，而是取决于实在的需求。那么，一个社会究竟需要多少货币？这就是货币需求理论要解决的问题。

请思考：什么是货币需求？有哪些货币需求理论？

知识解读

8.1.1 货币需求

货币需求是指社会各部门在既定收入或财富范围内能够而且愿意以货币形式保有并用于周转的货币数量。在现代高度货币化的经济社会里，社会各部门需要持有一定的货币去媒介交易、支付费用、偿还债务、从事投资或储藏价值，因此便产生了货币需求。一国的货币需求通常表现为该国在既定时间范围内社会各部门所持有的货币量总和。

对于货币需求概念的理解，可以从以下几方面来把握：

（1）货币需求是一个存量概念。货币需求考察的是社会各部门在某个时点上以货币形式持有的收入或财富，而不是在某一时期内各部门所持有的货币数额的变化量。因此，货币需求是个存量概念，而非流量概念。

（2）货币需求量是有条件限制的，是能力与愿望的统一。货币需求是以收入或财富的存在为前提，在具备获得或持有货币的能力范围之内愿意持有的货币量。因此，构成货币需求需要同时具备两个条件：一是必须有能力获得或持有货币；二是必须愿意以货币形式保有其财产。

二者缺一不可，有能力而不愿意持有货币不会形成对货币的需求；有愿望却无能力获得货币也只是一种不现实的幻想。

（3）货币需求不仅包括对现金的需求，而且包括对存款货币的需求。货币需求是为了满足商品、劳务的流通以及其他债务支付的需求，这种需求不仅现金可以满足，存款货币也同样可以满足。因此，货币需求如果仅仅局限于对现金的需求，显然是片面的。

（4）人们对货币的需求既包括了执行流通手段和支付手段职能的货币需求，也包括了执行贮藏手段职能的货币需求。二者差别只在于持有货币的动机不同或货币发挥职能作用的不同，但都在货币需求的范畴之内。

即学即练

判断题

1. 货币需求不仅是对现金的需求也是对存款货币的需求。（　）
2. 货币需求是一种主观表现。（　）

8.1.2 货币需求理论

研究货币需求问题主要是研究人们为什么要持有货币。货币从其形式上看，既不能吃，也不能穿，更不能像股票、债券那样能够给人们带来收益。那么为什么人们还宁愿放弃购买物品以满足消费需求，或放弃存入银行以获得利息，而要保留一定的货币在手中呢？对于这个问题，从经济学研究的初期就引起了经济学家的兴趣。

1. 马克思关于流通中货币量的理论

马克思认为，流通中客观货币需要量（即货币必要量）取决于三个要素：商品平均价格、待出售的商品数量和货币流通速度。用公式表示为

$$M=\frac{PQ}{V}$$

式中，M 表示货币需求量；Q 表示待售商品数量；P 表示商品平均价格（马克思认为，商品的价格取决于价值，而价值取决于生产过程，所以商品是带着价格进入流通的）；V 表示货币流通速度。

可见，货币需求量与待售商品数量和平均价格成正比，与货币流通速度成反比。

马克思关于流通中货币量的理论研究是以金属货币流通为前提的，但在纸币流通条件下，由于纸币是没有内在价值的货币符号，当流通中的货币数量过多或过少时，它不可能自发地调节。针对此，马克思在上述货币需求量规律的基础上提出了纸币流通规律，指出单位纸币所代表的价值量等于流通中所需要的金属货币量除以流通中的纸币总量，用公式表示为

$$\text{单位纸币所代表的价值量}=\frac{\text{流通中金属货币需求量}}{\text{流通中纸币总量}}$$

从这个公式中，我们可以看出纸币与其所代表的金币之间的价值量有平值、贬值、升值三种不同的状况。在纸币流通条件下，纸币流通规律要求纸币发行总量与流通中所需货币量保持一致，这样才能保证纸币正常的流通。

2．现金交易说

美国经济学家欧文·费雪在他 1911 年出版的《货币的购买力》一书中，对古典的货币数量论进行了很好的概括。在此书中，他提出了著名的“交易方程式”，即

$$MV_T=PT$$

式中，M 是在一定时期内经济中所流通的货币的平均量；V_T 是货币的平均流通速度，即在一定时期内货币被从交易的一方支付给另一方的次数；P 是所有交易商品或劳务的平均价格水平；T 是该时期内商品或劳务的交易总量，PT 即为该时期内按市场价格计算的商品或劳务交易的总市场价值。

这里在计算 PT 的过程中应包括所有中间产品和最终产品的交易，而中间产品的交易量难以计算，又由于中间产品的交易量与最终产品的交易量一般保持一相对稳定的比例，所以有时可以以最终产品的交易量来代替中间产品和最终产品的交易量总和，即用名义国民收入来代替原来的 PT，因此交易方程式通常被写为

$$MV=PY$$

式中，Y 是以不变价格表示的一年中生产的最终产品和劳务的总价值，也就是实际国民收入；P 是一般物价水平（用价格指数表示），因此 PY 即为名义国民收入；V 是货币的收入流通速度，它代表一年中每单位货币用来购买最终产品或劳务的平均次数。

根据交易方程式 $MV=PY$ 不难得出货币需求的表达式。只要将等式两边同除以 V，即可得

$$M=\frac{1}{V}PY$$

在货币市场均衡的情况下，货币存量 M 就等于人们所愿意持有的货币量，即货币需求 M_d。因此，可以得出

$$M_d=\frac{1}{V}PY$$

这就是由传统货币数量论导出的货币需求函数。从中可以看出，货币需求取决于货币流通速度和名义国民收入。而根据货币数量论的观点，货币流通速度是一个相对稳定的量，所以货币需求就取决于名义国民收入，也就是为了满足交易需要而必须持有的货币量，故该交易方程式也被称为“现金交易说”（Transaction Type of Quantity Theory）。

3．现金余额说

现金余额说是以马歇尔和庇古为首的英国剑桥大学经济学家创立的。庇古根据马歇尔的观点，于 1917 年写了《货币的价值》一文，马歇尔则于 1923 年写了《货币、信用与商业》一书。他们从另一角度研究了货币数量和物价水平之间的关系。

剑桥经济学家认为，人们之所以持有货币，是由于货币具有以下两个属性：①交易的媒介。货币作为交易的媒介，人们用它来完成交易。剑桥的经济学家同意费雪的观点，即货币需求与交易水平相关（但并非完全相关），由交易引起的货币需求与名义收入成比例。②财富储藏。货币的财富储藏功能使得人们的财富水平也能够影响人们的货币需求。财富增加，则个人需通过持有更多数量的财产来储藏，而货币也是财产的一种。因而财富增加，人们对货币财产的需求也会增加。由于剑桥经济学家认为名义财富与名义收入成比例，所以他们还认为货币需求中由财富引起的对货币的需求也与名义收入成比例。他们进一步认为，经济主体愿意持有的平均

货币数量或现金余额，也即人们对货币的需求 M_d 在名义国民收入 Y_n 中存在着一个稳定的比例 K，因此货币需求可以用公式表示为

$$M_d=KY_n$$

由于名义国民收入是实际产量或实际收入 Y 与物价的乘积，即 $Y_n=PY$。因此上式又可以表示为

$$M_d=KPY$$

这就是剑桥学派建立的货币需求方程式，该方程式表示人们意愿持有的货币存量 M_d 与名义国民收入保持一固定的或稳定的比例。式中 K 表示国民收入中以货币形式持有的比例，与现金交易方程相比，它是货币流通速度 V 的倒数。剑桥学派采用 K，而不采用 V，是与剑桥方程式强调货币需求有关的。因为研究 K，就要研究人们持有货币的动机，即研究决定人们货币需求的因素，因此，K 的引入开创了对货币需求理论的研究。

如果 K、Y 都为常数，则物价水平与货币存量成同比例且同方向的变化。这就从另一方面得出了与费雪相同的结论。

4. 凯恩斯的流动偏好理论

流动偏好（Liquidity Perference）指的是公众愿意用货币形式持有收入和财富的欲望和心理。凯恩斯认为，货币具有完全的流动性，而人们在心理上具有对流动性的偏好，即人们总是偏好将一定量的货币保持在手中，以应付日常的、临时的和投机的需求。因此，人们的货币需求就取决于人们心理上的“流动性偏好”。这种心理上的“流动性偏好”或人们的货币需求是由三种动机所决定的：①交易动机，即由于收入与支出的时间不一致，人们必须持有一部分货币在手中，以满足日常交易活动的需要；②预防动机，即人们为应付意外的、临时的或紧急需要的支出而持有的货币；③投机动机，即由于未来利率的不确定性，人们便根据对利率变动的预期，为了在有利的时机购买证券进行投机而持有的货币。这三种动机对应的货币需求分别为交易需求、预防需求、投机需求。

（1）交易需求。人们为了交易而持有货币就会形成货币的交易需求。货币的交易需求产生于收入和支出的不同时间，如果某人在某一时刻收入的数量与其在同一时刻支出的数量完全相等，则这个人完全没有必要为交易目的而保留货币。从一个较长的时期来看，交易数量是影响交易需求的主要因素。这是因为，随着社会的发展、生产力的提高，整个社会生产的产品越来越多，特别是社会分工越来越细化，更多的产品需要通过交易才能进入消费领域，因而参与交易的商品也会相应增长。另外，尽管交易总量中包括了各种中间产品和其他活动的交易，但它与国民收入之间通常保持有相当稳定的比例关系。这样，影响交易需求的最主要的因素就是国民收入水平，用公式表示为

$$L_1=K(Y)$$

式中，L_1 表示货币的交易需求，交易需求随着收入的增加而增加，故交易需求曲线向右上方倾斜。

（2）预防需求。货币的预防需求是指企业或个人为了应付突然发生的意外支出，或者捕捉一些突然出现的有利时机而愿意持有一部分货币。正如凯恩斯所一贯坚持的那样，未来是充满不确定性的，人们不可能把一切支出都计算好，并据此来决定持有多少货币，而总要在日常的支出计划之外，留出一部分货币，来应付诸如生病、原材料涨价之类的突发事件，或者捕捉一些意料之外的购买机会，如商品降价等。这部分货币需求即构成货币的预防需求。根据凯恩斯

的观点，货币的预防需求也是同收入成正比的，因而其需求函数与交易需求函数相似。

（3）投机需求。货币的投机需求产生于未来利率的不确定性，即人们为了能在将来有利的时机进行投机以获取更大的收益而持有货币。在凯恩斯的《就业、利息和货币通论》中假定，人们只能在货币和债券两种资产之间进行选择。在任何时候货币的持有者可以在市场上将货币转换成债券，债券的持有者也可以在市场上将债券转换成货币。但持有债券是可以获得收益的，而持有货币只能获得流动性。如果某人预计将来利率不会上升而可能下降，则会购买债券；如果预计未来利率要高于现在，则宁愿暂时持有无息但安全的货币，而不愿购买有息但同时也有风险的债券。

人们在进行债券交易前需要对利率在未来的变动做出预判。如果财富持有者认为现行利率过高，预计它将会下降，就会放弃货币购买债券，这样不仅在目前享受到较高的利息收益，而且在将来利率下降、债券价格上升时获得资本收益；反之，如果财富持有者认为现行利率过低，预计它将会上升，则会放弃债券而持有货币，这是因为，当利率低时，因放弃债券而放弃的利息较少，而如果持有债券，当利率上升、债券价格下跌时，资本损失就很大，因此，如果认为利率将要上涨，则当前持有闲置的货币更为稳妥。

综上所述，货币的投机需求与利率的变化方向相反：利率高时，人们较少持有货币；利率低时，人们较多持有货币。投机需求函数可以用公式表示为

$$L_2=h(r)$$

式中，L_2 表示投机需求，r 为利率。这一函数式表明，货币的投机需求是利率的函数。

小资料

流动性陷阱

当利率特别低时，人们认为，利率如此之低，不会再低了，债券价格如此之高，也不可能再高了，此时持有货币最为安全，如果购买债券则注定会吃亏，因为极低的利息收益根本无法弥补债券价格下降带来的资本损失。故人们把货币都尽量留在手中。凯恩斯将这种现象称为“流动性陷阱”（也称“凯恩斯陷阱”）。在这种情况下，货币的投机需求可以任意大，因此投资性货币需求曲线就成为一条水平线。

1．日本的流动性陷阱

1985 年美日签署“广场协议”，日本政府承诺日元升值，日本出口竞争力大幅衰退。20 世纪 90 年代以后，日本泡沫经济崩溃后即陷入流动性陷阱，保罗·克鲁格曼说：“日本已经落入流动性陷阱之中，它无法通过传统的货币政策得以恢复，因为即使利率为零也还不够低。”日本自 1990 年开始调降利率，并从 1991 年 7 月起连续下调官定利率，到 1995 年 9 月第 9 次下调后已降至 0.50%，并将这一超低利率水平一直维持了 5 年之久。此间日本银行还曾于 1999 年 2 月至 2000 年 8 月实行了“零利率”政策，且到 2001 年 2 月又连续两次下调官定利率，分别降至 0.35% 和 0.25%，却仍无法诱发企业贷款投资，史称“空白十年”。

2．次贷危机中的流动性陷阱

2008 年，美国次贷危机愈演愈烈而且已经演变成全球性的流动性危机，对此，各国政府、央行于 2008 年 10 月 8 日罕见地联手同步出台新救市措施，希望通过对“火车头”——美国股市的正面影响，来把企稳效果带到周边的市场上。

遗憾的是，全球股市事后连续出现大幅度的下挫，因为世人意识到问题已经变得越来越严重，持币观望的市场特征变得越来越明显。更为糟糕的是，美国市场的失控已开始让全球市场陷入更为严重的“流动性陷阱”——所有人都认为今后再也不可能获得比现在还要低成本的“流动性注入”，市场的“惜贷”行为因此越来越严重。所以，不论政府有多少救市资金，都会被装入这些“被救”金融机构和企业的口袋里，等待市场企稳后，一举出动，寻求所预期的高收益，来挽回目前危机时代所造成的严重损失。正是这一“状态”才使人们一再失望，无法看到立竿见影的救市效果，才使人们怀疑政策的力度不够，才使一部分学者向世人敲响警钟：这些庞大的资金一旦出笼后，新的泡沫和通货膨胀在所难免！

5. 弗里德曼的货币需求理论

弗里德曼是沿着剑桥方程式来表达他的货币需求思想的，同时，吸收了凯恩斯主义关于收入和利率决定货币需求量的思想。他认为，在剑桥方程式 $M=KPY$ 中，P、Y 是影响货币需求许多变量中的两个变量，K 代表其他变量，实际上是货币流通速度的倒数（$1/V$）。而影响货币流通速度的因素是相当复杂的，如财富总量、财富构成、各种财产所得在总收入中的比例，以及各种金融资产的预期收益等。因此，人们的资产选择范围非常广泛，并不限于凯恩斯主义货币需求理论中的二元资产选择——货币与债券。基于上述认识，弗里德曼提出了自己的货币需求函数模型：

$$\frac{M_d}{P}=f\left(Y,W,r_m,r_b,r_e,\frac{1}{P}\frac{dP}{dt},u\right)$$

式中，Y 是实际恒久性收入；W 是非人力财富占总财富的比率；r_m 是货币的预期收益率；r_b 是固定收益的证券（债券）的预期收益率；r_e 是非固定收益的证券（股票）的预期收益率；$\frac{1}{P}\frac{dP}{dt}$ 是预期物价变动率，即实物资产的预期收益率；u 是其他的影响货币需求的因素。上述影响货币需求量诸多因素可划分为四类：

（1）财富总量。在实际生活中，财富很难加以估计，所以必须用收入来代表。但是弗里德曼认为，现期收入会受到经济波动的影响，必须用恒久性收入来作为财富的代表。所谓恒久性收入，是指一个人在较长一段时间内所能获得的平均收入。恒久性收入与货币需求正相关。

（2）财富结构。即人力与非人力财富的比重。所谓人力财富主要是指个人的赚钱能力。由于人力财富向非人力财富的转化往往受很多条件约束，所以人力财富的流动性较差，而不像债券、股票那样随时可以出售。因此，人力财富在财富总额中占较大比例的所有者将试图通过持有较多的货币来增加其资产的流动性。人力财富对非人力财富的比率（或者人力财富占总财富的比率）与货币需求同样正相关。

（3）持有货币的预期收益率与机会成本。持有货币的预期收益率可以用银行存款利率来表示，它与货币需求呈正比关系。持有货币的机会成本主要是其他资产的预期收益率，例如债券的利息、股票的股息，以及实物资产的保管费用；其次是这些资产项目价格的变动，例如债券和股票的资本利得，实物资产在通货膨胀时期的价格上涨。

（4）其他因素。即各种随机变量，包括社会富裕程度，取得信贷的难易程度，社会支付体系的状况，人们的兴趣、爱好、习惯等。例如，节俭的人和注重享受的人对货币需求就有很大不同。

即学即练

单选题

1. 在下列模型中，凯恩斯的货币需求函数是（　　）。

A. $MV=PT$　　B. $M_d=KPY$

C. $M=L_1(Y)+L_2(r)$　　D. $M=kY^{\frac{1}{2}}\cdot r^{-\frac{1}{2}}$

2. 恒久收入是（　　）提出的。

A. 费雪　　B. 凯恩斯　　C. 马歇尔　　D. 弗里德曼

多选题

凯恩斯认为人们持有货币的动机包括（　　）。

A. 收入动机　　B. 营业动机　　C. 预防动机　　D. 投机动机

E. 交易动机

8.1.3　我国货币需求的影响因素

货币需求理论分析与实践研究的核心内容，是考察影响货币需求量的因素有哪些。结合我国的实际情况，影响货币需求量的因素主要有收入水平、价格水平、利率水平、货币流通速度、消费倾向、信用的发达程度、心理预期与偏好等。

1. 收入水平

在经济生活中，微观经济主体的收入大多以货币形式获得，其支出也是以货币支付。一般而言，收入越高，支出越多，交易需求越大，就需要更多的货币作为商品、劳务交易的媒介。因此，货币需求量与收入水平呈正比关系。

2. 价格水平

在商品和劳务量既定的情况下，价格水平越高，社会商品流转额就越大，用于交易和周转的货币需求量增加。因此，价格水平与货币需求量成正比关系。

3. 利率水平

利率的高低决定了人们持币机会成本的大小。利率越高，持币成本越高，人们就不愿持有货币而愿意购买生息资产以获得高额利息收益，因而人们的货币需求会减少；利率越低，持币成本越低，人们则愿意手持货币而减少了购买生息资产的欲望，货币需求就会增加。利率的变动与货币需求量的变动是反方向的。

4. 货币流通速度

货币流通速度指一定时期内货币的周转次数。一定时期内的货币总需求就是该时期的货币流量，而货币流量是货币平均存量与货币流通速度的乘积。在商品与交易总额一定的前提下，货币流通速度越快，对货币的需求量越少；反之，货币流通速度越慢，对货币需求量越大。因此，货币流通速度与货币需求成反比关系。

5. 消费倾向

消费倾向指消费在收入中的占比。人们为了实现消费，必须以货币作为购买或支付手段。因此，计划消费的越多，人们持有的货币就越多，货币需求量就越大，反之亦然。因此，消费倾向与货币需求呈正比关系。

6. 信用的发达程度

在信用制度健全、信用比较发达的经济中，货币需求量较少。因为在这样的经济中，相当一部分交易可通过债权债务的相互抵销来了结和清算。另外，经济主体比较容易获得贷款和现金，于是就减少了作为流通手段的货币的需要量，人们的货币需求量也就因此减少。因此，信用发达程度与货币需求负相关。

7. 人们的心理预期与偏好

预期和偏好均属于心理因素和主观意愿，具有一定程度的不确定性和复杂性。心理预期包括对市场利率的预期、对物价变动的预期和对投资利润率的预期。如果人们预期物价上涨，就会减少对货币的需求；预期投资利润率上升，也会减少对货币的需求。根据凯恩斯的理论，人们预期利率上升，会增加货币需求，因为利率上升意味着债券价格下降，为了在未来低价买进债券，现在就必须持有较多的货币。心理偏好也因人而异，有的人偏好货币，有的人偏好其他金融资产，前者是增加社会货币需求的因素，后者则是减少社会货币需求的因素。

8.2 社会运转究竟需要多少钱

案例引入

假设在一个小小的海岛上住着三个人：一个农民、一个铁匠、一个养牛人。岛上流通的货币为一种珍稀的海贝。开始的时候每个人有 2 个海贝，以便购买别人的产品。假设第一年农民生产 3 份粮食，铁匠生产 3 份铁具，养牛人出栏 3 头牛。这样这个社会是经济平衡的：农民卖出 2 份粮食给铁匠和养牛人，留一份自己使用，铁匠、养牛人也是如此。那么这一年下来，农民自己享用了 1 份铁具、1 头牛和自己生产的 1 份粮食，并且仍有 2 个海贝，铁匠、养牛人也是如此。这样货币流通次数也只是一次。第二年他们同时扩大生产，将产品数量增加到以前的两倍。但是生产成本也增加了，如农民以前只用 1 份铁具就可以完成 3 份粮食生产，现在他必须消耗 2 份铁具才能实现 6 份产量的目标，其余类推。因为他只有 2 个海贝，所以他不能同时购买 2 份铁具和 2 头牛，他需要 4 个海贝，那他能怎么办呢？第一种情况：他先各买 1 份，安排生产，等生产出来产品，卖出后再买第 2 份，安排下一步生产。铁匠、养牛人也是如此，这时货币的流通次数为 2 次。假使农业生产是春种秋收，不能按半季来算，那么这个农民要增加生产，他必须一下买到 2 份铁具和 2 头牛。于是有了第二种情况：他只能先借铁具和牛各 1 份，这就产生了货币需求。还有第三种情况：分别再给他们 2 个海贝，那么货币供求就平衡了。

请思考：什么是货币供给？货币有哪些层次划分？

知识解读

8.2.1 货币供给的含义

货币供给是指某一国或货币区的银行系统向经济体中投入、创造、扩张（或收缩）货币的金融过程。货币供给首先是一个经济过程，即银行系统向经济中注入货币的过程；其次，货币供给必然形成一定的货币量，即货币供给量。货币供给量通常是指一国经济中的货币存量，由货币性资产组成。在不兑现的信用货币流通条件下，由于货币量最终都是由银行供给的，是银行的债务凭证，因此，货币供给量是指被个人、企业和政府部门持有的，由银行系统供应的债务总量。其中，现金是中央银行的负债，存款是商业银行的负债。货币供给量的多少是由银行系统负债业务的大小决定的。

8.2.2 基础货币

基础货币，也称“货币基数”“强力货币”“初始货币”，其具有使货币供应总量成倍放大或收缩的能力，又被称为“高能货币”。根据国际货币基金组织《货币与金融统计手册》的定义，基础货币包括中央银行为广义货币和信贷扩张提供支持的各种负债，主要指银行持有的货币（库存现金）和银行外的货币（流通中的现金），以及银行与非银行金融机构在货币当局的存款。换句话说，基础货币通常是指流通中的现金与商业银行在中央银行的准备金存款之和，可用公式表示为

$$B=C+R$$

式中，B 代表基础货币；C 代表流通中的现金；R 代表商业银行在中央银行的准备金存款。

从基础货币的构成看，C 和 R 都是中央银行的负债，中央银行对这两部分都具有直接的控制能力。现金的发行权由中央银行垄断，其发行程序、管理技术等均由中央银行掌握；至于商业银行的准备金存款，中央银行对其有较强的控制力。中央银行可以通过调整法定存款准备率，强制改变商业银行的准备金结构，影响其信贷能力；也可以通过改变再贴现率、再贷款条件等方式来改变商业银行的准备金量；还可以通过公开市场业务操作、买进或卖出有价证券和外汇等方式来改变商业银行的准备金量。

中央银行能够直接控制的现金发行和商业银行的准备金存款，之所以被称为基础货币，是因为如果没有现金的发行和中央银行对商业银行的信贷供应，商业银行的准备金存款便难以形成，或者说，商业银行用以创造派生存款的原始存款的来源就不存在。从这个意义上说，中央银行控制的基础货币是商业银行借以创造存款货币的源泉。中央银行供应基础货币，是整个货币供应过程的最初环节，它首先影响的是商业银行的准备金存款。只有通过商业银行运用准备金存款进行存款创造活动后，才能完成最终的货币供应。货币供应的全过程，就是由中央银行供应基础货币，基础货币形成商业银行的原始存款，商业银行在原始存款基础上创造派生存款（现金漏损的部分形成流通中的现金），最终形成货币供应总量的过程。

即学即练

单选题

1. 现代经济中货币供给的主体是（　　）。

A. 银行　　B. 政府　　C. 居民个人　　D. 企业

2. 在货币供给创造机制中，占有重要地位的货币是（　　）。

A. 法定准备金　　B. 超额准备金　　C. 基础货币　　D. 现金

8.2.3 商业银行派生存款

1. 商业银行的原始存款与派生存款

商业银行的存款从形成看，可以划分为原始存款和派生存款两种。

原始存款是指客户以现金的形式存入商业银行，或者商业银行向中央银行借款所形成的存款。现金存入银行之后方可称为原始存款，这是因为：①现金与存款是两种完全不同的表现形态。现金是流通手段和支付手段，而存款只表现为一种记账单位，只有将其转化为支票才能充当支付手段。②现金与存款产生的效用不同。当现金从甲的手中转到乙的手中时，甲就失去了持有状态。也就是说一定面额的钞票只能由一个人持有，不可能两个人同时持有。但是，存款就有所不同，例如，甲银行的存款以贷款的形式发放以后，借款者在未使用之前将其存入乙银行，这样，同一笔存款就既在甲银行的负债方表现为存款，又在乙银行的负债方增加了存款，依此类推，一笔存款就可以转化出多笔存款。③客户存款和商业银行向中央银行的借款来自商业银行的体系之外，对于商业银行来说它们形成的存款是初次进入商业银行体系的；而由商业银行贷款所形成的派生存款是在商业银行体系内运动的资金。

派生存款是指在商业银行原始存款的基础上，由银行发放贷款转化而来的新存款。例如，当甲银行将吸收的存款用于发放贷款后，借款人将其存入乙银行，乙银行又用增加的存款发放贷款，在整个银行体系中，各个商业银行的存款数量之和就超过了它们原有的现金存款的数量总和。这种派生存款的创造过程就是商业银行存款货币的创造过程。由于商业银行的这种特殊功能会对国家的整个信用体系产生影响，因此，各国中央银行都采用相应的手段对商业银行的信用扩张程度产生影响。

2. 商业银行存款货币的创造与收缩过程

派生存款的创造过程表现为存款、贷款在商业银行负债业务上的变化，这个变化是一个序列过程。举例说明如下：

假设在中央银行的法定存款准备金率为 20% 时，A 客户将 100 万元现金存入第一家商业银行，这时该商业银行除了将 20 万元（100×20%）缴存法定存款准备金外，最多可向 B 客户发放贷款 80 万元。

当 B 客户得到 80 万元贷款后，用于向 C 公司购买原材料，C 公司将收到的货款存入第二家商业银行，该商业银行须按规定缴存 16 万元（80×20%）的法定存款准备金，然后将 64 万元的款项贷给 D 客户。

当 D 客户得到 64 万元的贷款后，用于向 E 公司偿还货款，E 公司又将收到的款项存入第三家商业银行，依此类推，整个商业银行体系由活期存款创造派生存款的过程和数额见表 8-1。

表 8-1　商业银行体系由活期存款创造派生存款的过程和数额　（单位：万元）

银行名称	存款总额	法定存款准备金数额（20%）	贷款金额（80%）
第一家商业银行	100	20	80
第二家商业银行	80	16	64
第三家商业银行	64	12.8	51.2
第四家商业银行	51.20	10.24	40.96
第五家商业银行	40.96	8.192	32.768
…	…	…	…
合　计	500	100	400

在不受其他因素影响的前提下，100 万元原始存款在存款准备金率为 20% 时，通过商业银行体系可以使活期存款的总额增加到 500 万元，使银行最多发放贷款 400 万元。在全部活期存款总额中，除去原始存款，其余 400 万元（500−100）就是 100 万元原始存款所派生出的存款额。用公式表示这一关系为

$$D=\frac{R}{r}$$

式中，D 是活期存款总额；R 是原始存款；r 是法定存款准备金率。

在本例中，商业银行体系创造出的活期存款总额用公式计算为

$$\text{活期存款总额}=\frac{100}{20\%}=500\text{（万元）}$$

由此可知，派生存款的计算公式为

$$\text{派生存款额}=D-R$$

或

$$\text{派生存款额}=R\left(\frac{1}{r}-1\right)$$

用上面数据带入公式可知：

$$\text{派生存款额}=500-100=400\text{（万元）}$$

或

$$\text{派生存款额}=100\left(\frac{1}{20\%}-1\right)=400\text{（万元）}$$

在上述公式中，如果调高存款准备金率 r，派生存款的数额将会相应地减少。因此，各国中央银行都采取存款准备金制度来控制商业银行派生存款的数量，即通过调整法定存款准备金率，收缴商业银行的一部分存款，减少其货币创造的能力。

课堂讨论

法定准备金率上升，货币供应量如何变化？

法定准备金率下降，货币供应量如何变化？

3. 商业银行创造派生存款的限制因素

商业银行具有创造派生存款的能力，但派生存款的扩张并不是无限度的，派生存款的总量

取决于原始存款和派生倍数（存款乘数）。在上面商业银行存款创造的分析当中，我们假定：①银行客户不支取现金；②商业银行只提取法定存款准备金，没有超额准备金。但实际上，这些假定并不符合商业银行经营的实际，因此，当我们把这些假定放松时，商业银行存款派生倍数的大小会受以下诸多因素的制约。

（1）法定存款准备率。各家商业银行均需按一定比率将其存款的一部分转存于中央银行，目的就在于限制商业银行创造存款的能力。一般在其他条件不变的情况下，法定存款准备率越高，派生存款的扩张倍数就越小，二者之间呈现一种减函数关系。法定存款准备率是派生存款的主要制约因素。

（2）现金漏损率。客户总会从银行提取或多或少的现金，从而使一部分现金流出银行系统，出现所谓的“现金漏损”。现金漏损与存款总额之比称为现金漏损率，或提现率。由于现金外流，银行存款用于放贷部分的资金减少，由此也就削弱了商业银行活期存款的派生能力。现金漏损率对派生存款扩张倍数的限制与存款准备率一样，即现金漏损率越高，派生存款就越少。二者的区别在于，存款准备率是中央银行根据客观需要制定和调整的，带有一定的主观因素，而现金漏损是在社会经济生活中自然发生的。

（3）超额准备金率。银行在实际经营中所提留的准备金，不可能恰好等于法定准备金，为了应付客户提现和临时放贷的需要，事实上银行实际持有的存款准备金总是高于法定准备金，这一超出部分的款额称为超额准备金。显然，超额准备金和法定准备金一样，也相应减少了银行创造派生存款的能力。超额准备金与存款总额的比率，称为超额准备金率。

以上我们只是分析了商业银行创造派生存款过程中的基本影响因素，现实中派生存款的扩张究竟能达到多少倍，还得依国民经济情况，依所处的经济发展阶段而定。比如，客户对贷款的需求要受经济发展的制约，并非任何时候银行都有机会将可能贷出的款项全部贷出，因为银行能否发放贷款，能贷出多少，不仅取决于银行行为，还要看企业或个人是否有贷款需求。在经济停滞和预期利润率下降的情况下，即使银行愿意多贷，企业或个人也可能不要求贷款，从而理论上的派生规模并不一定能够实现。

8.2.4 货币层次的划分

货币是在购买商品或劳务时被广泛接受的支付手段，我们手中的通货，即钞票和硬币当然是被广泛接受的。但是在现代社会中，企业之间可通过支票来进行购买和支付，我们在银行中的各种存款可以转换成现金，信用卡也是一种被广泛接受的支付手段。此外，人们所持有的商业票据、债券、股票等都可以在一定条件下转换成货币，在一定程度上执行货币的某些职能。因此，货币的范围不仅包括流通中的货币，还包括银行存款，甚至各种有价证券等，这些被称为准货币。可见，流通中的纸币或辅币只是货币的一部分，而不是货币的全部。货币包含的范围要比通货大得多，因此货币可以划分为若干层次。

8.2.4.1 货币层次的划分标准

目前，国际通用的划分货币层次的方式是以金融资产的流动性为标准。流动性是指一种金融资产能迅速转换成现金而对持有人不产生损失的能力，它取决于买卖的便利程度和买卖时的交易成本。货币流动性越强，其变现能力越强。现金和活期存款可以作为流通手段和支付手段使用，具有完全的流动性，其货币性最强。定期存款和储蓄存款虽然也会形成购买力，但需转化为现金才能变为现实的购买力，提前支取会遭受一定损失，因此其流动性稍差一些。

8.2.4.2 货币层次的划分方法

1. 国际货币基金组织对货币层次的划分

国际货币基金组织将货币划分为三个层次：M0（现钞）、M1（狭义货币）、M2（广义货币）。

M0= 现钞

M1=M0+ 活期存款

M2=M1+ 准货币

（1）M0：它是指流通于银行体系以外的现钞，即居民手中的现钞和企业单位的备用金，不包括商业银行的库存现金。

（2）M1：它是由 M0 加上商业银行活期存款构成。由于活期存款随时可以签发支票而成为直接的支付手段，所以它是同现钞一样最具有流动性的货币。各种统计口径中的“货币”，通常是指 M1。M1 作为现实的购买力，对社会经济生活有着广泛而直接的影响，因此，许多国家都把控制货币供应量的主要措施放在这一层，使之成为政策调控的主要对象。

（3）M2：它是由 M1 加上准货币构成。准货币由银行的定期存款、储蓄存款、外币存款以及各种短期信用工具如银行承兑汇票、短期国库券等构成。准货币本身虽非真正的货币，但它们经过一定的手续后，能比较容易地转化为现实的货币，加大流通中的货币供应量。广义货币相对于狭义货币来说，范围扩大了，它包括了一切可能成为现实购买力的货币形式。M2 层次的确立，对研究货币流通整体状况具有重要意义，特别是对金融制度发达国家货币供应的计量以及对货币流通未来趋势的预测均有独特的作用。因此，许多经济和金融发达国家就出现了把货币供应量调控的重点从 M1 向 M2 转移的趋势。

2. 我国货币层次三个口径的划分

基于我国目前的经济形势和金融管理体制，根据各类货币的流动性特点，可以将货币划分为以下三个层次：

（1）M0：流通中现金。

（2）M1：M0+ 可开支票的活期存款。

（3）M2：M1+ 准货币（企业单位定期存款 + 城乡居民储蓄存款 + 证券公司的客户保证金存款 + 其他存款）。

其中，M1 是我国的货币供应量，通常也称为狭义货币，是中国人民银行管理和调控货币流通的重点目标。M2 是通常所说的广义货币。商业票据和短期融资债券不属于准货币。

学中做，做中学

2022 年 1 月 18 日，国务院新闻办公室举行新闻发布会，在发布会上，中国人民银行副行长对 2022 年保持货币信贷总量稳定增长做出说明：综合运用多种货币政策工具，保持流动性合理充裕，增强信贷总量增长的稳定性，引导金融机构有力扩大信贷投放，保持货币供应量和社会融资规模增速同名义经济增速基本匹配。

学中做：请登录中国人民银行网站，收集整理近 5 年货币供应量数据。

做中学：根据统计数据，说明 M0、M1、M2 的内涵，用货币供应量增长速度分析我国的货币政策。

8.3 保持合理的流动性

案例引入

2023 年 3 月 27 日中国人民银行降低金融机构存款准备金率 0.25 个百分点（不含已执行 5% 存款准备金率的金融机构）。本次下调后，金融机构加权平均存款准备金率约为 7.6%。本次全面降准预计向银行体系释放长期资金 5 000 亿～5 300 亿元。中国人民银行表示，坚决贯彻落实党的二十大、中央经济工作会议和全国两会精神，按照党中央、国务院决策部署，精准有力实施好稳健货币政策，更好发挥货币政策工具的总量和结构双重功能，保持货币信贷总量适度、节奏平稳，保持流动性合理充裕，保持货币供应量和社会融资规模增速同名义经济增速基本匹配，更好地支持重点领域和薄弱环节，不搞大水漫灌，兼顾内外平衡，着力推动经济高质量发展。

请思考：什么是货币均衡？如何调整货币失衡？

知识解读

8.3.1 货币均衡与非均衡

货币供给与货币需求之间存在三种对比状态。若用 M_s 表示货币供给，M_d 表示货币需求，则有 $M_s=M_d$、$M_s>M_d$、$M_s<M_d$ 三种情况。前者称为货币均衡，后两者称为货币非均衡或货币失衡。

8.3.1.1 货币均衡

货币均衡是指一国在一定时期内货币供给与货币需求基本相适应的货币流通状态。对货币均衡概念的理解应注意以下三点：

（1）货币均衡不能机械地理解为 M_d 与 M_s 绝对相等。这里的“=”并非数学概念，是指货币供求基本相适应，而非绝对相等。其实，货币供给量对于货币需求量具有一定的弹性或适应性，即所谓的货币容纳量弹性。这是因为货币资产、金融资产、实物资产之间存在相互替代效应以及货币流通速度具备自动调节功能，从而使货币供给量可以在一定幅度内偏离货币需求量，而不至于引起货币贬值、物价上涨。例如，当 $M_s>M_d$ 时，首先会引起社会成员的持币量增加，消费倾向上升。但由于商品供给量有限，不可能使大家的消费愿望都得到满足，于是，必然造成部分人持币待购或购买其他金融资产——股票、债券、存款等。前者会引起货币流通速度减慢，后者会使购买力分流，从而使货币供给量同实际货币需求量基本相适应。

（2）货币均衡是一个动态的概念，是一个由均衡到失衡，再由失衡恢复到均衡的不断运动的过程。它不要求某一时点上货币供求完全相适应，承认短期内货币供求间的不一致，但长期内货币供求之间是相互适应的。

（3）货币均衡不仅指货币供求总量的均衡，而且包括货币供求结构的均衡。所谓货币供求结构均衡是指各经济部门的商品或劳务基本上能顺利地转化为货币，且各经济部门、企业和家庭持有的货币也能顺利地按基本设定的价格转化为商品或劳务。

8.3.1.2 货币非均衡

货币非均衡，亦称货币失衡，是指在货币流通过程中，货币供给偏离货币需求，从而使两者之间不相适应的货币流通状态。货币失衡大致可划分为三种情况：

（1）$M_s>M_d$，即货币供给量过大。这种情况下，整个经济必然会处于过度膨胀的状态，生产发展很快，各种投资急剧增加，市场商品物资供应不足，太多的货币追逐太少的商品，导致物价上涨。这就是所谓的通货膨胀现象。

（2）$M_s<M_d$，即货币供给不足。客观的货币需求得不到满足，整个经济必然会处于萎缩或萧条的状态，资源大量闲置，企业开工不足，社会经济的发展因需求不足而受阻。这就是所谓的通货紧缩现象。

（3）货币供给与货币需求构成不相适应。一些经济部门由于需求不足，商品积压，不能顺利实现其价值和使用价值，生产停滞不前；而另一些经济部门则需求过度，商品供不应求，价格上涨，生产发展一度很快。这表明整个经济结构失调，发展畸形。

8.3.2 货币均衡与社会总供求均衡

社会总供求均衡是指社会总供给与总需求的相互适应，它是宏观经济的最终平衡。而要实现这一平衡，就必须实现商品市场和货币市场的统一均衡。其中货币市场的均衡又处于主导地位，现代经济运行总体均衡的重要特征是货币形态的均衡，只有实现了货币均衡，才能实现商品和劳务的供求平衡，如图 8-1 所示。

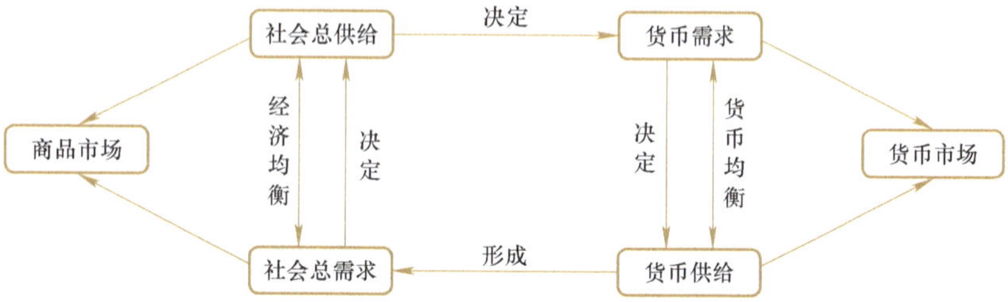

图 8-1　货币均衡与社会总供求均衡的关系

8.3.2.1 货币供给量与社会总需求

社会总需求（AD）的构成通常包括：消费需求（C）、投资需求（I）、政府支出（G）和出口需求（X），用公式表示为

$$AD=C+I+G+X$$

以上各种需求在现代经济中均表现为有货币支付能力的需求，任何需求的实现都需支付货币。社会总需求由流通性货币及其流通速度两部分决定，而不论是流通性的货币还是潜在的货币，都是由银行体系的资产业务活动创造出来的。由此我们知道，银行体系的资产业务活动创造出货币供给，货币供给量形成有支付能力的购买总额，从而影响社会总需求；调节货币供给量的规模就能影响社会总需求的扩张水平。因而，货币供给量是否合理决定着社会总需求是否合理，从而决定着社会总供求能否达到均衡。

8.3.2.2 货币均衡与社会供求均衡

（1）社会总供给决定货币需求。一国在一定时期生产出一定数量的商品和劳务后，这些商品和劳务的价值需要实现，由此产生了货币需求。到底需要多少货币量，取决于有多少实际资源需要货币实现其流转并完成包括生产、分配、交换和消费这些相互联系的环节在内的再生产过程，这是社会总供给决定货币需求的基本理论的出发点。

（2）货币需求决定货币供给。要实现货币供求的均衡，中央银行需要依据一定时期货币需求量的多少调控货币供给量。

（3）货币供给形成社会总需求。通过银行体系投放到市场上的货币量一旦被各类经济主体所获得，就会形成真实的对商品和劳务的购买能力，形成社会总需求。

（4）社会总需求决定社会总供给。一定时期各经济主体对商品和劳务有多少需求，决定了该时期商品和劳务的产出水平。如果需求少而产出多，则会导致生产过剩、商品滞销、物价下跌；反之则相反。

思考与提升

2022 年社会经济发展

2023 年国务院政府工作报告总结指出：2022 全年国内生产总值增长 3%，城镇新增就业 1206 万人，年末城镇调查失业率降到 5.5%，居民消费价格上涨 2%；货物进出口总额增长 7.7%；财政赤字率控制在 2.8%，中央财政收支符合预算、支出略有结余；国际收支保持平衡，人民币汇率在全球主要货币中表现相对稳健；粮食产量 1.37 万亿斤，增产 74 亿斤；生态环境质量持续改善。在攻坚克难中稳住了经济大盘，在复杂多变的环境中基本完成全年发展主要目标任务，我国经济展现出坚强韧性。

总结提高：2022 年实现了经济平稳运行、发展质量稳步提升、社会大局保持稳定，我国发展取得来之极为不易的新成就。

8.3.3 货币非均衡的调节

中央银行总是针对具体的货币供求状况来进行调节。若货币供求均衡，社会总供求也处于均衡状态，社会物价稳定，生产正常发展，资源得到有效的利用。这是一种较为理想的状态。此时中央银行应采取一种中立的货币政策，供应多少货币可完全由经济过程中的各种力量决定，中央银行不必从外部施予调节。若货币供求失衡，不论是通货膨胀，还是通货紧缩，抑或是货币供求结构不相适应，中央银行都需要对货币供给的总量和结构进行调节，使之符合客观的货币需求。中央银行对货币供求失衡的调节方式主要有四种：

1．供给型调节

供给型调节是指中央银行在对失衡的货币供需进行调整时，以货币需求量作为参照系，通过对货币供给量的相应调整，使之适应货币需求量，并在此基础上实现货币供需由失衡状态到均衡状态的调整。中央银行在货币供给量大于货币需求量的货币失衡状态时，从紧缩货币供给量入手，使之适应货币需求量；当货币供给量小于相应的货币需求量时，则从扩张货币供给量入手，使之迎合货币需求量。

2．需求型调节

需求型调节是指中央银行在既定的货币供给量下，针对货币供求总量和结构失衡的情况，运用利率、信贷等措施，调节社会的货币需求的总量和结构，使之与既定的货币供给量相适应，以保持货币供求的均衡。

3. 混合型调节

混合型调节是指中央银行对货币供求总量和结构失衡的状况，不是单纯地调节货币供给量，或单纯地调节货币需求量，而是双管齐下，既做供给型调节，也搞需求型调节，以尽快达到货币供求均衡而又不会给经济带来太大波动。

4. 逆向型调节

逆向型调节是指中央银行面对货币供给量大于货币需求量的失衡状况，不是采取收缩货币供给量的政策，而是用“以毒攻毒”的办法，适当增加货币供给量，调整货币供给结构，以增加货币需求，从而促使货币供求恢复均衡。其具体内涵是：若货币供给量大于货币需求量，同时现实经济运行中又存在着尚未充分利用的生产要素，而且也存在着某些供不应求的短缺产品时，社会经济运行对此需求量很大，而可供能力又相对有限，那么可以通过对这类产业追加投资和发放贷款，以促进供给的增加，并以此来消化过多的货币供给，达到货币供需由失衡到均衡的调整。

中央银行在对货币非均衡调节的过程中，还需要财政政策及其他经济政策的积极配合。

单元小结

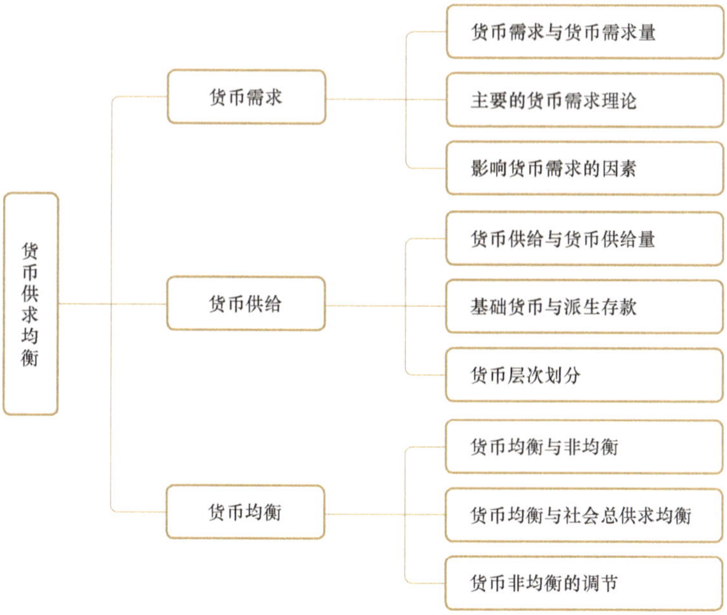

复习思考题

一、单项选择题

1. 我国货币层次划分中，M1 为（　　）货币。

   A. 狭义　　B. 广义　　C. 存款　　D. 信用

2．现金与商业银行在中央银行的准备金存款构成（　　）。
A．超额准备金　B．总准备金　C．基础货币　D．存款
3．根据凯恩斯流动性偏好理论，当预期利率上升时，人们就会（　　）。
A．抛售债券而持有货币　B．抛出货币而持有债券
C．只持有货币　D．以上说法均不正确
4．根据凯恩斯流动性偏好理论，当前市场利率比正常水平高时，人们就会（　　）。
A．抛售债券而持有货币　B．抛出货币而持有债券
C．只持有货币　D．以上说法均不正确
5．超额准备金率的变动主要取决于（　　）的行为。
A．中央银行　B．社会公众　C．商业银行　D．监管当局
6．（　　）货币需求的特征是：难以预测；对利率极为敏感。
A．交易性　B．投机性　C．预防性　D．信用
7．在划分货币供应量层次时，各国主要是依据金融资产的（　　）来划分的。
A．流动性　B．风险性　C．安全性　D．盈利性

二、多项选择题

1．基础货币包括（　　）。
A．商业银行吸收的储蓄存款　B．商业银行存入中央银行的准备金
C．企业在商业银行的存款　D．社会公众持有的现金
E．国库券
2．在我国货币层次划分中，以下属于 M1 的有（　　）。
A．现金通货　B．机关、团体、部队存款
C．企业活期存款　D．储蓄存款
E．外币存款
3．商业银行具有扩张信用、创造派生存款的能力，其派生存款倍数受（　　）制约。
A．法定存款准备金率的高低　B．超额存款准备金率的高低
C．现金漏损率的高低　D．货币化比率
E．现金量的高低
4．凯恩斯认为，人们持有货币的动机有（　　）。
A．交易性动机　B．储藏性动机
C．预防性动机　D．投机性动机
5．弗里德曼把影响货币需求量的诸因素划分为（　　）。
A．各种金融资产
B．恒久收入和财富结构
C．持有货币的预期收益率和机会成本
D．财富持有者的偏好

三、问答题

1．综述凯恩斯的货币需求理论。
2．基础货币与货币供给量的关系是怎样的？
3．货币均衡与社会总供求均衡的关系是怎样的？

四、案例分析

1. 假定商业银行系统有 150 亿元的存款准备金，r=10%，如果 r 上升至 15% 或下降至 5%，最终货币供给量有何变化？

2. 假设法定存款准备金率为 5%，如果你在 A 银行存入 1 000 元现金，那么 A 银行的法定准备金、超额准备金有何变化？A 银行能够增加多少贷款？整个银行体系在简单存款创造条件下最终会新创造多少货币？

技能实训

家庭货币持有量调查

1. 学生分组对以下问题进行讨论：

（1）家庭财富主要分布在哪些方面？

（2）持有货币量一般在多大比例？

（3）持有货币一般是出于哪些目的？

（4）持有货币量的高低变化受哪些因素影响？

2. 根据讨论结果形成实训报告。

3. 教师引导点评，组织各小组汇报和讨论。

单元 9

为什么钱越来越不值钱了——把握通胀与通缩

学习目标

【能力目标】

- 能应用通货膨胀的衡量指标进行相关分析。
- 能解释通货膨胀的成因。
- 能处理通货紧缩中出现的相关问题。

【知识目标】

- 了解通货膨胀和通货紧缩的意义。
- 理解通货膨胀和通货紧缩的成因。
- 掌握通货膨胀和通货紧缩的治理方法。

【素质目标】

- 能够辨析通货膨胀和通货紧缩，树立物价稳定的意识。
- 理解物价走向与宏观货币政策之间的关系，能够进行正确宣导。

单元引例

津巴布韦的通货膨胀

2015 年 6 月，津巴布韦央行宣布采取“换币”行动，从 6 月 15 日起至 9 月 30 日内，175 千万亿津巴布韦元可换 5 美元，每个津元账户最少可得 5 美元。此外，对于 2009 年以前发行的津元，250 万亿津元可兑换 1 美元。此举再次让这个在 2009 年以前饱受通货膨胀之苦的国家和臭名昭著的津巴布韦元回到了我们的视线中。其实，津巴布韦元自从 2009 年不再作为津巴布韦法定货币后已经“死亡”，津央行这次不过让这种货币彻底退出了历史舞台，对津国经济和百姓生活不会造成太大影响。

津巴布韦是一个矿产资源丰富、土地肥沃的非洲南部国家，于 1980 年独立，当时津元与美元汇率为 1:1.47。经济实力仅次于南非，曾被誉为“非洲面包篮”，来自津巴布韦的粮食养活了非洲的饥民。然而自前总统穆加贝在 2000 年推行激进土地改革，津巴布韦的农业、旅游业和采矿业一落千丈，经济逐渐濒于崩溃。

2006 年 8 月，津央行以 1:1 000 的兑换率用新元取代旧币。

2008 年 5 月，津央行发行 1 亿面值和 2.5 亿面值的新津元，时隔两周，5 亿面值的新津元出现（大约值 2.5 美元），再一周不到，5 亿、25 亿和 50 亿新津元纸币发行。

同年 7 月，津央行发行 100 亿面值的纸币。

同年 8 月，政府从货币上勾掉了 10 个零，100 亿津巴布韦元相当于 1 新津巴布韦元。

2009 年 1 月，津央行发行 100 万亿面值新津元。

2001 年，100 津元可以兑换 1 美元。10 年不到，2009 年，10 的 31 次方的新津元才能兑换到 1 美元。津巴布韦元彻底沦为垃圾货币。津巴布韦元变得一无是处，津国超市货架上空空如也，百姓陷于饥荒，工业生产陷于停滞，公共交通、公共电力中断，津国经济陷入崩溃。

2009 年 4 月，津政府宣布，新津元退出法定货币体系，以美元、南非兰特、博茨瓦纳普拉作为法定货币，此后的几年中，澳元、人民币、日元、印度卢比也加入津国法定货币体系。

在纸币取代黄金白银成为人类流通货币的一百多年间，津元并不是唯一发生恶性贬值的货币。1922 ～ 1923 年间的德国纸马克、1945 ～ 1946 年间的匈牙利平格、1971 ～ 1981 年间的智利比索、1975 ～ 1992 年间的阿根廷比索、1988 ～ 1991 年间的秘鲁索尔都发生过这种恶性通货膨胀现象。那么如果与通货膨胀相反，货币量减少，物价降低是不是情况就好一点呢？事实完全不是如此，通货紧缩不像通货膨胀那样容易给人们留下印象，殊不知它给经济生活造成的危害也一点都不浅。接下来就详细说一说通货膨胀和通货紧缩。

9.1 货币贬值以后

案例引入

“万元户”这个词语，对很多人来说并不陌生。如今对于许多人来说，成为“百万富翁”也不再是梦想。所谓的“万元户”，就是收入或者存款 1 万元以上的家庭。当年，有多少人羡慕那些“万元户”。1981 年的“万元财富”相当于当时人均储蓄的 200 倍，那时，国家干部的月工资也只有二三十元，所以“万元户”对于很多人来说都是可望而不可即的梦想。如果月工资二三十元，不吃不喝 30 年也未必拥有 1 万元存款。如今，1 万元却很常见了。

40 年之前，没有几个人是“万元户”，但是现在资产超过 100 万元的家庭已不少，甚至超过千万都有很多。之所以这么多家庭成为“百万元户”，甚至成为“千万元户”，这和改革开放、经济增长有关，但是更和通胀有关。通胀的推动下，让更多人跨入“百万富翁”的队伍之中。特别是很多城市房价 10 年上涨 10 倍，所以很多人一不小心就成了“百万富翁”。十年前，很多房子只值 10 万元到 20 万元，但是在房价上涨的贡献下，它们很快就身价超过 100 万元。

李大妈在市场上买大米时，发现此时大米已经是 5.30 元 / 斤了，她记得这种大米的价格在 2005 年只有 1.90 元 / 斤，因此，可算出该大米的物价指数为 2.79（5.30/1.90）。就购买大米的能力而言，与 2005 年的 1 000 元相比，如今的 1 000 元已缩水至 358.5 元，这是通货膨胀的另一个侧面，即货币购买力的降低。

请思考：什么是通货膨胀？为什么会产生通货膨胀？通货膨胀会带来哪些负效应？如何有效治理通货膨胀？

知识解读

通货膨胀的含义与种类

9.1.1 通货膨胀的含义与种类

9.1.1.1 通货膨胀的含义

通货膨胀（Inflation）通常被定义为：商品和服务的货币价格总水平持续上涨的现象。这个定义包含以下几个关键点：①强调把商品和服务的价格作为考察对象，目的在于与股票、债券以及其他金融资产的价格相区别。②强调“货币价格”，即每单位商品、服务用货币数量标出的价格，说明通货膨胀分析中关注的是商品、服务与货币的关系，而不是商品、服务与商品、服务相互之间的对比关系。③强调“总水平”，说明其关注的是普遍的物价水平波动，而不仅仅是地区性的或某类商品及服务的价格波动。④关于“持续上涨”，是强调通货膨胀并非偶然的价格跳动，而是一个“过程”，并且这个过程具有上涨的趋向。

另外关于通货膨胀，还有以下种种定义：

——通货膨胀指的是需求过度的一种表现，在这种状态下，过多的货币追逐过少的商品。

——通货膨胀是货币存量、货币收入增长过快的表现。

——通货膨胀是在如下条件下的物价水平上涨现象：无法准确预期；能引发进一步的上涨过程；没有增加产出和提高就业效应；其上涨速度超过安全水准；由货币供应的不断增加来支撑；具有不可逆性。

——通货膨胀是货币客观价值的下跌，其度量标准是：黄金价格；汇率；在官方规定金价或汇率条件下对黄金、外汇的过度需求，等等。

课堂讨论

通货膨胀是否是纸币条件下的特有产物，在金属货币流通条件下不可能发生？

9.1.1.2 通货膨胀的种类

1. 按物价上升率幅度分类

通货膨胀按物价上升率幅度的不同可分为潜行的通货膨胀、温和的通货膨胀、飞奔的通货膨胀和恶性的通货膨胀。

潜行的通货膨胀，也称爬行的通货膨胀，一般指物价水平年均上涨率在 1% ～ 3% 以内，且人们不会产生对通货膨胀的预期（即预期物价水平将进一步上涨的心理）。

温和的通货膨胀，一般指物价水平年均上涨率在 3% ～ 10%。

飞奔的通货膨胀，一般指物价水平年均上涨率达到 10% ～ 100%。

恶性的通货膨胀，又称超级通货膨胀，一般指物价水平年均上涨率大于等于 100% 或月均超过 50%。

2. 按形成原因或发生机制分类

通货膨胀按形成原因或发生机制的不同可分为需求拉动型通货膨胀、成本推动型通货膨胀和结构型通货膨胀。

需求拉动型通货膨胀是指由于“对产品和劳务的需求超过了在现行价格条件下可能的供给”而产生的物价水平上涨。

成本推动型通货膨胀是指由于产品和劳动成本上升而引起的物价水平上涨，包括工资推动的通货膨胀、利润推动的通货膨胀、进口性通货膨胀和出口性通货膨胀。

结构型通货膨胀是指由于社会经济结构方面的原因而引起的物价水平上涨。

3. 按表现形式分类

通货膨胀按表现形式的不同可分为公开性通货膨胀、隐蔽性通货膨胀和抑制性通货膨胀。

公开性通货膨胀是指完全通过物价水平上涨形式反映出的通货膨胀，通货膨胀率等于物价上涨率，在市场经济条件下，通货膨胀基本上是公开性通货膨胀的形式。

隐蔽性通货膨胀是指物价水平的上涨并没有完全在官方物价指数上反映出来的通货膨胀。

抑制性通货膨胀是指在经济生活中存在着通货膨胀的压力，但价格被政府管制，因而无法上涨的情形。

9.1.2　通货膨胀的衡量指标

通货膨胀的严重程度是通过通货膨胀率这一指标来衡量的，该指标的计算公式为

$$\text{当期的通货膨胀率} = \frac{\text{当期价格水平} - \text{上一期价格水平}}{\text{上一期价格水平}} \times 100\%$$

价格水平的高低是通过各种价格指数来衡量的。世界上较为流行的价格指数可以分为以下四类：

（1）消费者价格指数（Consumer Price Index，CPI）。该指数是根据家庭消费的代表性商品和劳务的价格变动状况而编制的，主要反映了与人们生活直接相关的衣物、食品、住房、水、电、交通、医疗、教育等商品和劳务的价格变动。该指标的优点是资料比较容易收集，便于及时公布，能够较为迅捷地反映公众生活费用的变化。它与社会公众的生活密切相关，因而备受关注。但是该指标涵盖的范围较窄，不能反映各种资本品及中间产品的价格变动情况。

（2）生产者价格指数（Producer Price Index，PPI）。该指数是根据企业而不是消费者所购买的商品价格的变化状况编制的，反映了包括原材料、中间产品及最终产品在内的各种商品批发价格的变化。生产者价格指数反映了企业经营成本的变动，因而为企业所广泛关注；同时，因为企业生产经营成本上升的传递效应最终往往要在消费品的零售价格中反映出来，所以，生产者价格指数在一定程度上预示着消费者价格指数的变化。

（3）国民生产总值价格平减指数（GNP Deflator）。该指数是一个涵盖范围非常广的价

格水平指标，反映了一国生产的各种最终产品（包括消费品、资本品以及劳务）价格水平的变化状况。它等于按当期价格计算的国民生产总值（即名义值）与按基期计算的国民生产总值（即实际值）的比率。例如，某国 2022 年的国民生产总值为 3.3 万亿美元，而按 2020 年的价格计算则为 3 万亿美元；如果 2020 年的价格指数为 100，则 2022 年的 GNP 平减指数为 110（$3.3/3\times100$）。虽然 GNP 平减指数能够较为全面地反映总体价格水平的变化趋势，但是编制该指标所需要的大量数据却不易收集，因此难以经常性地进行统计公布，一般只能一年公布一次。

（4）核心价格指数。在所有商品和服务价格中，一般认为能源和食品的价格波动是最大的，而这两者价格的变化往往与社会总供求对比及货币供应量增减之间的直接联系并不显著。比如，国家对能源产品限产、限价，以及由于人们消费结构的变化所导致的食品价格波动，或食品价格季节性波动等因素，都不是直接由社会总供求对比和货币供应量增减所引起的。所以，人们把剔除了能源价格和食品价格之后的物价指数视为核心价格指数，并用这种经过处理后的指数来度量物价变动和通货膨胀的程度。需要特别指出的是，由于各国的经济发展水平及居民的消费支出结构不同，核心价格指数的作用也不尽相同。我国消费者价格指数的构成中食品类支出比重较高，从我国近 40 年的历史经验来看，通货膨胀时期总是伴随着食品类价格的上涨；从构成上来分析，食品价格的上涨在整个物价上涨中的权重往往超过 50%。由于我国的特殊国情，在通货膨胀的度量中一定要慎用核心价格指数，以免造成对宏观经济形势的不正确判断。

利用上述价格指数来计算通货膨胀率有一个前提，那就是价格能够较为自由地波动。在一些对价格，特别是对基础性产品价格实行严格控制的国家，价格上升的趋势可能被人为地压制，因而表面上物价并未上涨或上涨幅度不高，实际上却可能存在着部分商品的严重短缺，人们为获得一定量的商品必须支付排队等候等一系列额外的成本，这种情形被称为隐蔽性的通货膨胀。

思考与提升

物价稳定，人民幸福

近年来，中国人民银行坚持实施稳健、正常的货币政策，为物价稳定提供了坚实的基础。2022 年的消费物价指数（CPI）涨幅是 2%，这是一个非常理想的通货膨胀水平。2018 年到 2022 年，平均的通货膨胀指数也是 2%。2013 年到 2022 年这十年，最高的 CPI 达到过 2.9%，最低是 0.9%，平均也是 2%。

总结提高：价格与人民群众切身利益息息相关，是度量民生冷暖的“温度计”。近年来，我国物价运行总体保持平稳，我国有充足的政策空间，有强大国内市场支撑，有信心、有底气，有能力、有条件保障物价平稳运行。

9.1.3 通货膨胀的成因

由于各个国家的经济发展水平不同，经济管理的政策体系不同，通货膨胀形成的原因往往也不相同。但一般来讲，形成通货膨胀的原因主要有以下几个方面：

1. 需求拉动的通货膨胀

需求拉动的通货膨胀是从总需求的角度解释通货膨胀产生的原因，认为通货膨胀源于总需求的扩大。无论是消费、投资还是政府支出的增加都可以使总需求增加，当总需求大于充分就业时的总供给时，形成通货膨胀缺口，引起通货膨胀。总需求突然增加的原因有很多，一个重要方面是货币供给的快速增加。弗里德曼说："通货膨胀在任何时间和任何地点，都只是一种货币现象。"他的意思是，通货膨胀的核心根源还是货币太多。

2. 成本推动的通货膨胀

成本推动的通货膨胀是从总供给的角度分析通货膨胀产生的原因，由于总供给取决于供给函数，而供给函数又主要受成本的影响，因此，成本推动的通货膨胀就是从生产成本的角度解释通货膨胀现象。根据成本增加原因的不同，又可以将该理论大致分成以下几类：

（1）工资推动的通货膨胀。工人工资是主要的生产成本之一，随着工资的增长，生产成本也随之增加，厂商为了维持或者扩大原有的利润水平就会相应地抬高产品的价格。虽然对于工人而言，名义的货币工资增加了，但由于物价水平的提高，其实际工资水平并没有提高，甚至有可能下降。因此，工人为保持原有的购买力就会继续向厂商施压，要求提高工资水平，这时厂商又会将工资增加转移到产品的价格中去，从而形成工资水平和物价水平的螺旋式上升，引发通货膨胀。

（2）垄断价格推动的通货膨胀。在不完全竞争的市场上，垄断厂商出于垄断地位，控制了产品的销售价格。为了提高利润，垄断厂商利用自身的垄断力量，抬高产品价格，从而导致该垄断行业价格水平的上涨。由于受产业链的影响，垄断行业价格水平的上涨又会沿着产业链向下游产业传导，进而影响非垄断行业，最终导致全社会一般价格水平的上涨，引发通货膨胀。

（3）进口成本推动的通货膨胀。在开放经济条件下，国际贸易变得非常普遍，这时，通货膨胀不仅要受到本国经济运行状况的影响，与之有着密切联系的贸易伙伴国对一国通货膨胀现象的发生也承担一定的责任。由于汇率、贸易国发生通货膨胀等因素的影响，进口产品的价格上涨，厂商的生产成本相应随着增加，为维持必要的利润率，厂商不得不提高价格，将增加的成本转移给消费者或是下游厂商，一般物价水平将相应提高。这类通货膨胀源于进口商品价格的上涨，在封闭经济情况下不存在，因此它在固定汇率制度下又被称为"通货膨胀的国际传递"。

（4）间接成本推动的通货膨胀。这种通货膨胀源于厂商之间的竞争。厂商为了扩大市场、提高市场占有率，增强竞争力等，就必须增加许多间接成本，如技术改进费用、广告费用和研发费用等，这部分成本往往被厂商转移到产品的价格上去，从而引起物价的上涨。

3. 混合型通货膨胀

混合型通货膨胀是由需求拉动和成本推动共同作用引起的通货膨胀。在现实经济中，很难区分物价的上涨是受成本的影响，如工资增加，还是需求的作用。因为随着工资的上涨，居民收入增加，消费需求就会增长。因此，经济学家就提出混合型通货膨胀，即需求和成本因素混合的通货膨胀。

单一的成本推动的通货膨胀在现实经济中不可能持续下去，因为当发生成本推动的通货膨胀时，若总需求不做相应的调整，市场重新达到均衡状态时，产出就会比初始状态低，结果导致更高的失业率。政府作为宏观经济的调控者，不会容忍失业率的大幅上升，就会动用扩张性的财政政策或是货币政策去扩大总需求，因而此时的通货膨胀就包括了需求扩张的因素。

4. 结构型通货膨胀

在现实经济不存在成本增加和需求扩张的情况下，经济结构因素也可能引起通货膨胀现象，这就是结构型通货膨胀。

在现实经济中，不同经济成分之间往往有着不同的技术结构、劳动力结构等，由此导致不同经济部门之间有着不同的劳动生产率的增长率。但是，在工作以及其他因素的作用下，不同劳动生产率增长率的部门工人却要求有相同的货币工资增长率。当劳动生产率增长率较高的部门货币工资增长时，劳动生产率增长率较低的部门也随之增加相同的比率，但是该部门的劳动生产率增长率低于货币工资增长的速度，从而使得该部门生产单位商品的工资成本增加，厂商转移增加的成本又引起商品价格水平的上升，进而引发通货膨胀。结构型通货膨胀的根源在于经济体中部门之间劳动生产率的增长率存在着差异,发展至后期就演变成成本推动的通货膨胀。

1970 年之后，世界一些主要工业化国家，如美国、英国、日本、德国、法国等国家出现价格和工资水平的迅猛上涨，其中日本在 1974 年的通货膨胀率达到了 24%。这次世界范围的通货膨胀从一定意义上说是一次结构型的通货膨胀，因为二战后开始的第三次科技革命使西方国家的产业结构迅速升级，不同产业部门的劳动生产率差距扩大，这种部门结构的差异对价格水平产生了长期的影响。

学中做，做中学

2022 年以来，阿根廷和土耳其两个国家相继发生严重的通货膨胀。阿根廷政府 2022 年 9 月公布的数据显示，8 月阿根廷通胀率 78.5%，创下 30 年来新高，环比涨幅达到 7%。根据土耳其统计局 2022 年 9 月的数据，与 2021 年相比，土耳其 8 月份的通货膨胀率高达 80.2%，居民消费价格指数比 7 月份上涨 1.46%。

学中做：请从需求拉动和成本推动两个方面收集引起两国通胀原因的资料。

做中学：分析说明需求拉动和成本推动是如何引发通货膨胀的。

9.1.4 通货膨胀的影响

通货膨胀导致物价上涨，使价格信号失真，容易使生产者误入生产歧途，导致生产的盲目发展，造成国民经济的非正常发展，使产业结构和经济结构发生畸形化，进而导致整个国民经济的比例失调。当通货膨胀所引起的经济结构畸形化需要矫正时，国家必然会采取各种措施来抑制通货膨胀，结果会导致生产和建设的大幅度下降，出现经济的萎缩，因此，通货膨胀不利于经济的稳定、协调发展。

1. 通货膨胀对生产的影响

通货膨胀对生产的影响主要表现在两个方面：首先，通货膨胀破坏社会再生产的正常进行。在通货膨胀期间，由于物价上涨的不平衡造成各生产部门和企业利润分配的不平衡，使经济中的一些稀有资源转移到非生产领域，造成资源浪费，妨碍社会再生产的正常进行。同时，通货膨胀妨碍货币职能的正常发挥，由于币值不稳，不能正常表现价值，市场价格信号紊乱，不利于再生产的进行。其次，通货膨胀使生产性投资减少，不利于生产的长期稳定发展。预期的物价上涨会促使社会消费增加、社会储蓄减少，从而缩减了社会投资，制约了生产的发展。

2. 通货膨胀对流通的影响

通货膨胀打破了流通领域原有的平衡，使正常的流通受阻。通货膨胀会鼓励企业大量囤积商品，人为加剧市场的供求矛盾。而且由于币值的降低，潜在的货币购买力就会转化为实际的货币购买力，加快货币流通速度，也进一步加剧通货膨胀。

3. 通货膨胀对分配的影响

通货膨胀改变了原有的收入分配比例和财富占有比例。依靠固定收入的人群在整体收入分配中所占的比例变小了。以货币形式持有财富的人也受到损害。通货膨胀会影响国民收入的初次分配和再分配环节。通货膨胀通过“强制储蓄效应”把居民、企业持有的一部分收入转移到发行货币的政府部门。货币供应总量增加使社会总名义收入增加，但社会实际总收入并不会增加。不同的阶层有不同的消费支出倾向，必然会引起国民收入再分配的变化。

4. 通货膨胀对消费的影响

通货膨胀使居民的实际收入减少，这意味着居民消费水平的下降，物价上涨的不平衡性和市场上囤积居奇与投机活动的盛行使一般消费者受到的损失更大。

案例

“劫贫济富”的通货膨胀

发生通货膨胀时，从表面上看，似乎大家手里的钱都在贬值，谁也不比别人更吃亏，但实际上，通货膨胀总是“劫贫济富”的。让我们回到 20 世纪 20 年代初的德国。

1923 年，德国街头的一些儿童在用大捆大捆的纸币马克玩堆积木的游戏；一位妇人用手推车载着满满一车的马克，一个小偷趁她不注意，掀翻那一车纸币，推着手推车狂奔而逃；一位家庭主妇正在煮饭，她宁愿不去买煤，而是烧那些用来买煤的纸币……此时的德国，正在经历着历史上最严重的通货膨胀：第一次世界大战争结束时，同盟国要求德国支付巨额赔款。这种支付引起德国财政赤字，德国最终通过大量发行货币来为赔款筹资。从 1922 年 1 月到 1924 年 12 月，德国的货币和物价都以惊人的比率上升。1923 年年初 1 马克能换 2.38 美元，而到夏天的时候，1 美元能换 4 万亿马克！每份报纸的价格为：1922 年 5 月 1 马克、1923 年 2 月 100 马克、1923 年 9 月 1 000 马克。到 1923 年秋季，物价彻底飞涨，每份报纸价格从 10 月 1 日 2 000 马克涨到 10 月 15 日 12 万马克、10 月 29 日 100 万马克、11 月 9 日 500 万马克、11 月 17 日 7000 万马克，纸币马克几乎一文不值，早上能买一栋房子的钱，傍晚只能买一个面包。

工人、教师、职员首当其冲。他们每到领工资的时候都要先活动活动手脚，因为他们必须在拿到薪水后以百米冲刺的速度冲到商店，购买面包和黄油。跑得稍慢一点，面包和黄油的价格就会上涨一大截。上了年纪的工人发现，他们攒了一辈子用来养家糊口的银行存款顷刻间化为乌有。人们在银行前排起长龙提取存款，然而拿到手的是已经贬值的纸币。工人们在绝望中只好不停地罢工，要求提高工资、减少工作时间。农民生产的小麦等农作物虽然也涨价，却不及生产资料等工业品价格涨得快，生活也是每况愈下。

然而，当穷人在悲观、绝望中呻吟的时候，一些手里掌握着房子等不动产的富人却大发横财，他们发现自己房子的价格在一夜之间翻了成百上千倍！大发横财的还有一些通货膨胀之前靠低利息从政府获得大笔贷款的企业资本家们，他们发现原来的巨额负债现在只要拔下一根汗毛就可以偿还。更有一些黑心的富有商人趁火打劫，囤积食品等物资，等到物价急剧上涨，再见机抛售，获取暴利。

严重的通货膨胀引起民众的强烈愤怒，当时的德国社会动荡不安，政治上风雨飘摇，危机不断。

德国民众所经历的这场灾难告诉我们，通货膨胀，尤其是恶性通货膨胀，总是“劫贫济富”，让穷人更穷，富人更富。严重时还会引发社会经济和政治的剧烈动荡。所以各国政府都努力采取各种措施，保持币值稳定，维护社会和公众的利益，而维持币值稳定的使命最终落在了中央银行的身上。

9.1.5 通货膨胀的治理

通货膨胀给经济发展带来了严重的危害，因此各国政府应当高度重视可能引发通货膨胀的隐患，预防通货膨胀的发生。对于已经发生的通货膨胀，政府要积极制定各种有效政策来进行治理，以防止其进一步恶化。目前，治理通货膨胀主要可以从以下几方面入手：

1. 财政政策

财政政策是政府反通胀政策中非常重要的一个措施。政府部门通过调整财政支出结构，减少财政赤字，实施紧缩性的财政政策来抑制总需求，从而减少通货膨胀缺口，缓解通货膨胀压力，尤其对于需求拉动的通货膨胀具有更明显的作用。具体措施包括：①减少政府购买支出，表现在基础设施建设及政府投资方面的减少。政府增加财政支出用于公路、桥梁、通信等基础设施的建设，极大地扩大了社会总需求，成为经济持续增长的动力。但是高增长也带来了通货膨胀的压力，为防止物价的结构性调节演变成通货膨胀，政府部门需要在财政政策方面进行调节，以实现经济增长和物价稳定的双赢局面。②提高税率，增加税收。政府部门提高税率，减少居民的可支配收入，调节收入分配结构，可以达到抑制总需求的目的。同时，政府部门可以采取针对特定商品征税的措施，如对烟酒实施消费税，抑制消费者对特定产品的需求，从而缓解通货膨胀的压力。

2. 货币政策

通货膨胀产生的一个重要原因是货币的发行量大大超过了货币的需求量，从而导致市场中流动性过剩，过多的货币追逐有限的商品。因此，针对这一特点，政府部门应该实施紧缩性的货币政策，严格控制货币的发行量，使货币供应量与货币需求量相适应，稳定币值以稳定物价；严格控制信贷规模，以减少流通中的货币量；提高法定存款准备金率、再贴现率等，提高融资成本，从而减少贷款需求，缓解流动性过剩的问题。在世界多数国家和地区，货币发行由中央银行控制，为避免中央银行滥用货币发行权或是错误估计经济发展形势，一些经济学家提出实行货币政策“单一规则”制。所谓“单一规则”就是公开宣布并长期采用一个固定不变的货币供应增长率，比如将货币供应量的增加与经济增长率结合起来。这样长期保持一个固定不变的货币供应增长率，才能确保物价水平和币值的稳定。

3. 收入政策

收入政策是政府实施的工资和价格控制政策，以防止垄断企业为获取垄断利润不断抬高价格，或是对工人工资进行管制以避免工资和物价的轮番上涨。收入政策在实际操作中可以采取以下形式：①工资 - 物价指导线，即由政府根据长期劳动生产率来确定工资和物价的增长限度，要求把工资 - 物价增长限制在劳动生产率平均增长幅度内。②对特定工资或物价进行“权威性劝说”或施加政府压力，迫使垄断企业或是工会组织妥协。③实行工资 - 物价管制，即由政府制定相关法律法规对工资和物价实行管制，如限制最高价格等手段以稳定物价。④以税收政策对工资增长率进行调整，如制定优惠政策，若工资增长率保持在政府规定的幅度内，政府就以减少个人所得税等各种优惠措施作为奖励，以此来稳定工资水平。

治理通货膨胀的措施不局限于上面提到的财政政策、货币政策和收入政策三个方面，政府部门还可以通过其他有效的手段来解决，如指数化，将工资、利息等各种收入与通货膨胀率挂钩，以弥补由通货膨胀带来的损失；实行浮动汇率制度，以应对国际商品价格波动带来的“输入型”通货膨胀。政府在面临通货膨胀时，要认清通货膨胀发生的原因以及传导过程，根据特定情况选择合适的政策进行治理。

9.2　经济萧条的另外一种表述

案例引入

1929 ～ 1933 年，全世界范围内爆发了历史上最严重的通货紧缩，史称“大萧条”。在这场漫长的危机中，物价下跌，生产严重萎缩，失业剧增，人民的生活陷入极度贫困：失业工人们排着长队领取面包，数百万中学生辍学，大批无家可归的人露宿街头……而农业资本家和农场主们却在烧毁“过剩”的小麦和玉米，牛奶也被洒上农药后倒入密西西比河……历史学家施莱辛格悲叹道：“资本主义已经到了尽头！”美国胡佛总统黯然下台，他对继任者罗斯福说：“我们已经山穷水尽，无能为力！”

造成那次经济大萧条的原因，经济学家们至今仍在争论。一般认为，由于 20 世纪 20 年代近十年的经济高涨，生产能力急剧扩张，而劳动人民的收入赶不上供给的膨胀扩张。在经济过热的“泡沫”破裂后，产能过剩、需求不足的矛盾就爆发出来，物价持续下跌，大批企业破产倒闭，工人大量失业，与此同时大批银行倒闭……

请思考：什么是通货紧缩？是什么引起通货紧缩？通货紧缩有什么影响？如何治理通货紧缩？

知识解读

9.2.1　通货紧缩的主要表现

通货紧缩（Deflation）是指当市场上流通的货币减少，人们的货币所得减少，购买力下降，导致物价水平下跌。长期的货币紧缩会抑制投资与生产，导致失业率升高及经济衰退。依据诺贝尔经济学奖得主萨缪尔森的定义：价格和成本正在普遍下降即是通货紧缩。经济学者普遍认为，当消费者价格指数（CPI）连跌两季，即表示已出现通货紧缩。通货紧缩就是物价、工资、利率、粮食、能源等价格不能停顿地持续下跌，而且全部处于供过于求的状况。在经济实践中，判断某个时期的物价下跌是否为通货紧缩，首先看通货膨胀率是否由正转变为负，其次看这种下降的持续是否超过了一定时限。

通货膨胀与通货紧缩是表现形式相反的两种经济现象，它们既有区别，又有联系。

9.2.1.1 通货紧缩与通货膨胀的区别

1. 含义不同

通货膨胀的实质是社会总需求大于社会总供给；而通货紧缩是由于货币供应量的减少，或货币供应量的增幅滞后于生产增长的幅度，从而导致物价总水平持续下降、货币不断升值的经济现象，其实质是社会总需求小于社会总供给。

2. 表现不同

通货膨胀表现为纸币贬值，物价上涨，经济发展过热；通货紧缩则表现为社会总需求小于社会总供给，物价总水平持续下降，货币不断升值。

3. 影响不同

通货膨胀引起纸币的贬值，等于人均实际收入减少，如果实际收入没有增长，人们的生活水平就会下降，购买力降低，商品销售困难，造成社会经济秩序混乱；通货紧缩的过程往往伴随着市场萎缩、企业利润率降低、生产投资减少，以及失业增加、收入下降等现象，不利于经济的持续发展和人民的长远利益。

4. 解决办法不同

抑制通货膨胀的根本措施是大力发展生产，增加有效供给，同时控制货币供应量和信贷规模，实行适度从紧的货币政策和量入为出的财政政策，努力增收节支；抑制通货紧缩，需要综合运用投资、消费、外贸出口等措施，拉动经济增长。对于我们这样一个发展中的大国来说，特别需要采取积极的财政政策和稳健的货币政策，坚持扩大内需的方针，这是我国经济发展的坚实基础。

9.2.1.2 通货紧缩与通货膨胀的联系

通货膨胀与通货紧缩都是由社会总需求与社会总供给不平衡造成的，都会影响正常的经济生活和社会经济秩序。因此，都必须采取切实有效的措施予以解决。

即学即练

单选题

1. 通货膨胀和通货紧缩是一种（　　）。

   A. 社会现象　　B. 货币问题　　C. 社会问题　　D. 政策效应

2. 衡量通货膨胀和通货紧缩的指标是（　　）。

   A. 货币供给量　　B. 货币需求量　　C. 利率　　D. 物价指数

9.2.2 通货紧缩的成因

尽管不同国家在不同时期发生通货紧缩的具体原因各不相同，但从国内外经济学家对通货紧缩的理论分析中，仍可概括出引起通货紧缩的一般原因：

1. 紧缩性的货币财政政策

如果一国采取紧缩性的货币财政政策，降低货币供应量，削减公共开支，减少转移支付，就会使商品市场和货币市场出现失衡，出现“过多的商品追求过少的货币”，从而引起政策紧缩性的通货紧缩。

2. 经济周期的变化

当经济到达繁荣的高峰阶段，会由于生产能力大量过剩，商品供过于求，出现物价的持续下降，引发周期性的通货紧缩。

3. 投资和消费的有效需求不足

当人们预期实际利率进一步下降，经济形势持续不佳时，投资和消费需求都会减少，而总需求的减少会使物价下跌，形成需求拉下性的通货紧缩。

4. 新技术的采用和劳动生产率的提高

技术进步以及新技术在生产上的广泛应用会大幅度地提高劳动生产率，降低生产成本，导致商品价格的下降，从而出现成本压低性的通货紧缩。

5. 金融体系效率的降低

如果在经济过热时，银行信贷盲目扩张，造成大量坏账，形成大量不良资产，金融机构自然会“惜贷”和“慎贷”，加上企业和居民不良预期形成的不想贷、不愿贷行为，必然导致信贷萎缩，同样会减少社会总需求，导致通货紧缩。

6. 体制和制度因素

体制变化（企业体制、保障体制等）一般会打乱人们的稳定预期，如果人们预期将来收入会减少，支出将增加，那么人们就会“少花钱，多储蓄”，引起有效需求不足，物价下降，从而出现体制变化性的通货紧缩。

7. 汇率因素

汇率因素有时也可能成为通货紧缩的根源。当一国货币被高估，会造成用外币表示的本国出口商品的价格上升，从而导致外部需求降低，出口下降，影响总需求。当总需求不足时，这种变化会传递至生产部门，导致企业生产规模缩小，工人收入下降，个人的购买力下降，如此循环下去，迫使物价水平持续下降。

9.2.3 通货紧缩的影响

通货紧缩与通货膨胀都属于货币领域的一种病态，但通货紧缩对经济发展的危害比通货膨胀更严重。物价疲软趋势的存在，将从以下几方面影响实体经济：

1. 对投资的影响

通货紧缩会使实际利率有所提高，社会投资的实际成本随之增加，从而产生减少投资的影响。同时，在价格趋降的情况下，投资项目预期的未来重置成本会趋于下降，从而推迟当期的投资。这对许多新开工项目所产生的制约较大。另外，通货紧缩使投资的预期收益下降。在通货紧缩的情况下，理性的投资者预期价格会进一步下降，公司的预期利润也将随之下降，这就使投资倾向降低。通货紧缩还经常伴随着证券市场的萎缩。公司利润的下降使股价趋于下探，而证券市场的萎缩又反过来加重了公司筹资的困难。

2. 对消费的影响

物价下跌对消费需求有两种效应：①价格效应。物价的下跌使消费者可以用较低的价格得到同等数量和质量的商品及服务，而将来价格还会下跌的预期促使他们推迟消费。②收入效应。就业预期和工资收入因经济增幅下降而趋于下降，收入的减少将使消费者缩减消费支出。

3. 对收入的影响

在通货紧缩的情况下，如果工人名义工资收入的下调滞后于物价下跌，那么实际工资并不会下降；但如果出现严重的经济衰退，往往削弱企业的偿付能力，也会迫使企业下调工资。

4. 对收入再分配的影响

通货紧缩时期的财富分配效应与通货膨胀时期正好相反。在通货紧缩的情况下，虽然名义利率很低，但由于物价呈现负增长，实际利率会比通货膨胀时期高出很多。高的实际利率有利于债权人，不利于债务人。

5. 通货紧缩与经济增长

在大多数情况下，物价疲软、下跌与经济增长乏力或负增长是结合在一起的。

课堂讨论

通货紧缩比通货膨胀更有利于经济发展。这种说法正确吗？为什么？

9.2.4 通货紧缩的治理

通货紧缩后引起的物价持续下跌使得生产者利润减少甚至亏损，继而减小生产规模或者停产，这必然会抑制经济的增长，不利于社会发展。因此，必须采取积极的政策和措施应对通货紧缩。由于通货紧缩形成的原因比较复杂，通常并非由单一的某个方面的原因引起，而是由多种因素共同作用形成的混合性通货紧缩，因此治理的难度甚至比通货膨胀还要大，必须根据不同国家不同时期的具体情况进行认真研究，才能找到有针对性的治理措施。

1. 实施宽松的货币政策

通过增加货币的发行量，降低利率和存款准备金率，放低贷款门槛，从而增加市场流动性，刺激居民的消费，扩大总需求，以缓解由需求不足带来的物价下跌压力。

2. 实施积极的财政政策

通过政府预算，扩大财政投入的范围和数量，采取形式多样的财政支出方式刺激投资和消费。如政府通过转移支付、政府补贴等措施，增加居民的可支配收入，从而提高居民消费。同时，政府投资具有“乘数效应”，能引导私人投资的增加，从而有利于经济的发展。

3. 调整产业结构

由于产业结构的差异，一些产业的市场需求降低，往往造成产能过剩，而一些新兴产业市场需求大，但是对其投资不足，供给能力有限，由此带来了供求水平的失衡。因此，政府部门要积极致力于产业升级，实现产业结构的合理化，解决产能过剩的问题。

4. 采用适当的收入政策，改变收入分配的格局

贫富差距的扩大会导致大量的财富掌握在少数人手中，这不利于社会消费水平的提高，因为收入高的群体边际消费倾向一般要低于收入低的群体。因此，要通过收入再分配，用经济、法律、政策等综合手段提高中下层群体的收入水平，从而提高全社会的消费水平，刺激总需求。

5. 完善社会保障体系

我国居民收入中用于储蓄的比率远远高于世界的其他国家，导致该现象的一个重要原因是我国社会保障体系尚有待完善，居民将收入用于储蓄以保障未来在医疗、养老等方面的支出，对消费需求有一定影响。因此，通过完善社会保障体系，减少居民对医疗、养老等方面的忧虑，可以达到刺激居民消费，扩大社会总需求的目的。

案例

通货紧缩困扰日本

早在20世纪90年代初经济泡沫破灭后不久，在日本经济运行与发展中就开始出现一系列通货紧缩现象。对此，日本政府虽也一再告诫“日本经济正面临着陷入通货紧缩恶性循环的危险”，但始终都未承认日本经济已经处于通货紧缩状态。直到2001年3月16日讨论2001年3月月例经济报告的阁僚会议上，森喜朗政府才公开认定“现在的日本经济正处在缓慢的通货紧缩之中”。

从年度数据看，在日本1986～1991年泡沫经济时期，年度CPI一度高达3%以上，经济泡沫破灭后，1992～2014年总共23年里，CPI则基本在低位徘徊，没有任何一年达到国际上普遍认为比较合理的3%通胀率，仅有2014年达到2.7%，接近了这一数值。从月度数据看，CPI共有7次连续半年及以上负增长，其中1999年9月～2003年9月连续49个月、2009年2月～2010年9月连续20个月负增长；PPI共有5次连续一年及以上负增长，其中1992年1月～1997年3月连续63个月、2000年9月～2003年12月连续40个月、1998年3月～1999年12月连续22个月负增长。

日本通货紧缩的特征是温和持久，从全球的视野看十分罕有。根据国际货币基金组织的数据，1992～2014年，全球CPI年均增长率为9.5%，发达经济体为2.14%，G7国家为1.97%，新兴经济体为22.1%，美国为2.45%，欧元区为2.08%，而日本年均仅增长0.23%。由此可见日本CPI增长率不仅明显低于发达经济体平均水平，也低于全球平均水平，更远远低于新兴经济体。

为了刺激经济复苏、走出通缩，日本央行在1999年之前采取了低利率政策以及1999年之后采取了零利率和量化宽松（QE）政策。截至2013年白川方明卸任日本央行行长之际，日本央行共推行了多轮量化宽松措施，资产购买总规模达101万亿日元。黑田东彦上任日本央行行长后更是强势推行“量和质两方面大胆宽松”（QQE）政策，意图通过把央行债券购买规模和货币基础扩大至现有水平的两倍，在两年时间内实现2%的通货膨胀目标。日本实施零利率、QE以及QQE政策对基础货币的影响比较显著，但并没有对增加货币供应量起到明显的效果。2014年末日本银行基础货币期末余额达275.9万亿日元，较2003年末的111.4万亿日元增长了147.7%；而日本2014年末的货币供给量（M2）为893.6万亿日元，较2003年末680.3万亿日元的M2仅增长31.4%，显示日本量化宽松政策对刺激信贷增长效果有限。

单元小结

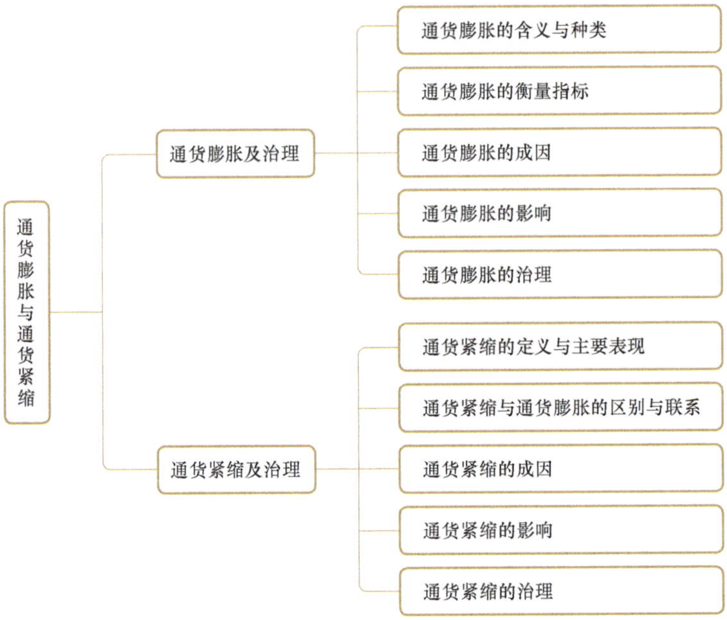

复习思考题

一、单项选择题

1．认为通货膨胀的原因在于经济发展过程中社会总需求大于总供给，从而引起一般物价水平持续上涨，是（　　）。

A．需求拉动论　　B．成本推进论

C．公开性通货膨胀　　D．隐蔽性通货膨胀

2．认为引发通货膨胀的原因在于社会总需求而不是货币量，持这种观点的是（　　）。

A．凯恩斯主义　　B．后凯恩斯学派

C．货币主义学派　　D．马克思主义

3．通货膨胀对策中，通过公开市场业务出售政府债券属于（　　）。

A．控制需求　　B．改善供给

C．收入指数化政策　　D．紧缩性货币政策

4．治理通货膨胀对策中，压缩财政支出属于（　　）。

A．改善供给　　B．紧缩性收入政策

C．收入指数化政策　　D．紧缩性财政政策

5．通货膨胀对策中，冻结工资和物价属于（　　）。

A．控制需求　　B．改善供给

C．收入政策　　D．紧缩性财政政策

6. 在通货膨胀中，最大的受益者是（　　）。
   A. 从企业的利润中取得收益者　　B. 国家机关工作人员
   C. 科技工作者　　D. 政府
7. 有关通货膨胀成因的凯恩斯的需求拉上假说的理论缺陷在于（　　）。
   A. 假定通货膨胀与充分就业共生　　B. 假定通货膨胀与充分就业不共生
   C. 假定通货膨胀与失业共生　　D. 假定通货膨胀与失业不共生
8. 通货膨胀从本质上讲，是一种（　　）。
   A. 经济现象　　B. 社会现象
   C. 货币现象　　D. 价格现象

二、多项选择题

1. 度量通货膨胀的程度，各国主要采用的标准是（　　）。
   A. 消费物价指数　　B. 综合物价指数
   C. 零售物价指数　　D. 批发物价指数
   E. GDP 平减指数
2. 通货膨胀的成因有（　　）。
   A. 政策性通货膨胀　　B. 结构性通货膨胀论
   C. 供求混合推进论　　D. 成本推动论
   E. 需求拉动论
3. 如果物价上涨率达到两位数，则可认为发生了（　　）。
   A. 温和的通货膨胀　　B. 恶性的通货膨胀
   C. 飞奔的通货膨胀　　D. 爬行的通货膨胀
4. 成本推动型通货膨胀可进一步分为（　　）。
   A. 工资推进型　　B. 温和型
   C. 利润推进型　　D. 公开型
5. 通货紧缩的原因有（　　）。
   A. 货币政策　　B. 财政政策
   C. 科技进步　　D. 金融创新
   E. 金融体系低效率

三、问答题

1. 西方经济学中，通货膨胀的定义有哪些要点？
2. 试述通货膨胀的分类。
3. 试简述通货膨胀产生的原因及其表现。
4. 通货膨胀对经济有何影响？如何治理？
5. 通货紧缩会造成什么后果？如何治理？

四、案例分析

2015 年，受经济增速放缓和强势美元下大宗商品价格持续下降影响，我国结构性通缩形势严峻：CPI 再下一个台阶，已呈现轻微通缩迹象；PPI 创纪录持续下降，且负值水平明显扩大，生产领域深陷通货紧缩泥潭；CPI 与 PPI 出现长时间正负“背离”现象，物价整体走势呈现结构性通缩而非全面通缩的特点。在产能过剩、需求疲弱难以改观的背景下，物价形势面临全面通货紧缩的风险。因此，需重点防范产能过剩与物价下行齐头并进、相互影响，采取有效措施和相关政策，及时防范和化解全面通货紧缩风险，这是新常态下宏观调控新的挑战和重要任务。

问题：请结合所学知识提出化解和防范通货紧缩风险的对策建议。

技能实训

通货膨胀调查

1．通过比较近 3 年的 CPI 数据，把握通货膨胀的变化轨迹，并结合实际生活感受，分析其对居民生活和国家经济的影响。具体需求包括：

（1）以分组的形式查找数据。

（2）各组进行统计分析，画出比率图。

（3）对通货膨胀情况进行历史趋势分析。

（4）分析通货膨胀对日常生活和经济现实的影响。

2．根据实训结果形成实训报告。

3．组织各小组汇报和讨论。

单元 10

治大国若烹小鲜——打好货币政策“组合拳”

学习目标

【能力目标】

- 能够分析解释有关货币政策实施的意义。
- 能够分析解释一般性货币政策工具在我国的应用。

【知识目标】

- 了解货币政策的含义，掌握货币政策的最终目标和中介指标。
- 掌握货币政策工具的基本内容。

【素质目标】

- 正确解读当前货币政策。
- 理解和支持央行当前货币政策。

单元引例

2013 年 4 月，习近平就任国家主席后首次外访前，接受“金砖国家”媒体联合采访时曾提及：“要有‘治大国如烹小鲜’的态度，丝毫不懈怠，不马虎，必须夙夜在公、勤勉工作。”“治大国如烹小鲜”，出自老子《道德经》第六十章：“治大国，若烹小鲜。”强调既不能操之过急，也不能疏忽懈怠。

货币政策的运用也有类似的道理。目前，我国货币政策操作最显著的特点是政策调控的主动性、维持稳健适度的能力增强。2019 年以来，我国货币政策调控不仅力度保持适度，结构性调整也更加精细化，定向操作更加精准，很大程度上缓解了一段时期以来金融体系内部流动性、结构性不平衡压力，逐步解决银行负债端压力，推动信贷支持实体经济力度平稳发力。央行通过降准、MLF及逆回购操作等多种货币政策工具，向市场投放短中长期流动性，市场资金利率中枢稳中有降。在市场流动性合理充裕带动下，实体经济融资成本也有一定下降。

稳健的货币政策要灵活适度，保持流动性合理充裕，货币信贷、社会融资规模增长同经济发展相适应，降低社会融资成本；要深化金融供给侧结构性改革，疏通货币政策传导机制，增加制造业中长期融资，更好地缓解民营和中小微企业融资难、融资贵的问题；财政政策和货币政策要同消费、投资、就业、产业、区域等政策形成合力，引导资金投向供需共同受益且具有乘数效应的先进制造、民生建设、基础设施短板等领域，促进产业和消费“双升级”；要充分挖掘超大规模市场优势，发挥消费的基础作用和投资的关键作用。

货币政策作为宏观经济调控的重要手段，在整个国民经济宏观调控体系中居于十分重要的地位。货币政策目标的正确选择、政策工具的正确使用是货币政策有效发挥的重要前提。接下来将了解货币政策目标及达成目标的货币政策工具，以加深对金融体系的认识。

10.1 你知道货币政策目标吗

案例引入

经济“过热”和“过冷”是对两种经济态势的形象比喻。例如，如果人们对未来预期过于乐观，众多企业盲目扩张投资规模，大量资金被投入新的建设项目，而这些项目的生产能力可能远远超过社会的实际需求；投资的热潮又拉动能源、原材料等价格的迅猛上涨。这时候，我们就说经济“过热”了。反过来，如果人们对未来预期过于悲观，企业压缩投资，人们抑制消费，价格持续下跌，经济萎靡不振。这时候，我们就说经济“过冷”了。

那么经济“过热”和“过冷”与中央银行又有什么样的关系呢？经济的“过热”“过冷”，总少不了货币的作用。当经济“过热”的时候，众多企业大量投资建设新的项目，它们所需要的资金从哪里来呢？部分是企业自有的，但更多的是来自银行的贷款。而当经济“过冷”的时候，企业压缩投资，人们抑制消费，银行的贷款放不出去。由此看来，经济的“热”与“冷”总是跟货币有着千丝万缕的联系，而中央银行又是货币的供应机构，自然关系重大。所以当经济出现“过热”“过冷”时，中央银行责无旁贷地要出来给宏观经济“打针吃药”。

中央银行垄断货币的发行权，也就有一些特殊的本领来驾驭货币这匹难驯的烈马。中央银行通过货币政策的实施要达到的最终目标主要有：物价稳定、充分就业、经济增长、国际收支平衡。

请思考：货币政策最终目标的内涵是什么？相互之间是否存在着不协调？

知识解读

制定和实施货币政策，是中央银行的基本职责之一。货币政策作为宏观经济间接调控的重要手段，在整个国民经济宏观调控体系中居于十分重要的地位。没有哪个国家的经济可以在货币政策出现问题的情况下仍保持长期正常稳定发展。货币政策的失误可能会带来长期、严重的通货膨胀，导致整个经济混乱，阻碍经济增长，就业率下降，人民生活水平下降，影响社会秩序安定，引发政治危机等。正因为如此，当代各国都把货币政策列为重要政策问题，把货币政策和财政政策作为宏观经济调控的重要政策。

10.1.1　货币政策

货币政策的范围，有广义、狭义之别。从广义上讲，货币政策包括政府、中央银行和其他有关部门所有有关货币方面的规定和所采取的影响货币数量的一切措施。按照这个概念来理解，货币政策包括有关建立货币制度的种种规定，包括所有旨在影响金融系统的发展、利用和效率的措施，甚至可进一步包括像政府借款、国债管理乃至政府税收和开支等可能影响货币支出的行为。但是，当代通常意义上的货币政策较上述口径要窄得多。就多数情形来说，货币政策指的是中央银行为实现既定经济目标运用各种工具调节货币供给和利率，进而影响宏观经济的方针和措施的总和，一般包括三个方面的内容：①政策目标；②实现目标所运用的政策工具；③预期达到的政策效果。由于从确定目标到运用工具乃至达到预期的政策效果，这中间存在着一些作用环节，因此货币政策实际也包含中介指标和政策传导机制等内容。

10.1.1.1　货币政策的基本特征

1．货币政策是宏观经济政策

货币政策一般涉及的是整个国民经济运行中的货币供应量、信用量、利率、汇率等宏观经济变量问题，而不是银行或企业等经济单位金融行为中的微观经济个量问题。

2．货币政策是调节社会总需求的政策

在市场经济条件下，社会总需求是指有货币支付能力的总需求。货币政策正是通过货币的供给来调节社会总需求中的投资需求、消费需求、净出口需求，并间接地影响社会总供给的变动，从而促进社会总需求与总供给的平衡。

3．货币政策主要是间接调控政策

货币政策一般不采用或较少采用直接的行政手段来调控经济，而主要运用经济手段、法律手段调整“经济人”的经济行为，进而调控经济。

4．货币政策是长期连续的经济政策

货币政策最终目标的多元化表达一般为物价稳定、经济增长、充分就业、国际收支平衡，都是长期性的政策目标，短期内是难以实现的，尽管各种具体的货币政策措施是短期的，但需要连续操作才能逼近或达到以上长期目标。

10.1.1.2　货币政策的类型

1．扩张性货币政策

扩张性货币政策是指中央银行通过增加货币供应量，使利率下降，从而增加投资，扩大总需求，刺激经济增长。扩张性货币政策适用于社会有效需求不足，总需求小于总供给的情况。

2．紧缩性货币政策

紧缩性货币政策是指中央银行通过减少货币供应量，使利率升高，从而抑制投资，压缩总需求，限制经济增长。紧缩性货币政策适用于社会需求严重膨胀，总需求大于总供给的情况。

3. 中立性货币政策

中立性货币政策是指在社会总需求与总供给基本平衡的状态下采取的一种货币政策，目的在于保持原有的货币供应量与需求量的大体平衡。

10.1.2 货币政策最终目标

货币政策
最终目标

货币政策最终目标是货币政策的首要问题。没有明确的目标，货币政策就难以正确地制定和有效地实施。货币政策最终目标是指通过货币政策的制定和实施所期望达到的最终目的，这是货币政策制定者—— 中央银行的最高行为准则。

1. 物价稳定

所谓物价稳定，是指中央银行通过货币政策的实施，使一般物价水平保持基本稳定，在短期内不发生显著的或急剧的波动。这里的物价是指物价的一般水平或总体水平，而不是某种或某类商品的价格。通货膨胀和通货紧缩交替困扰着人们的经济生活，因此，抑制通货膨胀和避免通货紧缩以保持币值的稳定，从而实现物价稳定，已成为各国货币政策的首要目标，任何国家都试图将物价波动限制在最小的幅度内，以便与其他经济目标相协调。

2. 充分就业

所谓充分就业，是指失业率降到社会可以接受的水平，即在一般情况下，符合法定年龄、具有劳动能力并自愿参加工作者都能在较合理的条件下随时找到适当的工作。充分就业并不意味着消除失业，因为在多数国家，即使社会提供的工作机会与劳动力完全均衡，也可能存在摩擦性或结构性失业。另外，在市场经济发达国家，失业队伍是产业的后备军，是劳工市场供给要素流动的必备条件。因此，一般认为失业率控制在 4% 左右即可视为充分就业。

3. 经济增长

经济增长一般用不变价格的国民生产总值的增长率或人均实际国民收入增长率来表示。至于如何准确衡量一个经济体的适度增长速度，争议较大。从理论上说，最适度的经济增长率应当是经济增长的边际成本和边际收益相等时的经济增长率。然而现实中由于边际成本、边际收益难以计量而不便应用。新古典经济学派认为适当的经济增长速度等于人口的增长率；弗里德曼认为，只要经济增长能够提高社会公众的干劲，使社会资源得到充分利用，这个经济增长率就是适当的；多马通过模型测算出一个国家至少 3% ～ 4% 的经济增长率是能够实现的。但在发展中国家，由于许多问题要通过经济增长来解决，其经济增长速度往往较快。不过就世界范围内来看，过快的经济增长越来越受到资源环境的约束。

4. 国际收支平衡

国际收支平衡是指一个经济体对其他经济体的全部货币收入与货币支出相抵后略有顺差或逆差的状态。在实践中，大多数经济体以静态的国际收支平衡为目标。在固定汇率下，国际收支是否平衡将对一国货币供应量和物价产生较大影响；在浮动汇率下，国际收支是否平衡将对汇率产生较大影响，最终影响国内经济增长、就业与物价稳定。应当注意的是，不能笼统地看国际收支的所有项目是否平衡，而应当看自主性交易项目是否平衡。

需要说明的是，由于各国的经济环境不同、历史发展进程不同以及金融体系的差异，各国在确定货币政策目标时也会有差异，并且不同国家对各个目标的具体含义和相对重要性也会做出不同的规定；随着经济、金融发展，货币政策目标也会发生变化，例如，随着金融市场发展、金融创新的不断涌现，金融市场的稳定与否对一个国家的经济，特别是金融体系的稳定产生了重要的影响，因此已有国家将金融市场稳定作为最终目标。

10.1.3 货币政策目标之间的关系

货币政策各目标间的关系比较复杂，有些目标在一定程度上具有一致性，有些目标具有相对独立性，但更多地表现为目标间的冲突性。

1. 物价稳定与充分就业之间的矛盾

两者之间的矛盾可以用菲利普斯曲线加以说明。菲利普斯曲线反映了通货膨胀与失业率之间此消彼长的替代关系。为了达到物价稳定目标，需要实施紧缩的政策，就必须承受较高的失业率；反之，为了降低失业率，增加货币量、降低税率、扩大政府开支，通货膨胀率则会上升，物价不稳。

2. 物价稳定与经济增长之间的矛盾

现代市场经济表明，经济增长大多伴随着物价上涨。原因在于为了实现经济增长，要求实施宽松的货币政策和财政政策，增加货币供应量，刺激产出和增加社会总需求，而社会总需求增加会引起物价水平的上涨。反之，当经济增长过热时，一般物价水平上涨，为了达到稳定物价目的，货币当局往往采取紧缩性的政策，通货膨胀率下降，物价趋于稳定，但是经济增长率也随之下降。

3. 物价稳定与国际收支平衡之间的矛盾

如果本国物价稳定，其他国家发生了通货膨胀，则会促使本国出口增加而进口减少，国际收支出现顺差，从而影响本国的国际收支平衡；如果本国出现通货膨胀，其他国家物价稳定，则会使本国进口增加而出口减少，造成国际收支逆差。相反，当一国出现顺差（逆差）时，本币升值（贬值），外资流入（流出），本币投放过多，物价上涨（出现紧缩）。

4. 经济增长与国际收支平衡之间的矛盾

一般说来，经济增长会增加对进口商品的需求，可能会出现逆差。当经济衰退与国际收支逆差并存时，中央银行为了刺激经济往往需要降低本国利率，而利率的降低会导致资本外流，加剧逆差的出现。当经济过热时，往往需要提高本国利率抑制经济，但是又会带来大量外资流入，出现顺差。

10.1.4 货币政策中间性指标

货币政策中间性指标是指为实现货币政策目标而选定的中间性或传导性金融变量。货币政策最终目标并不直接处于中央银行控制之下，为了实现最终目标，中央银行必须选择某些与最终目标关系密切，中央银行可以直接影响并在短期内可以度量的金融指标作为实现最终目标的中间性指标，通过对这些指标的控制和调节最终实现政策目标。因此，中间性指标就成了货币政策作用过程中一个十分重要的中间环节，对它们的选择是否正确以及选择后能否达到预期调节效果，关系到货币政策最终目标能否实现。

中间性指标具体分为操作指标和中介指标。操作指标是指中央银行通过货币政策工具操作能够有效、准确实现的政策变量，如准备金、基础货币等指标。操作指标有两个特点：一是直接性，即可以通过政策工具的运用直接引起这些指标的变化；二是灵敏性，即对政策工具的运用反应极为灵敏，或者说，政策工具可以准确地作用于操作指标，使其达到目标区。一般来说，操作指标是在中央银行体系之内的可控性指标。中介指标处于最终目标和操作指标之间，是中央银行通过货币政策操作和传导后能够以一定的精确度达到的政策变量，通常有市场利率、货币供应量，在一定条件下，信贷量和汇率也可充当中介指标。由于中介指标不在中央银行体系之内，而是受整个金融体系影响的指标，因此，中央银行对中介指标的可控性较弱，但中介指标与最终目标之间的关系十分密切，中央银行主要通过政策工具直接作用于操作指标，进而控制中介指标，最终达到期望的政策目标。

通常认为货币政策操作指标和中介指标的选取要符合三个基本要求：①可测性，即中央银行能够迅速获得该指标准确的资料数据，并进行相应的分析判断；②可控性，即该指标能在足够短的时间内接受货币政策的影响，并按政策设定的方向和力度发生变化；③相关性，即该指标与货币政策最终目标有极为密切的关系，控制住该指标就能基本实现政策目标。

10.1.5 我国货币政策目标的选择

10.1.5.1 我国货币政策的最终目标

1995 年 3 月，在总结以往经验的基础上，根据国务院关于建立社会主义市场经济体制的总体要求和金融体制改革方向制定的《中华人民共和国中国人民银行法》（以下简称《中国人民银行法》）中明确规定了我国货币政策的最终目标是“保持货币币值的稳定，并以此促进经济增长”；2003 年修订的《中国人民银行法》仍保留了该货币政策目标。这样就将货币政策的目标以法律形式确定下来，为中央银行在国务院领导下制定和实施货币政策确定了方向，可以避免人为的不当干扰，为市场交易主体提供了稳定的预期。现行的货币政策最终目标具有以下几个特点：①突出了稳定货币币值的首要性、重要性。坚持稳定币值的方针，是保证我国改革开放和发展顺利进行的必要条件，是社会主义市场经济规律的客观要求。②指出了我国货币政策的最终目标，即以稳定币值为取向的经济增长。这与我国长期发展的战略目标和以经济建设为中心的指导方针是一致的，体现了“发展是硬道理”的思想。③表明了稳定货币币值是经济增长的前提。稳定货币币值的目的是促进经济增长，经济增长的实现有赖于货币币值的稳定，并为稳定货币币值创造更为良好的环境，二者是相互促进的。

思考与提升

中国特色宏观调控与中国式现代化

党的二十大报告明确指出：“中国式现代化，是中国共产党领导的社会主义现代化，既有各国现代化的共同特征，更有基于自己国情的中国特色。”坚持中国特色社会主义，是中国式现代化同西方现代化道路的根本区别，是推进中国式现代化的最本质要求。中国特色宏观调控作为中国特色社会主义制度和国家治理体系的重要组成部分，突破了西方宏观调控政策理论与实践的局限。改革开放以来，中国特色宏观调控助推中国实现了举世瞩目的经济增长奇迹，为中国式现代化的推进奠定了历史基础。在新发展阶段，中国特色宏观调控以高质量发展为根本要求，不断地进行创新与完善，为中国式现代化的持续推进提供宏观政策保障。

总结提高：贯彻落实党的二十大精神，建设现代中央银行制度，要围绕党的二十大确立的金融改革发展稳定任务，做好多项工作。其中之一是“完善货币政策体系，维护币值稳定和经济增长”。通过健全货币政策调控机制，发挥货币政策总量和结构双重功能，将有效提升货币政策传导效率，充分发挥其跨周期和逆周期调节作用，稳定宏观经济运行，持续推动经济结构转型升级，促进高质量发展。

10.1.5.2 我国货币政策的中介指标

我国在相当长的计划经济体制下，曾把贷款总规模作为货币政策的中介指标，这符合我国当时的经济体制。随着我国市场经济的发展，经济的间接调控体制逐步完善。从 1998 年 1 月 1 日起，中国人民银行取消了对国有商业银行贷款规模限制，实行资产负债比例管理和风险管理。贷款总规模不再是我国货币政策的中介指标。目前，中国人民银行主要以货币供应量、利率、汇率等作为货币政策的中介指标。

1. 货币供应量

年度货币供应量是指年度内由流通中现金和存款等构成的货币量总和。这个指标与货币政策的最终目标有很强的相关度，具有可测性的特点，而且中央银行运用货币政策工具能直接对其加以控制，因此是理想的货币政策中介指标。根据货币流动性和货币功能的强弱，我国一般把货币供应量划分为 M0、M1、M2 三个层次，M0 指流通中现金，M1 指 M0 加商业银行的企业活期存款，M2 指 M1 加商业银行的定期存款（包括居民储蓄存款和客户保证金）。在日常操作中目前常用的是 M1，即狭义货币供应量。我国控制货币供应的基本做法是：①根据国民经济和社会发展计划对国民生产总值增长率的要求、可以承受的通货膨胀率的预期以及测算的货币流通速度，确定一个合理的供应量增长率。②根据一定的货币乘数，推算所应提供的基础货币。③通过各种货币政策工具，对基础货币进行控制。可以说，年度货币供应量对货币政策的重大影响是由其作为货币政策的中介指标而确立的。

2. 利率

利率是利息与本金的比率，即买卖资金的“价格”，它是衡量资金价格的变化指标。利率政策包括利率水平政策和利率结构政策。利率水平的变动，由于增加或减少了筹资成本，会引起信用总量的相应变化；而利率结构的变化，则会引起信用期限结构和信用分布状况的变化。因此，利率政策的变化会对信用总量、信贷结构或者同时对两者产生影响。可见，利率与货币政策的最终目标有着十分密切的关系。我国的利率政策既调整利率总体水平，也调整利率结构。前者如中国人民银行对商业银行和其他金融机构的存贷款利率、金融机构在中国人民银行规定的浮动幅度内以法定利率为基础自行确定的利率等；后者如优惠贷款利率、差别贷款利率以及贴现贷款利率等。随着商业银行的发展以及现代企业制度的建立和完善，利率的宏观调控作用将变得更为重要、更加灵敏。

拓展阅读 贷款市场报价利率

2019年8月17日，中国人民银行发布改革完善贷款市场报价利率（Loan Prime Rate，LPR）形成机制公告，推动贷款利率市场化，利率市场化改革取得重要进展。此次改革完善LPR形成机制，体现了六个“新”：一是新的报价原则，要求各报价行真正按照自身对最优质客户执行的贷款利率报价，充分体现市场化报价形成原则；二是新的形成方式，LPR改按公开市场操作利率加点形成的方式报价，其中公开市场操作利率主要指中期借贷便利（MLF）利率，LPR报价的市场化和灵活性明显提高；三是新的期限品种，在原有1年期一个期限品种基础上，增加了5年期以上的期限品种，为银行发放住房抵押贷款等长期贷款的利率定价提供参考；四是新的报价行，在原有10家全国性银行基础上，增加城市商业银行、农村商业银行、外资银行和民营银行各2家，扩大到18家，有效增强了LPR报价的代表性；五是新的报价频率，将原来的LPR每日报价改为每月报价一次，提高报价行的重视程度，提升LPR的报价质量；六是新的运用要求，要求各银行尽快在新发放的贷款中主要参考LPR定价，同时坚决打破过去部分银行协同设定的贷款利率隐性下限，并将LPR运用情况纳入宏观审慎评估（MPA）和自律机制管理中。

2019年12月28日，人民银行发布公告决定进一步深化LPR改革，将存量浮动利率贷款定价基准由贷款基准利率转换为LPR报价。本次改革深化仅是货币政策支持实体融资成本下行的其中一步，短期内对信贷投放总量以及利率影响不大，中长期内将引导贷款利率下行。

3. 汇率

汇率也称汇价，是指两个国家或地区不同货币的比价或者说是一国（地区）货币以另一国（地区）货币表示的价格，它是衡量本币与外币比的变动指标。一般来说，高估本币的汇率会刺激进口，不利于出口；而低估本币的汇率会刺激出口，限制进口。但从长期来看，无论是高估还是低估，都会导致国际收支的不平衡，从而对社会总需求与总供给的平衡带来不利的影响。在这个意义上，汇率政策对国民经济稳定、协调发展有着重要意义。我国的汇率政策应有利于吸引外商投资，有利于打击外汇投机活动，从而达到外汇收支平衡、略有结余的目标，为社会主义市场经济的建立和正常运行提供良好的政策服务。

关于我国货币政策中介指标的选择存在不同意见，一种观点认为M2是最合适的中介指标，另一种观点认为M1是最合适的中介指标。此外，还有人认为中国利率还没有实现完全市场化，不能很好地发挥作用；汇率作为中介指标，还受汇率形成机制的约束，缺乏灵敏性。随着我国社会主义市场经济的逐步完善，各种新的情况将会出现，实现货币政策的环境和基础也会发生变化。因此，货币政策的中介指标必然要随着市场经济运行情况的变化进行必要的补充和调整。未来，利率、基础货币、超额准备金等将成为我国货币政策主要的中介指标。

10.2 带你认识央行的“三大法宝”

案例引入

北京时间2019年10月31日凌晨，美联储公布了10月利率决议，宣布降息25个基点，将联邦基金利率调整至 1.50% ～ 1.75%。这也是 8 月 1 日美联储启动逾十年来的首次降息以来，年内第三次降息，并且降息时间均集中在一个季度之内。2019 年以来，随着全球经济增速放缓、国际贸易放缓，多国央行纷纷进行降息操作以应对可能出现的经济衰退风险。大家不约而同将关注焦点聚焦在我国央行的行动上。“降准”与“降息”是央行货币政策调控资金的两大有力措施，可以看作是对市场流通资金“量”与“价”的调控。对于实体经济而言，资金流通的“总量”和“价格”的合理配合有利于直接提升居民消费意愿，增加市场供给需求。同时，引导资金流入制造业，对于依赖贷款发展的制造业明显有利。

“量”“价”调控与一国经济紧密相连，直接影响社会资金的流通、使用情况，多了和少了都不行。近年来，在包括政府工作报告会议在内的多个重要场合，政府都在着重强调稳健的货币政策要松紧适度，把好货币供给总闸门，不搞“大水漫灌”，保持广义货币 M2 和社会融资规模增速与国内生产总值名义增速相匹配等要求。这也为央行调控指明了基本方向。中国人民银行行长易纲曾表示，中国货币政策主要是服务国内经济，以我为主，综合考虑国内外经济形势和物价走势进行预调微调，应保持定力，坚持稳健的取向。2019 年，面对经济的下行压力，我国央行在充分考虑国内的经济形势的基础上进行了两次降准操作，共释放资金约 1.7 万亿元，较好保证了社会资金流动的合理充裕。

请思考：案例中所述的央行操作会带来什么样的政策效果？

知识解读

货币政策目标需要中央银行采取有效的措施和手段去实现，这些措施和手段又称为货币政策工具。中央银行通过对政策工具的操作，改变基础货币的供应，控制货币供应量，或者影响利率，进而影响投资和消费；或者影响商业银行的行为，影响其创造存款货币的能力；或者影响社会公众的预期心理，改变他们的经济行为。货币政策工具是多种多样的，按照工具影响范围来划分，对经济体系中有普遍影响的政策工具可称为一般性货币政策工具，影响部分地区和部分业务对象的政策工具可称为选择性货币政策工具。

10.2.1　一般性货币政策工具

一般性货币政策工具是指从总量的角度对货币和信用进行调节和控制，从而对整个经济体系发生普遍性影响的工具。这类工具主要有三个，即法定存款准备金率、再贴现率、公开市场业务，人们习惯上称之为中央银行货币政策的“三大法宝”。

一般性货币政策工具

1. 法定存款准备金率

法定存款准备金率是指以法律形式规定商业银行等金融机构将其吸收存款的一部分上缴中央银行作为准备金的比率。规定这一比率最初只是为了建立集中的准备金制度，用以增强商业银行的清偿能力。从 20 世纪 30 年代初起，一些国家相继把调整存款准备率作为中央银行调节信用、调节货币供应量的手段之一。当经济处于需求过度和通货膨胀状态时，中央银行可以提高法定存款准备金率，借以收缩信用和货币量；而当经济处于衰退状态时，中央银行就可以降低法定存款准备金率，使银行及整个金融体系的信用和货币量得以扩张，达到刺激经济增长的目的。

法定存款准备金率是威力巨大的货币政策工具，它的调整会直接影响商业银行持有的超额准备金，这样，商业银行存款货币创造能力就会发生变化，即货币乘数的变化，其结果使货币供应量大大改变。中央银行调高法定存款准备金率，就是向金融体系和社会公众发出了紧缩信号，金融机构和公众立刻会根据市场变化做出判断或预期，并调整各自的行为，如商业银行可能会调整准备金头寸、调整资产负债结构，企业可能会改变融资计划，家庭可能会改变支出计划等；反之，降低法定存款准备金率则为放松信号。所有这些都会影响货币供应量的变化。所以，法定准备金率调整具有很强的告示效应。

法定存款准备金率作为货币政策工具具有明显的优点，即作用速度快、效果明显，对于信用制度不很发达的发展中国家而言，政策工具操作简便。但这一工具明显的缺陷在于作用效果过于猛烈。由于乘数效应，法定存款准备金比率的微小变动就会造成货币供应量的较大波动，对经济造成强烈影响；同时也给商业银行带来许多的不确定性，增加了商业银行资金流动性管理的难度。

2. 再贴现率

再贴现是随着中央银行的产生而发展起来的，中央银行通过再贴现业务发挥其最后贷款人功能并维持银行体系储备供给的弹性制度。再贴现是相对于贴现而言的，企业将未到期商业票据卖给商业银行，得到短期贷款，称为贴现；商业银行在票据未到期以前将票据卖给中央银行，得到中央银行的贷款，称为再贴现。中央银行在对商业银行办理再贴现贷款时计算所收取利息的利率，称为再贴现率。作为中央银行货币政策工具的再贴现率，在实际中的运用原则一般是：当经济出现需求过度、通货膨胀时，中央银行就调高再贴现率；而当经济出现需求乏弱、生产下降时，中央银行就降低再贴现率。

调整再贴现率能调节信用和货币量的改变。中央银行提高再贴现率，商业银行或减少向中央银行融资，或相应地提高向工商企业贷款的利率。商业银行贷款利率上升，直接增加了企业的生产经营成本，降低了投资的边际效益，贷款需求受到抑制，信贷总规模必然缩小。同时再贴现率的调整能够起到很好的告示效应，提高再贴现率是中央银行紧缩经济的信号，金融机构和社会公众的经济行为都会发生相应变化，使信用紧缩，货币供应量减少；反之，降低再贴现率即为放松信号，使信用放松，货币供应量增加。

再贴现率作为中央银行货币政策工具，其变化直接反映了中央银行的政策取向，告示效应明显。但再贴现率调整政策效果取得其主动权不在中央银行，而在商业银行。另外，发挥再贴现率调整的政策工具需要有一个具有相当规模的、完善的票据市场，如果政策工具操作的市场弹性很小，政策工具的操作效果就不理想。

3. 公开市场业务

公开市场业务是中央银行在金融市场上公开买进或卖出有价证券的活动。20 世纪 20 年代，美国联邦储备体系首先选用公开市场业务工具。此后，公开市场业务逐渐成为各国中央银行最重要的货币政策工具。中央银行买卖有价证券并非以营利为目的，而是借此活动达到调节信用和货币供应的目的。中央银行买卖的有价证券主要是政府短期债券，交易对象的主体主要是商业银行。公开市场业务作为中央银行货币政策工具，运用原则一般是：当经济中出现需求过大、物价上涨趋势，有必要收缩货币时，中央银行就卖出有价证券；而当经济中出现需求不足、生产下降趋势，有必要扩张货币时，中央银行就买进有价证券。

中央银行通过买卖有价证券产生的影响表现在：①引起基础货币供应的变化。中央银行将一笔证券卖给某家商业银行时，这家银行或者减少库存现金，或者减少准备金存款，表现为基础货币收缩；反之，则会引起基础货币扩张。②引起利率的变化。当中央银行要买进或卖出政府债券时，会直接导致市场对政府债券的需求增加或减少，这种需求的变化会推动政府债券价格的上升或下降，从而促使其利率水平反方向变动，市场其他利率也相应受到影响。

在中央银行的一般性货币政策工具中，公开市场业务通常被认为是最重要、最常用和效果最理想的工具。其明显的优势是：①中央银行在操作中始终处于主动地位。在证券买卖的操作中，中央银行可以主动决定买卖时机和买卖数量，变动商业银行的准备金，从而调节货币量。②中央银行可以进行反向操作，具有纠错功能。公开市场业务是一种经常性、连续性的操作，调节的方向和力度随时可以根据变化了的经济、金融形势而改变，如果出现操作过头可以及时纠正。③操作时对经济的震动很小。公开市场操作以经常性、连续性的交易活动形式出现，减少对市场状况突发性的改变，间接调控优势明显。

但是，公开市场业务这一工具的启用和作用的发挥，必须以发达的金融市场为前提，尤其是国债市场要有相当大的规模；同时，中央银行必须持有相当数量的证券，主要是国债，否则就没有足够的调节力量。

拓展阅读　中央银行公开市场操作

2019 年 1 月 23 日，中国人民银行开展了 2019 年一季度定向中期借贷便利（TMLF）操作。操作对象为符合相关条件并提出申请的大型商业银行、股份制商业银行和大型城市商业银行。操作金额根据有关金融机构 2018 年四季度小微企业和民营企业贷款增量并结合其需求确定为 2 575 亿元。操作期限为 1 年，到期可根据金融机构需求续做两次，实际使用期限可达到 3 年。操作利率为 3.15%，比中期借贷便利（MLF）利率优惠 15 个基点。

中期借贷便利（Medium-term Lending Facility，MLF）于 2014 年 9 月由中国人民银行创设。中期借贷便利是中央银行提供中期基础货币的货币政策工具，对象为符合宏观审慎管理要求的商业银行、政策性银行，可通过招标方式开展。发放方式为质押方式，并需提供国债、央行票据、政策性金融债、高等级信用债等优质债券作为合格质押品。2018 年 12 月 19 日，中国人民银行发布消息称，为加大对小微企业、民营企业的金融支持力度，决定创设定向中期借贷便利（Targeted Medium-term Lending Facility，TMLF），根据金融机构对小微企业、民营企业贷款增长情况，向其提供长期稳定资金来源。定向中期借贷便利资金可使用 3 年，且操作利率比中期借贷便利（MLF）利率优惠。支持实体经济力度大、符合宏观审慎要求的大型商业银行、股份制商业银行和大型城市商业银行，可向人民银行提出申请。

TMLF 与 MLF 的主要区别有：①期限不同。MLF 是 3 个月至 1 年期，TMLF 是 1 年期，可续作两次，最长 3 年期。②利率不同。2019 年的 1 年期 MLF 利率是 3.3%，而最长 3 年期的 TMLF 利率较其低 15 个基点，为 3.15%。③操作对象不同。MLF 的操作对象更广泛，更具有普适性，主要目的是补充基础货币，TMLF 的操作更看重金融机构对增加小微企业民营企业贷款的能力。

10.2.2　选择性货币政策工具

选择性货币政策工具是中央银行针对个别部门、企业和特殊用途的信贷而采用的政策工具，主要分成下面几类：

1. 间接信用控制工具

这类工具的作用过程通过市场供求关系或资产组合的调整途径才能实现，主要有优惠利率、消费信用控制、预缴进口保证金制度、不动产信用控制、证券保证金比率等。其中，优惠利率是指中央银行对优先发展或重点发展的部门或产业制定较低的贴现率，鼓励这些部门和产业的发展；消费信用控制是指中央银行通过一系列手段调整特定商品消费信用的规模，以期达到消费市场的稳定有序，这些手段包括最低首付比率、最高偿付期限和信贷利率等；预缴进口保证金制度是指中央银行根据进出口状况，主动调整进口商预缴按进口商品总价值一定比率的资金作为保证金，改变进口成本，影响进出口交易；房地产信用控制是指中央银行运用信贷政策调整来影响不动产开发和经营企业的成本，引导房地产市场的平稳发展；证券保证金比率是指中央银行对证券购买者在买进证券时必须支付现金的比率加以规定并随时调节，以控制证券市场的信用投资规模。

2. 直接信用管制工具

这类工具是中央银行用行政命令的方式，直接对商业银行放款或接受存款的数量进行限制。其中最普遍的工具是银行贷款最高限额和银行存款利率的最高限额。中央银行对商业银行贷款最高限额的控制主要有直接控制贷款总量的最高限额和控制贷款增长幅度的限额两种。中央银行对商业银行存款利率进行限制是指中央银行规定商业银行吸收存款的最高利率，主要为了防止商业银行之间的恶性竞争，规避银行系统性风险。在市场经济条件下，这类工具的使用大为减少，只有在出现战争、经济危机和金融秩序混乱时中央银行才会采取直接的信用管制手段。

3. 道义劝告和窗口指导

道义劝告是指中央银行利用其地位和权威，对商业银行和其他金融机构发出书面通知或口头通知，向商业银行通报经济形势，劝其采取相应措施，配合中央银行货币政策的实施。窗口指导是指中央银行根据产业行情、物价趋势和金融市场动向，给商业银行贷款提供风险提示，并提出贷款要求。在中央银行的权威性和公信力较强的情况下，这类工具的使用会更为有效。

学中做，做中学

为撬动更多的资金流入绿色低碳领域，中国人民银行在设立碳减排支持工具的基础上，于2021年11月17日宣布再设立2000亿元专项再贷款，专项支持煤炭清洁高效加工、煤电清洁高效利用、工业清洁燃烧和清洁供电、民用清洁采暖和煤炭资源综合利用等七大领域、20项子领域项目的基础建设和技术改造。具体方式是：全国性银行及其分支机构向支持范围内符合标准的项目自主发放优惠贷款，贷款利率与同期限档次贷款的市场报价利率大致持平，人民银行按贷款本金等额提供专项再贷款支持。此外，后续拟在再贷款中单列额度，专门用于支持煤炭清洁高效利用科研攻关项目，具体项目清单由科技部门提供，人民银行各分支行指导当地金融机构积极开展项目对接。

学中做：请收集整理最近两年央行运用选择性货币政策工具的相关资料。

做中学：分析说明选择性货币政策工具的运用在上述资料中是如何体现的。

单元小结

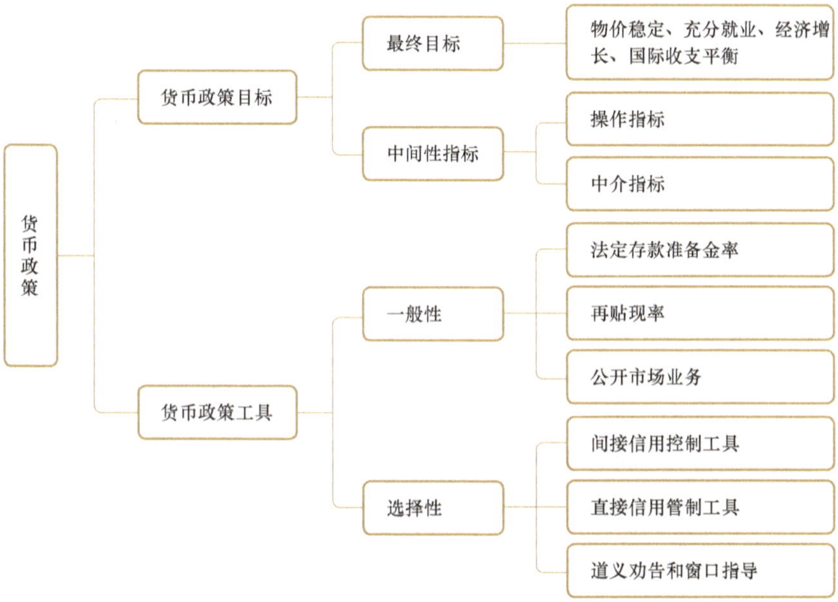

复习思考题

一、单项选择题

1. 要增加货币供给量，中央银行可以（　　）。

　A. 降低法定存款准备率　　B. 提高再贴现率

　C. 在公开市场卖出有价证券　　D. 收缩信贷

2. 中央银行在二级市场上购买国债，使货币供应量（　　）。

　A. 减少　　B. 增加　　C. 不变　　D. 不确定

3. 我国的货币政策目标是（　　），并以此促进经济增长。

　A. 平衡国际收支　　B. 充分就业

　C. 保持货币币值的稳定　　D. 物价稳定

4. 若中央银行采取紧缩性货币政策，应（　　）。

　A. 提高法定存款准备率　　B. 买入短期国债

　C. 调低再贴现率　　D. 扩张信贷

5. 货币政策四大目标之间存在矛盾，任何一个国家要想同时实现是很困难的，但其中（　　）是基本一致的。

　A. 充分就业与经济增长　　B. 经济增长与国际收支平衡

　C. 物价稳定与经济增长　　D. 物价稳定与经济增长

6. 一般来说，中央银行提高再贴现率时，会使商业银行（　　）。
A. 提高贷款利率　　B. 降低贷款利率
C. 贷款利率升降不确定　　D. 贷款利率不受影响

二、多项选择题

1. 下列各项中，属于货币政策中介目标的是（　　）。
A. 货币供应量　　B. 基础货币
C. 利率　　D. 超额准备金
E. 税率
2. 公开市场业务的优点是（　　）。
A. 调控效果猛烈　　B. 主动性强
C. 灵活性高　　D. 影响范围广
E. 容易对经济产生副作用
3. 为了刺激经济复苏，加快经济增长，正确的货币政策工具组合应当是（　　）。
A. 卖出有价证券，提高中央银行再贴现率
B. 降低存款准备金率，降低中央银行再贴现率
C. 放松不动产信用控制，提高中央银行再贴现率
D. 降低中央银行再贴现率，买入有价证券
E. 提高存款准备金率，卖出有价证券
4. 以下属于“紧缩”的货币政策的有（　　）。
A. 提高利率　　B. 降低利率　　C. 放松信贷　　D. 收紧信贷
E. 增加货币供应量
5. 选取货币政策中介指标的最基本要求是（　　）。
A. 抗干扰性　　B. 可测性　　C. 相关性　　D. 可控性
E. 与经济体制、金融体制有较好的适应性

三、问答题

1. 一般性货币政策工具包括哪些内容？
2. 货币政策的最终目标有哪些？
3. 执行扩张和紧缩的货币政策分别应采取哪些措施或手段？

四、案例分析

“9 • 11”后美联储的货币政策

2001 年 9 月 11 日，恐怖组织对美国世贸中心大楼的袭击，不但使美国的航空与保险业陷入困境，而且扰乱了美国支付与金融体系的正常运行，给整个国民经济带来了严重的后果。一方面，企业与个人对流动性的需求大幅增加；另一方面，不确定性的增加和资产价格的下降也削弱了银行和其他金融机构的贷款意愿。这一切对已陷入衰退的美国经济来说，无异于雪上加霜。为了最大限度地减少“9 • 11”事件对经济复苏的不利影响，美联储通过多种渠道，采取了有力的措施以图恢复市场信心和保证金融与支付体系的正常运行。下面是美联储为“9 • 11”事件所采取的六大措施：

第一，美联储通过其在纽约的交易中心以回购协议的方式为市场注入大笔资金，2001 年 9

月 12 日，美联储持有的有价证券金额高达 610 亿美元，在此之前，美联储日平均证券余额仅为 270 亿美元。

第二，美联储通过再贴现直接将货币注入银行体系。9 月 12 日的再贴现余额高达 450 亿美元，远远超过在此之前的 5 900 万美元的日平均余额。

第三，美联储联合通货监理局（OCC）劝说商业银行调整贷款结构，为出现临时性流动性问题的借款人发放专项贷款，并声称，为帮助商业银行实现这一目的，美联储随时准备提供必要的援助。

第四，由于交通运输问题妨碍了票据的及时清算，美联储于 9 月 12 日将支票在途资金扩大到 230 亿美元，几乎是此前日平均金额的 30 倍。

第五，美联储很快与外国中央银行签署了货币互换协议，对已有的货币互换协议也扩大了其协议的金额。

第六，在 9 月 17 日清晨，联邦公开市场委员会（FOMC）又进一步将联邦基金利率的目标利率定为 3%，下降了 0.5 个百分点。同日晚些时候，纽约股票交易所重新开业。

问题：（1）美联储的上述六大政策各有何不同？哪些政策动用了一般性政策工具？哪些政策平常很少使用？

（2）美联储通过哪些手段增加了货币供应量？增加货币供应量对一国经济有何影响？

技能实训

货币政策研讨

1．学生分组对以下问题进行讨论：

（1）中央银行制定货币政策的目的何在？

（2）货币政策各目标间是否存在矛盾？

（3）目前适合我国的货币政策是什么？

（4）如何贯彻执行货币政策？

2．根据分析结果形成实训报告。

3．教师引导点评，组织各小组汇报和讨论。

单元 11

从郑和下西洋谈起——认识国际金融

学习目标

【能力目标】

- 能应用国际金融的相关知识解决当前国际金融领域中的实际问题。
- 能在各种环境中处理个人外汇业务。

【知识目标】

- 了解外汇及国际收支的基本概念。
- 理解外汇的标价方法及种类。
- 掌握国际收支、外汇实务等方面的基本理论、基本知识、基本技能，学会在实际中加以运用。
- 掌握国际储备及其构成，理解国际储备作用。

【素质目标】

- 理解开放条件下的经济均衡，正确认识汇率波动。
- 树立外汇投资理念，学会关注其影响因素。
- 树立高水平对外开放理念，坚定道路自信。

单元引例

明成祖朱棣命三保太监郑和率领200多艘海船、2.7万多人，七次远航西太平洋和印度洋，拜访了30多个国家和地区，最远曾达东非、红海。郑和下西洋是中国古代规模最大、船只最多、海员最多、时间最久的海上航行，时间上也比欧洲葡萄牙、西班牙等国的航海家，如麦哲伦、哥伦布、达伽马等人提前有近一个世纪，堪称是“大航海时代”的先驱和唯一的东方人，更是比马汉早 500 年提出海权，更有说法称郑和最早发现美洲、大洋洲、南极洲。

郑和下西洋的目的虽然众说纷纭，但是西洋诸国对明朝出品之陶瓷、丝绸等都极为喜爱，永乐年间也的确利用郑和下西洋的官船，载运这些货品到海外，在返程中，郑和官船亦购买或交换一些中国所缺的香料、染料、宝石、象牙、珍奇异兽等，所以下西洋无疑促进了对外贸易的发展。郑和最后几次下西洋时期，其贸易规模有所扩大，得益于其始终遵循平等自愿、等价交换的交易原则，这也是当前国际贸易的一些基本原则。

习近平总书记在党的二十大报告中提出，促进世界和平与发展，推动构建人类命运共同体。郑和下西洋体现了中国文化的和平主义特征。远行万里，是为了《尧典》所说的“协和万邦”，对于所到之地并无领土要求。党的二十大报告做出了“推进文化自信自强，铸就社会主义文化新辉煌”的新部署新要求，青年学生要守正创新、锐意进取，为建设社会主义文化强国、增强实现中华民族伟大复兴的精神力量做出更大贡献。

在大航海时代，国际贸易和国际交往得以迅速发展，到第二次世界大战后国际经济的大繁荣，世界经济一体化越来越成为各国的共识，因此在开放经济条件下细致研究国际收支与汇率波动更为必要。

11.1 你知道货币的对外价值吗

案例引入

党的二十大明确指出“必须完整、准确、全面贯彻新发展理念，坚持社会主义市场经济改革方向，坚持高水平对外开放，加快构建以国内大循环为主体、国内国际双循环相互促进的新发展格局”和“有序推进人民币国际化”的要求。近年来，国家外汇管理局统筹开放与安全，外汇领域的改革开放工作取得明显成效。人民币汇率市场化形成机制逐步完善，汇率弹性不断增强，双向波动成为常态，人民币汇率在合理均衡水平上保持基本稳定。资本项目开放稳步推进，已实现较高可兑换水平。其中，跨境直接投资实现基本可兑换，跨境证券投资实现多渠道、多层次的双向开放，跨境融资实现宏观审慎管理框架下市场主体自主开展相关融资活动。此外，汇率避险工具推广普及，企业对汇率波动的适应性明显增强。2009 年以来，人民币国际化从零起步，取得了比较明显的进展。到 2023 年，已有 15% 左右的跨境贸易是用人民币计价结算的，离岸市场人民币存款达到 2 万亿元以上，在岸市场外国投资者持有的人民币资产超过了 10 万亿元，还有 70 多个国家将人民币作为官方储备货币，与近 40 个国家签订了人民币双边互换协议。2022 年 6 月，中国人民银行和国际清算银行（BIS）共同发起了人民币流动性安排（RMBLA）。初期，除了中国人民银行外，创始机构包括马来西亚、印尼、新加坡、智利和香港地区的货币当局。根据相关规定，参与机构将投入不少于 150 亿元人民币或等值美元，为遭遇流动性困难甚至货币金融危机的国家提供人民币贷款。这是中国在全球金融安全网建设方面对世界做出的一个重要贡献。

请思考：什么是汇率？汇率为什么会变化？汇率变动会产生怎样的影响？如何理解人民币国际化？

知识解读

11.1.1 外汇概述

11.1.1.1 外汇的含义

外汇的概念具有双重含义，即有动态和静态之分。静态的外汇，又分为狭义的外汇概念和广义的外汇概念。

狭义的外汇指的是以外国货币表示的，为各国普遍接受的，可用于国际债权债务结算的各种支付手段。它必须具备三个特点：可支付性（必须以外国货币表示的资产）、可获得性（必须是在国外能够得到补偿的债权）和可换性（必须是可以自由兑换为其他支付手段的外币资产）。

广义的外汇指的是一国拥有的一切以外币表示的资产。国际货币基金组织对此的定义是："外汇是货币行政当局（中央银行、货币管理机构、外汇平准基金及财政部）以银行存款、财政部库券、长短期政府证券等形式保有的在国际收支逆差时可以使用的债权。"根据我国《外汇管理条例》规定，外汇是指下列以外币表示的可以用作国际清偿的支付手段和资产：①外币现钞，包括纸币、铸币；②外币支付凭证或者支付工具，包括票据、银行存款凭证、银行卡等；③外币有价证券，包括债券、股票等；④特别提款权；⑤其他外汇资产。

外汇的动态概念，是指货币在各国间的流动，以及把一个国家的货币兑换成另一个国家的货币，借以清偿国际债权债务关系的一种专门性的经营活动。它是国际汇兑（Foreign Exchange）的简称。

11.1.1.2 外汇的种类

1. 按兑换时的受限程度不同，可分为自由兑换外汇、有限自由兑换外汇和记账外汇

自由兑换外汇是指在国际结算中用得最多、在国际金融市场上可以自由买卖、在国际金融中可以用于偿清债权债务，并可以自由兑换其他国家货币的外汇，如美元、加拿大元等。有限自由兑换外汇则是指未经货币发行国批准，不能自由兑换成其他货币或对第三国进行支付的外汇。国际货币基金组织规定凡对国际性经常往来的付款和资金转移有一定限制的货币均属于有限自由兑换货币。世界上有一大半国家的货币属于有限自由兑换货币，包括人民币。记账外汇，又称清算外汇或双边外汇，是指记账在双方指定银行账户上的外汇，不能兑换成其他货币，也不能对第三国进行支付。

2. 按其来源与用途不同，外汇可分为贸易外汇、非贸易外汇和金融外汇

贸易外汇，也称实物贸易外汇，是指来源于或用于进出口贸易的外汇，即由于国际商品流通所形成的一种国际支付手段。非贸易外汇是指因非贸易往来而发生收入和支出的外汇，如劳务外汇、侨汇和捐赠外汇等。金融外汇与贸易外汇、非贸易外汇不同，是属于一种金融资产外汇，例如，银行同业间买卖的外汇，既非来源于有形贸易或无形贸易，也非用于有形贸易，而是为了各种货币头寸的管理和调整。资本在国家之间的转移，也要以货币形态出现，或是间接投资，或是直接投资，都形成在国家之间流动的金融资产，特别是国际游资数量之大，交易之频繁，影响之深刻，不能不引起有关方面的特别关注。

3. 按汇率的市场走势不同，外汇可分为硬外汇（硬币）和软外汇（软币）

外汇就其特征意义来说，总是指某种具体货币，如美元外汇是指以美元作为国际支付手段的外汇，英镑外汇是指以英镑作为国际支付手段的外汇，日元外汇是指以日元作为国际支付手段的外汇等。在国际外汇市场上，由于多方面的原因，各种货币的币值总是经常变化的，汇率也总是经常变动的，因此根据币值和汇率走势我们又可将各种货币归类为硬货币和软货币，或称强势货币和弱势货币。硬币是指币值坚挺，购买能力较强，汇价呈上涨趋势的自由兑换货币，反之则为软币。由于各国国内外经济、政治情况千变万化，各种货币所处硬币、软币的状态也不是一成不变的，经常是昨天的硬币变成了今天的软币，昨天的软币变成了今天的硬币。

11.1.1.3　外汇的作用

1. 外汇作为国际结算的支付手段，是国际经济交流不可缺少的工具

债权债务关系发生在不同国家之间，由于货币制度不同，一国货币不能在其他国家内流通，除了运送国际共同确认的清偿手段——黄金以外，不同国家间的购买力原本是不能转移的。随着银行外汇业务的发展，各国大量利用代表外汇的各种信用工具（如汇票），使不同国家间的货币购买力的转移成为可能。

2. 促进国际贸易和资本流动的发展

外汇是国际经济往来的产物。没有外汇，就不能加速资金的国际周转和运用，国际经济、贸易和金融往来就要受到阻碍。以外汇清偿国际债权债务关系，不仅可以节省运送现钞的费用与避免运送风险，而且可以避免资金积压，加速资金周转，从而促进国际商品交换和资本流动的发展。

3. 便利国际资金供需的调剂

例如，发展中国家为加快建设步伐，需要有选择地利用国际金融市场上的长短期信贷资金，发达国家的剩余资金也有寻找出路的必要。因此，外汇可以发挥调剂国家之间资金余缺的作用，用于平衡国际收支、稳定汇率、偿还对外债务。

案例

各国家或地区的货币及其符号见表 11-1。

表 11-1　各国家或地区的货币及其符号

货币名称	货币符号	货币名称	货币符号	货币名称	货币符号
人民币	CNY	泰铢	THB	日元	JPY
欧元	EUR	美元	USD	加拿大元	CAD
瑞士法郎	CHF	英镑	GBP	印尼盾	IDR
澳大利亚元	AUD	港币	HKD	菲律宾比索	PHP
丹麦克朗	DKK	新西兰元	NZD	韩元	KRW
马来西亚林吉特	MYR	新加坡元	SGD	俄罗斯卢布	RUB

11.1.2 汇率的标价方法与种类

汇率又称汇价，即两国货币的比率或比价，也即以一国货币表示另外一国货币的价格。

汇率的标价方法与种类

11.1.2.1 汇率的标价方法

确定两种不同货币之间的比价，先要确定用哪个国家的货币作为标准。由于确定的标准不同，产生了几种不同的外汇汇率标价方法。

1. 直接标价法

直接标价法，是以一定单位（1、100、1 000、10 000）的外国货币为标准来计算应付出多少单位的本国货币的方法。即相当于计算购买一定单位外币应付多少本币，所以又叫应付标价法。在国际外汇市场上，包括中国在内的世界上绝大多数国家目前都采用直接标价法。如日元兑美元汇率为 110，即 1 美元兑 110 日元。

在直接标价法下，若一定单位的外币折合的本币数额多于前期，则说明外币币值上升或本币币值下跌，表现为外汇汇率上升；反之，如果要用比原来较少的本币即能兑换到同一数额的外币，这说明外币币值下跌或本币币值上升，表现为外汇汇率下跌。即外币的价值与汇率的涨跌成正比。直接标价法与商品的买卖常识相似，例如，美元的直接标价法就是把美元外汇作为买卖的商品，以美元为 1 单位，且单位是不变的，而作为货币一方的人民币，是变化的。一般商品的买卖也是这样，500 元买进一件商品，550 元把它卖出去，赚了 50 元，商品没变，而货币却增加了。

2. 间接标价法

间接标价法又称应收标价法，是以一定单位（如 1 个单位）的本国货币为标准，来计算应收若干单位的外汇货币。在国际外汇市场上，欧元、英镑、澳元等均采用间接标价法。如欧元兑美元汇率为 1.069 5，即 1 欧元兑 1.069 5 美元。

在间接标价法下，本国货币的数额保持不变，外国货币的数额随着本国货币币值的变化而变化。如果一定数额的本币能兑换的外币数额比前期少，则说明外币币值上升、本币币值下降，表现为外汇汇率下跌；反之，如果一定数额的本币能兑换的外币数额比前期多，则说明外币币值下降、本币币值上升，表现为外汇汇率上升。即外币的价值与汇率的升跌成反比。因此，间接标价法与直接标价法相反。

直接标价法和间接标价法所表示的汇率涨跌的含义正好相反，所以在引用某种货币的汇率和说明其汇率高低涨跌时，必须明确采用哪种标价方法，以免混淆。

3. 美元标价法

美元标价法又称纽约标价法，是指在纽约国际金融市场上，除对英镑用直接标价法外，对其他外国货币用间接标价法。美元标价法由美国在 1978 年 9 月 1 日制定并执行，目前是国际金融市场上通行的标价法。

即学即练

单选题

1. 人民币汇率实行（　　）。

A. 直接标价法　B. 间接标价法　C. 美元标价法　D. 欧元标价法

2. 在采用直接标价的前提下，如果需要比原来更少的本币就能兑换一定数量的外国货币，这表明（　　）。

A. 本币币值上升，外币币值下降，本币升值外币贬值

B. 本币币值下降，外币币值上升，本币贬值外币升值

C. 本币币值上升，外币币值下降，外币升值本币贬值

D. 本币币值下降，外币币值上升，外币贬值本币升值

11.1.2.2　汇率的种类

汇率是外汇买卖中本国货币对外国货币的折算。在实际外汇业务中，汇率可以从如下角度进行分类：

1. 按国际货币制度不同，汇率可分为固定汇率和浮动汇率

固定汇率是指由政府制定和公布，并只能在一定幅度内波动的汇率。

浮动汇率是指由市场供求关系决定的汇率，其涨落基本自由，一国货币市场原则上没有维持汇率水平的义务，但必要时可进行干预。

2. 按制订汇率的方法不同，汇率可分为基本汇率和套算汇率

基本汇率是指各国在制定汇率时必须选择某一国货币作为主要对比对象，这种货币称为关键货币。根据本国货币与关键货币实际价值的对比，制定出对它的汇率，即为基本汇率。一般美元是国际支付中使用较多的货币，各国都把美元当作制定汇率的主要货币，常把对美元的汇率作为基本汇率。

套算汇率是指各国按照对美元的基本汇率套算出的直接反映其他货币之间价值比率的汇率。

3. 按银行买卖外汇的角度不同，可分为买入汇率、卖出汇率、中间汇率和现钞汇率

买入汇率也称买入价，即银行向同业或客户买入外汇时所使用的汇率。采用直接标价法时，外币折合本币数较少的那个汇率是买入价，采用间接标价法时则相反。

卖出汇率也称卖出价，即银行向同业或客户卖出外汇时所使用的汇率。采用直接标价法时，外币折合本币数较多的那个汇率是卖出价，采用间接标价法时则相反。

买入卖出之间有个差价，即是银行买卖外汇的收益，一般为 1% ～ 5%。银行同业之间买卖外汇时使用的买入汇率和卖出汇率也称同业买卖汇率，实际上就是外汇市场买卖价。

中间汇率是买入价与卖出价的平均数。西方媒体报道汇率消息时常用中间汇率，套算汇率也用有关货币的中间汇率套算得出。

现钞汇率一般国家都规定，不允许外国货币在本国流通，只有将外币兑换成本国货币，才能购买本国的商品和劳务，因此产生了买卖外汇现钞的兑换率，即现钞汇率。理论上现钞汇率应与外汇汇率相同，但因需要把外币现钞运到各发行国去，而运送外币现钞要花费一定的运费和保险费，因此，银行在收兑外币现钞时的汇率通常要低于外汇买入汇率；而银行卖出外币现钞时使用的汇率则高于其外汇卖出汇率。

学中做，做中学

国际外汇市场上，日元（JPY）、瑞士法郎（CHF）、加元（CAD）等均采用直接标价法。如 USD/JPY，报价为 94.50/94.55，直接标价法前面价格是外币买入价，后面价格是外币

卖出价，即表示报价方买入 1 美元支付询价方 94.50 日元；报价方卖出 1 美元收取询价方 94.55 日元。欧元（EUR）、英镑（GBP）、澳元（AUD）等均采用间接标价法。如 EUR/USD 报价为 1.424 0/1.424 5，间接标价法前面的价格是外币卖出价，后面的价格是外币买入价，即表示报价方每买入 1 欧元支付询价方 1.424 5 美元；报价方卖出 1 欧元收取询价方 1.424 0 美元。

学中做：请利用以上资料换算欧元兑日元的汇率。

做中学：分析说明买入价和卖出价的价差在直接标价法和间接标价法中分别是如何表现出来的。

4. 按银行付汇方式不同，汇率可分为电汇汇率、信汇汇率和票汇汇率

电汇汇率是经营外汇业务的本国银行在卖出外汇后，即以电信委托其国外分支机构或代理行付款给收款人所使用的一种汇率。由于电汇付款快，银行无法占用客户资金头寸，且国际电信费用较高，所以电汇汇率较一般汇率高。但是电汇调拨资金速度快，有利于加速国际资金周转，因此电汇在外汇交易中占有绝大比重。

信汇汇率是银行开具付款委托书，以信函方式通过邮局寄给付款地银行转付收款人所使用的一种汇率。由于付款委托书的邮递需要一定的时间，银行在这段时间内可以占用客户的资金，因此，信汇汇率比电汇汇率低。

票汇汇率是指银行在卖出外汇时，开立一张由其国外分支机构或代理行付款的汇票交给汇款人，由其自带或寄往国外取款所使用的汇率。由于票汇从卖出外汇到支付外汇有一段间隔时间，银行可以在这段时间内占用客户的头寸，所以票汇汇率一般比电汇汇率低。票汇有短期票汇和长期票汇之分，其汇率也不同。由于银行能更长时间运用客户资金，所以长期票汇汇率较短期票汇汇率低。

5. 按外汇交易交割期限不同，汇率可分为即期汇率和远期汇率

即期汇率，又称现汇汇率，是指买卖外汇双方成交当天或两天以内进行交割的汇率。

远期汇率是在未来一定时期进行交割，而事先由买卖双方签订合同、达成协议的汇率。到了交割日期，由协议双方按预订的汇率、金额进行钱汇两清。远期外汇买卖是一种预约性交易，是因外汇购买者对外汇资金需要的时间不同，以及为了避免外汇汇率变动风险而引起的交易。远期外汇的汇率与即期汇率相比是有差额的，这种差额称为远期差价，有升水、贴水、平价三种情况：升水表示远期外汇比即期外汇贵，贴水则表示远期外汇比即期外汇便宜，平价表示两者相等。

6. 按国家对外汇管理的宽严程度不同，汇率可分为官方汇率和市场汇率

官方汇率是指国家机构（财政部、中央银行或外汇管理当局）公布的汇率。官方汇率又可分为单一汇率和多重汇率。多重汇率是一国政府对本国货币规定的一种以上的对外汇率，是外汇管制的一种特殊形式。其目的在于奖励出口、限制进口，限制资本的流入或流出，以改善国际收支状况。

市场汇率是指在自由外汇市场上买卖外汇的实际汇率。在外汇管理较松的国家，官方宣布的汇率往往只起中心汇率作用，实际外汇交易则按市场汇率进行。

7. 按银行买卖外汇的营业时间不同，汇率可分为开盘汇率和收盘汇率

开盘汇率，又称开盘价，是外汇银行在一个营业日刚开始营业时买卖外汇使用的汇率。

收盘汇率，又称收盘价，是外汇银行在一个营业日的外汇交易终了时使用的汇率。

小资料

汇率制度：固定还是浮动

在 1971 年以前，美国农民如果打算向英国出口价值 10 万英镑的大豆，这笔交易会非常简单。他交付大豆后，英国进口商一个月后付 10 万英镑，他不用担心英镑会贬值，因为当时英镑和美元实行固定汇率。他只要在家安心等待一个月，拿到 10 万英镑后再到外汇市场换回美元即可。而 1971 年之后两国实行浮动汇率制度，政府不加干预，美元和英镑之间的汇率随市场行情上下波动。如果一个月后才能拿到 10 万英镑，美国农民会很担忧，因为一个月后英镑是否会贬值，10 万英镑还能否兑换像原来那样多的美元已无法预知。

固定汇率制度和浮动汇率制度各有长处，也各有弱点。

在固定汇率制度下，汇率水平保持固定不变，人们不必担心汇率波动带来的风险，这显然有利于国际贸易的发展，也便于生产与核算。但为了维持固定汇率，政府不得不被动地在外汇市场上进行干预，平抑汇率的波动，而这往往会使该国丧失货币政策自主权。例如，当外汇市场供大于求的时候，政府就不得不大量买入外币并卖出本币，以保持外汇市场供求平衡。但这就意味着政府要投放更多的本币，扩大本国的货币供给，结果本国的货币政策受制于固定汇率制。

在浮动汇率制度下，汇率随行就市地自由波动，促进外汇市场供求平衡，政府不必为了维持外汇市场供求平衡而投放或回笼货币，具有较强的货币政策自主权。但不利之处在于，浮动汇率制加大了汇率波动风险，不利于国际贸易，有时也会引起资本的无序流动。

汇率制度的选择最终要取决于一国的实际情况。各国应该根据自己的经济实力、开放程度以及经济结构等因素，决定到底是采取固定汇率制还是浮动汇率制。

世界汇率制度的发展，大致经历了由固定汇率制到浮动汇率制的演变过程。在布雷顿森林体系时期，各国约定美元与黄金以固定比价挂钩，各国货币则与美元以固定比价挂钩。也就是说，各国普遍实行固定汇率制度。布雷顿森林体系瓦解后的 1976 年，各国在牙买加首都金斯敦达成协议，承认浮动汇率制的合法性，建立了新的国际货币体系——牙买加体系。从此，各国货币不再与黄金挂钩，世界上的发达国家都开始实行浮动汇率制度。

11.1.3　汇率的变动

11.1.3.1　影响汇率变动的因素

1997 年，东南亚各国相继爆发了严重的金融危机，泰国货币泰铢承受不住贬值的压力，一夜间一泻千里，此后，东南亚各国的货币包括日元竞相贬值，一时间，东南亚的经济金融形势风雨飘摇。各国对人民币的前景也十分悲观，而中国政府郑重宣布：人民币不贬值。中国的承诺增强了东南亚和世界各国的信心，中国为战胜金融危机做出了贡献。

汇率的升降到底受哪些因素的影响呢？

（1）进出口的差额是主要因素。出口是把本国的商品或服务卖给外国，是收入外汇（创汇）的过程；进口则是用外汇购买国外的商品或服务，是付出外汇的过程。如果一个国家的商品和服务的出口额比进口额多，出现贸易顺差，相应这个国家挣的外汇就多，花的外汇就少，也就是外汇供给多、需求少，这时，外汇汇率自然要下跌，该国货币也就相应升值。比如我国面临持续的巨额贸易顺差时，人民币因此也面临着升值的压力。相反，如果一个国家商品和服务的出口比进口少，出现了贸易逆差，相应挣的外汇少，花的外汇多，即外汇供给少、需求多，这时，外币汇率自然会上升，该国货币面临着贬值的压力。

（2）资本的流出流入差额也是一个重要因素。道理跟进出口差额类似，当一个国家的资本流入多于资本流出时，就会出现资本项目顺差，也就是外汇供给多、需求少，外币汇率自然会下跌。相反，如果一个国家的资本流出多于资本流入，就会出现资本项目逆差，外币汇率就有上升的趋势。

（3）利率差异也是重要因素。随着世界经济的一体化，各国之间的资本流动越来越自由。如果一个国家的利率比其他国家的利率高，就会有大量的资本涌进来，兑换成该国的货币以获取更高的利息，这样就会推动其货币升值。反之，如果这个国家的利率比其他国家的利率低，其货币就有贬值的压力。

（4）通货膨胀率的高低也会影响汇率。如果一个国家的通货膨胀率较高，就意味着这个国家的货币购买力下降，相对于通货膨胀率较低的国家，其货币自然有贬值的压力。反之，如果一个国家的通货膨胀率比其他国家低，其货币就有升值的趋势。

（5）人们的心理预期也是影响短期汇率波动的重要因素。如果人们认为某个国家的经济发展令人担忧，或者政治局势不稳定，预测其货币不久会贬值，就会纷纷抛售该国货币，结果雪上加霜，导致该国货币大幅贬值甚至爆发货币危机。

（6）政府对汇率的干预行为也在很大程度上影响着汇率。例如，1985 年，美国正承受着高额的财政和贸易赤字，而美元升值又加剧了其贸易赤字，于是美国联合西方强国达成了著名的“广场协定”，各国政府联手拿出 200 亿美元投入外汇市场购买日元，结果美元大幅贬值，日元大幅升值。

（7）汇率的走势最终是一个国家经济发展状况的综合反映，所以从长期来看，如果一国经济发展良好，保持持续的繁荣和稳定增长，该国货币的汇率就会趋于稳定。

11.1.3.2 汇率变动的经济影响

1. 对进出口贸易的影响

一国汇率的变动将使该国进出口商品和劳务的价格发生变化，从而影响该国的外汇收支。在一定条件下，一国货币对外贬值有利于本国的出口，而对外升值则有利于进口。这是通过汇率升降对本国进出口商品价格的影响来实现的，其原理是：本币汇率下降意味着外币升值，对出口会产生两种结果，一是等值本币的出口商品在国际市场上会折合更少的外币，使国外销售价格下降，竞争力增强，出口扩大；二是出口商品在国际市场上的外币价格保持不变，则本币贬值会使等值外币兑换成更多的本币，国内出口商品的出口利润增加，从而提高出口商的积极性，扩大出口。同样，本币汇率下降会使以本币标示的进口商品价格上扬，从而抑制国内对进口商品的需求，减少进口数量。这样该国的贸易状况就能从两方面同时得到改善。同理，一国汇率上升则会产生相反的效果。

正是由于汇率变动的上述效应，许多国家都倾向于运用外汇倾销来扩大贸易出口，限制进口，以缓解国际收支经常项目的危机。所谓外汇倾销，是指一国有意识地提高外币汇率，使汇率上涨的幅度大于国内物价上涨的幅度（使货币对外贬值大于对内贬值），以低价输出商品，夺取销售市场的汇率政策。但一国实行外汇倾销并不是必然奏效，它将受国内外两方面限制。来自国内的限制：首先，国内物价继续上涨，当对内贬值与对外贬值幅度一致时，外汇倾销的条件也就丧失了。为此，每当西方国家宣布纸币对外贬值时，往往同时宣布冻结物价、工资若干月，以维持倾销条件。其次，出口商品的供求弹性也会影响汇率政策效应。只有当国外市场对该国出口商品的需求具有极强的价格弹性，即降低价格能极大地增加国外市场对该国出口商品的需求，同时国内对该出口商品的供给也具有潜力时，外汇倾销才能奏效。在借助货币汇率下调、相对改变进出口商品价格从而改善贸易收支之前，会存在一个时滞，而且在这期间，贸易收支状况还会有一段继续恶化的过程。因此，如果国内宏观经济平衡状况不佳，国内市场总需求远大于总供给，这个时滞可能会很长，外汇倾销对改善贸易收支状况的力度就十分有限。来自国外的限制：一国提高外汇汇率，降低本币汇率，取得了扩大出口、限制进口的利益，而其他国家则会受到相应损失。为避免损失，商品输入国及贸易竞争对手国都会采取反倾销政策，从而使外汇倾销失效。

2. 对资本流动的影响

汇率对资本输出和输入，尤其是短期资本流动有一定的影响。如果一国货币汇率下跌，该国国内资金持有者和国外投资者为降低汇率变动带来的损失，就会倾向于把本国货币兑换成汇率较高的外国货币；同时，外国投资者因持有以该国货币计值的资产价值下降而抽走在该国的投资。因此，汇率变动不仅会导致资金外流，还会使得国内投资规模缩减，吸引外资的能力降低，从而恶化国际收支，影响一国经济的发展。一国货币汇率上升对短期资本流动的影响则相反。

由于长期资本的流动主要是经济投资，以风险和权衡为决策核心，因此，汇率变动对长期资本流动影响较小。

3. 对国际储备和国际债务的影响

一方面，汇率变动通过影响国际贸易及国际资本流动，引起一国国际储备规模增减波动；另一方面，汇率波动所引起的风险，使得一国管理其国际储备的难度大为提高，因为汇率升降会增加或减少一国外汇储备存量的实际价值以及对外的实际债务负担。

4. 对国内物价水平的影响

汇率变动通过影响进出口商品价格从而直接或间接影响国内的物价水平。通常，本币汇率上升，国内物价水平下降；本币汇率下降，国内物价水平上升。

另外，汇率变动通过影响一国的进出口状况及资本流出或流入，也对该国的经济增长与就业、国际利息水平等产生影响。

总之，汇率变动对国际或国内的经济影响是多层次、多角度的。由于不同国家、不同时期的经济条件的差异，汇率变动对经济的影响是有差别的，而且在很多时候，由于诸多因素的综合作用，汇率对经济的影响可能无法确定。

案例

锁定汇率风险

某企业从A银行贷款一笔日元，金额为10亿日元，期限为5年，年利率为固定利率3.25%；每半年付息一次，付息日为每年6月30日和12月31日；2018年12月20日提款，2023年12月20日到期一次性归还本金。企业提款后，将日元换成美元，用于采购生产设备，产品出口后获得美元收入。

从以上情况看，企业这笔日元贷款存在汇率风险。企业借的是日元，用的是美元，收到的货款也是美元。而在偿付利息和到期一次性归还本金时，企业都需要将美元换成日元。如果日元升值、美元贬值，那么企业需要用更多的美元换成日元还款，直接增加了企业的财务成本。

这种情况下，企业采取以下货币互换的方式，可以有效锁定汇率风险：

（1）在提款日（2018年12月20日）企业与B银行互换本金。企业从A银行提取贷款本金，同时支付给B银行，B银行按约定的汇率支付相应的美元。

（2）在付息日（每年6月30日和12月31日）企业与B银行互换利息。B银行按日元利率水平向企业支付日元利息，公司将日元利息支付给A银行，同时按约定的美元利率水平向B银行支付美元利息。

（3）在到期日（2023年12月20日）企业与B银行再次互换本金。B银行向企业支付日元本金，企业将日元本金归还给A银行，同时按约定的汇率水平向B银行支付相应的美元。

从以上步骤可以看出，由于在期初与期末，企业与B银行均按约定的同一汇率互换本金，且在贷款期内企业只支付美元利息，而收入的日元利息正好用于归还日元贷款利息，从而使企业避免了汇率波动的风险。

延伸阅读 “一带一路”助力人民币国际化

中国是“一带一路”倡议国，人民币国际化将直接加强沿线国家之间的资金融通，对实现其他“四通”、深化区域经济合作起到关键作用。理论研究和实证研究的结果表明，提高区域内最频繁使用的本币比例，能够有效防范区域内金融风险、降低交易成本，提升区域经济的整体竞争力，加快区域内贸易一体化和经济一体化进程。中国有最大规模的外汇储备和较高的居民储蓄率，随着中国资本账户逐步开放，人民币离岸市场快速发展，可以为沿线各国企业和机构提供充足的人民币流动性，缓解贸易融资困难，促进区域各国之间的贸易发展。人民币作为贸易计价货币越来越得到国际经贸活动的认可，有利于降低各国对华贸易成本，便利贸易结算，同时规避双边贸易使用第三方货币的风险。

“一带一路”建设的货币战略要从四个方面寻求重点突破：一是利用沿线国家对华大宗商品贸易的重要地位，以及中国在金融机构和期货市场方面的优越条件，积极推动沿线大宗商品实现人民币计价结算，建议优先考虑铝矿石、铁矿石和煤的进口。“一带一路”沿线国家，44亿人口，21万亿美元的GDP规模，分别占到了全球人口的63%和经济总量的29%。这些国家和中国的双边贸易额也超过了1万亿美元，占到了中国外贸总额的四分之一，特别是食品、能源、农业原材料和金属等大宗商品占有重要地位。如果“一带一路”

沿线国家对华出口的大宗原材料和能源有一半使用人民币计价结算，那么全球贸易中人民币计价结算的份额会提升约一倍。

二是利用中国在基础设施建设方面的经验和资金动员上的能力，大力促成人民币成为沿线基础设施融资的关键货币，特别是在政府援助、政策性贷款、混合贷款和基础设施债券发行中应当更多使用人民币。中国拥有较高的基础设施建设水平，以及较高的储蓄率，有条件成为"一带一路"基础设施融资体系的组织者和重要的资金供应方。

三是利用产业园区在贸易创新、产业集聚等方面的特有优势，在园区规划和建设中积极引导人民币的使用。中国已经是全球第三大对外投资国，如果中国在"一带一路"沿线经济走廊建设当中，建设具有特色的产业园区，将在"一带一路"国家的投资占比从目前的 13% 提高到 30%，未来 10 年的总投资将会超过 1.6 万亿美元。

四是利用沿线各国发展跨境电子商务的地理优势和文化优势，大力支持电子商务的人民币计价和跨境支付。2022 年我国跨境电商行业交易规模达 15.7 万亿元人民币，用户规模达 1.01 亿人。

11.2　你了解什么是开放经济吗

案例引入

2022 年，主要发达经济体通胀高企，货币政策加快紧缩，地缘政治形势更趋复杂，国际金融市场动荡加剧。我国有效应对内外部挑战，国民经济顶住压力保持增长。2022 年，我国国际收支延续基本平衡。经常账户顺差 4 019 亿美元，与国内生产总值（GDP）之比为 2.2%，继续保持在合理均衡区间。其中，货物贸易顺差较 2021 年增长 19%，体现了我国产业链、供应链韧性以及出口新动能的快速成长；服务贸易逆差收窄 9%，主要是新兴生产性服务贸易收入增长。非储备性质的金融账户逆差 2 110 亿美元，与经常账户顺差形成自主平衡格局。其中，直接投资仍是境外资本流入的稳定渠道，国内经济发展前景和广阔的市场空间继续吸引国际长期资本投资。经常账户顺差、外商来华投资等涉外资金来源的总体规模保持较高水平，主要转换为境内企业、银行等市场主体的境外资产，包括对外直接投资和对外证券投资等；因交易形成的储备资产小幅增加。从存量看，2022 年末我国对外净资产 2.53 万亿美元，较 2021 年末增长 16%。

请思考：什么是国际收支？国际收支平衡表包括哪些内容？国际收支不平衡应如何调节？

知识解读

11.2.1　国际收支的概念

目前世界各国广泛采用广义的国际收支概念，即国际收支是指一个国家在一定时期内其居民与国外非居民之间的全部经济交易的系统记录。这个概念有三个层次的内涵：

（1）国际收支所反映的内容是以经济交易为基础的，而不是以外汇支付为基础的。国际收支中的经济交易涉及所有的从一个经济实体向另一个经济实体转移的经济价值，既包括用外汇收付的经济交易，也包括以实物、技术形式进行的经济交易。国际收支的主要形式有：①物物交换，即商品和劳务与商品和劳务之间的交换；②物币交换，即金融资产与商品劳务之间的交换；③金融资产与金融资产之间的交换；④无偿的商品转移；⑤无偿的金融资产转移。

（2）国际收支是一个流量概念，也是一个事后的概念。它记录的是在一段时期（通常指1年）内，一国与他国发生的各项经济往来情况。这与记录一个国家在一定日期对外资产和对外负债的国际借贷不同。

（3）国际收支记录的交易必须是在一个国家居民与非居民之间进行的。

即学即练

判断题

1. 国际收支是指特定时期一个企业的各项经济交易。（ ）
2. 国际收支是一个存量的概念。（ ）

11.2.2 国际收支平衡表

一个国家的国际收支情况，集中反映在该国的国际收支平衡表上。国际收支平衡表是系统记录一个国家在一定时期内各种国际收支项目及其金额的统计表。

国际收支平衡表是按照复式簿记原则编制的。它把全部对外经济活动划分为借方、贷方和差额三栏，分别反映一定时期内各项对外经济活动的发生额。一切收入项目或负债项目的增加、资产的减少计入贷方；一切支出项目或资产的增加、负债的减少计入借方。因此，原则上国际收支平衡表全部项目的借方总额与贷方总额是相等的，其净差额为零，故称国际收支平衡表。这种借贷双方总额相等的关系，客观地反映了外汇资金来源与运用之间的相互关系。但这并不是说国际收支平衡表的各个具体项目的借方数额与贷方数额总量是相等的，相反，每个项目的借方总额与贷方总额经常是不平衡的。这是因为，一个国家的商品进口与出口、劳务的收入与支出、资本的输入与输出都不可能完全相等。所以，每个具体项目的借方与贷方难做到收支相抵，总会出现差额，如贸易差额、劳务差额等，统称为局部差额。各局部差额的合计，构成国际收支的总差额。一个国家的外汇收入大于外汇支出，有了盈余，称为国际收支顺差，用“+”号表示；外汇收入与外汇支出相抵后有了亏空，称为国际收支逆差，用“–”号表示。

根据国际货币基金组织《国际收支和国际投资头寸手册》（第6版）规定，国际收支平衡表由经常账户、资本和金融账户、净误差与遗漏三个部分构成。

11.2.2.1 经常账户

经常账户包括货物、服务、初次收入和二次收入四个部分。

（1）货物。货物即商品贸易或有形贸易，主要是指一般商品的进口与出口。除此以外还包括用于加工的货物、货物修理、非货币性黄金（即不用作储备资产的黄金）等的进出口。一般按照离岸价格（FOB）计算。出口记入贷方，进口记入借方。

（2）服务。服务即劳务贸易或无形贸易，指由提供或接受劳务服务以及无形资产的使用所引起的收支。其具体内容主要包括运输、旅游、通信、建筑、保险、金融、计算机和信息等服务，专利权和特许使用费，以及其他商业服务所引起的收支活动。其输出记入贷方，输入记入借方。

（3）初次收入。初次收入即生产要素国际流动引起的要素报酬收支，包括非居民职工的报酬、投资收益等。如非居民工作人员的工资、薪金、福利；跨国投资所获股息、利息、红利、利润等。其本国的收入记入贷方，其本国的支出记入借方。

（4）二次收入。二次收入又称无偿转移或单方面转移，其内容包括政府转移和私人转移，如无偿捐助、战争赔款、侨汇、捐赠等。从国外转移至本国的资金记入贷方，从本国转移出国外的资金记入借方。

11.2.2.2 资本和金融账户

资本和金融账户是主要反映金融资产在一个国家与其他国家之间转移情况的项目，由资本账户和金融账户组成。

（1）资本账户。资本账户包括资本转移以及非生产、非金融项目的取得和处置。

（2）金融账户。金融账户是反映一国对外资产和负债的所有权变动的所有交易状况的项目，又细分为直接投资、证券投资、金融衍生产品和雇员认股权、其他投资和储备资产五个部分。

1）直接投资。直接投资反映跨国投资者永久性权益，即拥有控股权或经营权的投资，包括股本资本、用于再投资的收益和其他资本。

2）证券投资。证券投资即跨国投资者股本证券和债务证券两类投资形式。其中，股本证券是包括以股票为主要形式的证券。债务证券是包括中长期债券和 1 年期（含 1 年）以下的短期债券或货币市场有价证券，如短期国库券、商业票据、短期可转让大额存单等。

3）金融衍生产品和雇员认股权。金融衍生工具是关联到另一具体金融工具、指数或商品的工具，通过金融衍生工具可将具体的金融风险（例如利率风险、汇率风险、股权和商品价格风险、信用风险等）放在金融市场交易。常见的金融衍生工具有远期、期货、期权、互换等。雇员认股权是认购公司股权的一种期权，通常作为薪酬的一部分发给公司员工。

4）其他投资。其他投资为剩余类别，即没有直接列入直接投资、证券投资、金融衍生产品和雇员认股权，以及储备资产的头寸和交易。其他投资包括：其他股权、货币和存款、贷款、养老金和标准化担保计划、贸易信贷和预付款、其他应收 / 应付款、特别提款权。

5）储备资产。储备资产是指一国政府拥有的对外资产，包括外汇、货币黄金、特别提款权、在基金组织的储备头寸四类。

11.2.2.3 净误差与遗漏

净误差与遗漏是轧平国际收支平衡表借贷方总额而设立的项目。按照复式记账原则，国际收支借方总额应与贷方总额相等，差额为零。但实际上由于国际收支活动的资料来源比较复杂，数据经常会偏离或不一致；而且在统计工作中，常有可能发生统计误差；加之还有一些人为因素，使得国际收支借贷方总额不能够自动达到平衡。因此，出于会计记账借贷必须平衡的需要，人为地设置了净误差与遗漏这一科目进行调整。当国际收支平衡表的各项数字因统计错误而导致总额不平衡时，就将其差额列入此项目。从账面上使国际收支借方总额与贷方总额相等，差额为零。

案例

2022年中国国际收支平衡表见表11-2。

表11-2 2022年中国国际收支平衡表（概览表）

项目	行次	亿元	亿美元	亿SDR
1. 经常账户	1	27 177	4 019	3 017
贷方	2	266 099	39 508	29 560
借方	3	−238 922	−35 489	−26 543
1.A 货物和服务	4	38 850	5 763	4 317
贷方	5	250 235	37 158	27 799
借方	6	−211 385	−31 395	−23 482
1.A.a 货物	7	45 140	6 686	5 013
贷方	8	225 467	33 469	25 045
借方	9	−180 327	−26 782	−20 032
1.A.b 服务	10	−6 290	−923	−695
贷方	11	24 767	3 690	2 754
借方	12	−31 057	−4 613	−3 450
1.B 初次收入	13	−12 957	−1 936	−1 443
贷方	14	12 867	1 902	1 427
借方	15	−25 823	−3 839	−2 871
1.C 二次收入	16	1 284	191	143
贷方	17	2 997	447	334
借方	18	−1 713	−256	−191
2. 资本和金融账户	19	−21 164	−3 113	−2 353
2.1 资本账户	20	−20	−3	−2
贷方	21	16	2	2
借方	22	−36	−5	−4
2.2 金融账户	23	−21 143	−3 110	−2 351
资产	24	−19 005	−2 815	−2 105
负债	25	−2 138	−294	−246
2.2.1 非储备性质的金融账户	26	−14 294	−2 110	−1 597
2.2.1.1 直接投资	27	1 707	305	202
资产	28	−10 116	−1 497	−1 121
负债	29	11 823	1 802	1 323
2.2.1.2 证券投资	30	−18 783	−2 811	−2 104
资产	31	−11 637	−1 732	−1 298
负债	32	−7 146	−1 079	−806
2.2.1.3 金融衍生工具	33	−358	−58	−42
资产	34	210	27	22
负债	35	−567	−85	−63
2.2.1.4 其他投资	36	3 140	454	347
资产	37	9 388	1 386	1 047
负债	38	−6 248	−932	−699
2.2.2 储备资产	39	−6 850	−1 000	−754
3. 净误差与遗漏	40	−6 013	−906	−664

11.2.3　国际收支的失衡和调节

11.2.3.1　国际收支失衡的原因

1. 结构性失衡

结构性失衡是指因为一国国内生产结构及相应要素配置未能及时调整或更新换代，导致不能适应国际市场的变化，引起本国国际收支不平衡。

2. 周期性失衡

周期性失衡与经济周期有关，是一种因经济发展的变化而使一国的总需求、进出口贸易和收入受到影响而引发的国际收支失衡情况。

3. 收入性失衡

收入性失衡是指一国国民收入发生变化而引起的国际收支不平衡。一定时期内国民收入增多，意味着进口消费或其他方面的国际支付会增加，国际收支可能会出现逆差。

4. 货币性失衡

货币性失衡是指因一国币值发生变动而引发的国际收支不平衡。当一国物价普遍上升或通胀严重时，产品出口成本提高，产品的国际竞争力下降，在其他条件不变的情况下，出口减少，与此同时，进口成本降低，进口增加，国际收支发生逆差。反之，就会出现顺差。

5. 政策性失衡

政策性失衡是由一国推出重要的经济政策或实施重大改革而引发的国际收支不平衡。

课堂讨论

应该如何正确理解国际收支失衡？

11.2.3.2　调节国际收支的手段

1. 财政政策

财政政策是指采取扩大或缩减财政支出和调整税率的方式来调节国际收支的顺差或逆差。当国际收支大量顺差、国际储备较多时，采取增加财政预算、扩大财政支出、降低税率、刺激投资等手段，可以提高消费水平，促使物价上涨，增加国内需求和进口，减少顺差；当国际收支大量逆差时，则可采取削减财政预算、压缩财政支出、增加税收、紧缩通货等措施，迫使国内物价下降，增加出口商品的国际竞争能力，减少逆差。

2. 金融政策

金融政策是指采取利率调整、汇率调整和外汇管制等政策来调节一国的国际收支，具体包括：①利率调整，是指提高或降低银行存款利率和再贴现率，可以吸引或限制短期资本的流入，调节国际收支失衡。当国际收支出现大量顺差时，可以降低利率，促使资本外流和扩大投资规模，使顺差缩小。当国际收支出现逆差时，可以提高利率，吸引外资流入，控制投资规模，使逆差缩小。但是，提高利率会使本币汇率上升，容易影响国内投资，抑制商品出口，从而发生贸易收支逆差或使逆差扩大，从根本上影响国际收支的改善。因此，只有在币值严重不稳，国内经济和金融状况不断恶化时才会采取调整利率的措施。②汇率调整，是指通过货币法定升值或贬值，提高或降低本币的汇率，可以改善国际收支。货币升值后，本国商品的国际市场价格就会相应提高，进口商品的国内价格就会下降，在客观上起到鼓励进口、抑制出口的作用，从而使顺差减少；相反，货币贬值能在一定程度上减少逆差。但运用汇率手段调节国际收支失衡，往往会遭到其他国家的抵制。③外汇管制，是指一国政府机构以行政命令的方式，直接干预外汇的自由买卖或采取差别汇率。当一国国际收支逆差扩大、外汇入不敷出时，制定严格的外汇管制条例，对外汇买卖、外汇的收入和支出实行严格管制，控制外汇的支出和使用，防止资本外逃，可以达到改善国际收支的效果。

3. 贸易管制政策

贸易管制政策的着眼点是“奖出限入”。在奖出方面，主要是实行出口信贷、出口信贷国家担保制和出口补贴。出口信贷是指由进出口银行为扩大出口向本国出口商或他国进口商提供的贷款。出口信贷国家担保制是指由国家行政当局对本国出口商向外国进口商提供的买方信贷提供担保，一旦进口商拒付货款或无力偿还贷款而使本国出口商受到损失时，由国家负责补偿损失。出口补贴是指国家行政当局为提高本国产品在国际市场上的竞争能力，对本国出口商提供现金补贴或税收方面的优惠。在限入方面，主要是实行关税壁垒、进口配额制和进口许可证制。关税壁垒是指贸易进口国为限制或阻止某种商品的输入而对进口商品征收高额关税的措施。进口配额制即贸易进口国为限制进口而对某些商品的进口规定最高的数量或金额。进口许可证制度是贸易进口国为限制进口而对某些商品实行进口控制的手段，规定某种商品只有在领取许可证时才能获得进口所需的外汇。

需要说明的是，贸易管制政策造成价格扭曲和贸易壁垒，与世界贸易组织（WTO）的“非歧视贸易原则”相违背，所以目前 WTO 成员方均在逐步减少贸易管制。

4. 国际借贷

国际借贷是指通过国际金融市场、国际金融机构筹资或政府间贷款，可以获取资金弥补国际收支逆差。但在国际收支严重不平衡的情况下，获得国际贷款的条件往往很苛刻，势必增加还本付息的负担，使今后的国际收支更加恶化。因此，国际借贷只能作为调节国际收支失衡的权宜之计。

11.3 钱多与钱少是个难解的问题

案例引入

外汇储备作为一个国家经济金融实力的标志，是弥补本国国际收支逆差、稳定本国汇率和维持本国国际信誉的物质基础。对于发展中国家来说，往往要持有高于常规水平的外汇储备。

1977～1979 年，国际市场上咖啡价格上涨，使哥伦比亚的外汇收入增加。而 1977～1981 年，石油价格第二次大幅度提价，使墨西哥由于出口石油赚取了大量的外汇。面对当时国际收支的有利形势，哥伦比亚和墨西哥两国政府采取了截然相反的政策。哥伦比亚政府决定保持经济稳定增长，把增加的外汇收入储存起来。在 1980 年，哥伦比亚政府的外汇储备为 48.31 亿美元，进口额为 47.39 亿美元，外汇储备已经超过了 12 个月的进口总额。而在 1975 年，该国的外汇储备仅为 4.75 亿美元。在 5 年内，哥伦比亚的外汇储备增加了 9 倍。与此相比，墨西哥 1980 年平均外汇储备为 29.60 亿美元，进口额为 183.39 亿美元，外汇储备不到进口额的 1/6，而 1975 年该国的外汇储备为 13.83 亿美元。墨西哥 5 年里几乎花光了所有新增加的外汇收入，外汇储备从来没有超过 2 个月的进口额。墨西哥政府借助出口增长，有恃无恐地大量举债增加消费，其速度之快，超过了其收入的增长。两种相反的政策产生了两种不同的结果。哥伦比亚政府由于积累了外汇储备，到 20 世纪 80 年代初期，在美元升值、国际利率提高、外债负担加重的情况下，能从容地应付外债冲击，避免了重新安排债务，没有发生外债危机，维持了经济的稳定增长；而墨西哥面对大好的经济形势，不谨慎地耗费了全部外汇收入，没有保留足够的国际储备，在美元涨价、利息率提高、石油价格下跌时，无法应付外部冲击，在 1982 年不得不宣布无力对外按期偿还利息和本金，要求对外债重新安排，在国内实行紧缩政策，使墨西哥经济陷入了衰退。

请思考：什么是外汇储备？外汇储备有什么作用？外汇储备在一国国际储备中占有什么样的地位？

知识解读

11.3.1　国际储备及其构成

国际储备是一国或地区官方拥有的、可以随时动用的国际储备性资产，可以由财政部门拥有，也可以由中央银行拥有。传统上认为，国际储备的作用主要是应付国际收支失衡，维持汇率稳定。当国际收支出现逆差时，为了避免进口减少影响国内经济发展，可以动用本国的储备来平衡外汇收支；当汇率出现不正常波动时，可以动用储备来影响外汇市场供求，使汇率变动保持在经济发展目标范围之内。

从其主要内容来看，国际储备由以下四部分构成：

1. 黄金储备

黄金储备并非涵盖所有的黄金，而是特指作为金融储备资产且被一国官方掌管的货币性黄金。尽管黄金的货币属性有所下降，但其金融属性却从未受到影响，作为贵金属，其特有的保值属性是其他储备资产所不具备的。同时，黄金超主权的信用担保功能使其被誉为“最安全的储备资产”。

2. 外汇储备

外汇储备指一国官方所持有的可随时自由兑换外国货币的且在国际储备中占重要地位的金融资产。全球国际储备中的外汇比重在世界经济和国际贸易的不断繁荣与发展下逐年上升，外汇储备币种也有所改变。二战后，英镑的主要外储地位在布雷顿森林体系的确立下受到威胁，美元代替英镑成为主要外汇储备资产。20 世纪 70 年代以来，美元、英镑、欧元、日元等货币在西方国家经济快速发展的背景下加入了外汇储备资产行列，加速了由单一的美元储备转向储备货币多元化格局的形成。截至 2022 年第四季度，美元在全球储备货币中占比 58.36%，呈下降趋势，欧元占比 20.47% 紧随其后，同时，人民币的国际地位不断提高，已经占到全球储备货币的 2.69%，是全球第五大外汇储备货币。

3. 在国际货币基金组织中的储备头寸

在国际货币基金组织（IMF）的储备头寸，亦即普通提款权。根据 IMF 的规定，会员国的份额决定其从基金组织获取贷款的限额，贷款分为黄金部分（后改为储备部分）和信贷部分。原黄金部分（即会员国向基金组织缴纳份额中 25% 的黄金或外汇部分）的贷款是无条件的；信贷部分的贷款共分四档，均为有条件的，档次越高，条件越高。当基金组织持有某会员国本国货币数额小于基金份额的 75% 时，其借款能力则相应增加，所增加的部分称为超黄金部分，这部分的借款也是无条件的。所以，某会员国在 IMF 的净储备头寸等于它的黄金部分贷款加上超黄金部分贷款，也就是说，等于它的份额减去 IMF 持有该会员国本国货币的数额。各会员国都把它们在 IMF 的净储备头寸列为它们的官方储备资产。

4. 特别提款权

特别提款权是由 IMF 根据会员国的认缴份额进行分配的主要用于会员国偿还 IMF 的债务以及弥补国际收支逆差的一种记账单位。它不属于真正意义上货币，在使用过程中必须兑换成其他货币而不能直接用于国际支付。特别提款权具有无内在价值、用途严格和价值较为稳定的特点。

思考与提升

我国外汇储备的发展历程

（1）1978 ～ 1993 年：这一阶段我国的外汇储备额相较于改革开放前波动较大。1983 年外汇分成制度和贸易汇价的实行推动了我国出口贸易的迅速增长，外汇储备在 1978 年 1.67 亿美元的基础上增至 89.01 亿美元，增长超过 52 倍。1984 年我国经济过热现象引起的进口激增导致国际收支出现逆差，使得外汇储备有所下降。1984 ～ 1986 年我国外汇库存下降了近 77%，低至 20.72 亿美元。1988 年我国经济过热现象与国际资本流入增加相抵导致了外汇储备变化较小且仍然保持在较低水平。而 1989 ～ 1990 年，我国物价上涨速度较快，为了避免通货膨胀，政府有意识地两次下调人民币汇率，促进了我国外贸出口量的大幅上升。

同时，各国外商在我国境内直接投资的资本数量急剧增加，有效地推动了我国外汇储备的持续稳定增长，1991 年外汇储备开始超过 200 亿美元，而 1993 年已达到了 211.99 亿美元的高储备额。

（2）1994 ～ 2003 年：1994 年年初，我国迎来了以结售汇体制和浮动汇率制为主的外汇体制改革新时期，国内企业出口的积极性的大大提高，引起了我国外汇储备规模的成倍扩大，2003 年已高达 4 032.51 亿美元。

（3）2004 ～ 2014 年：这一阶段我国外汇储备表现出极高的增长率，11 年间外汇储备增长了 8.5 倍，并于 2014 年创下我国外汇储备的最高纪录 38 430.18 亿美元。较长时间的贸易顺差和套利资本的大量流入刺激了我国外储的高速增长。

（4）2015 年至今：在 2015 ～ 2016 年，尽管我国的外汇储备下降了近 22%，但其规模仍以接近世界外汇储备 30% 的比重位居世界之首。

我国外汇储备于 2017 年迎来了三年以来的首次小范围年度增长，较 2016 年同比增长 4.30%，2018 年同比下降 2.14%，2019 年同比增长 1.15%，达 31 079 亿美元。可以看出，近几年我国的外汇储备不再像以往高速增长，而是总体变化不大且逐渐趋于稳定状态，储备规模仍居世界第一。

问题讨论：我国外汇储备的发展说明了什么问题？

总结提高： 截至 2023 年 3 月末，我国外汇储备规模为 31 839 亿美元，较 2 月末上升 507 亿美元，升幅为 1.62%。2023 年 3 月，受主要经济体货币政策及预期等因素影响，美元指数下跌，全球金融资产价格总体上涨。在汇率折算和资产价格变化等因素综合作用下，当月外汇储备规模上升。我国坚持稳字当头、稳中求进，经济基础厚实，发展前景广阔，有利于外汇储备规模保持基本稳定。

11.3.2　国际储备的作用

为保持经济的稳步发展，维持金融体系的良好运转，各国毫无例外地要保持一定数量的国际储备。国际储备的主要作用可体现在以下三个方面：

1. 弥补国际收支逆差，平衡国际收支

一国在对外经济交往中，不可避免地会发生国际收支逆差，如果这种逆差得不到及时纠正，会影响一国经济的稳步发展。而国际储备是弥补国际收支逆差的有力保证。如果国际收支逆差是暂时性的，则可通过使用国际储备予以解决，而不必采取影响整个宏观经济的财政和货币政策来调节；如果国际收支困难是长期的、巨额的或根本性的，则国际储备可以起到一定的缓冲作用，使政府有时间渐进地推进其财政和货币政策，尽可能避免因猛烈的调节措施带来的社会震荡。

2. 干预外汇市场，稳定本国货币汇率

国际储备可用于干预外汇市场，影响外汇供求，将汇率维持在一国政府所希望的水平上。在浮动汇率制度下，汇率的波动是经常的，而汇率的频繁波动会严重影响国家的经济发展与稳定，因此，各国动用国际储备干预外汇市场就显得十分必要。通过出售储备购入本币，可使本国货币汇率上升；反之，通过购入储备抛出本币，可增加市场上本币的供应，从而使本国货币汇率下跌。由于各国货币金融当局持有的国际储备总是有限的，因而外汇市场干预只能对汇率产生短期的影响。但是，由于汇率的波动在很多情况下是由短期因素引起的，故外汇市场干预仍能对稳定汇率乃至稳定整个宏观金融和经济秩序起到积极作用。

3. 增强本币信誉，提升国际地位

一国持有国际储备的多少表明了其平衡国际收支、维持汇率稳定的实力。充足的国际储备可以提高一国的信誉，支持本币汇率的稳步上升，从而提升其在国际经济中的地位。

11.3.3　国际储备管理

国际储备管理是一项庞大的系统工程。它既涉及宏观上确定最适度储备量的管理，也涉及微观上对储备资产进行风险分散的技术性操作问题。

11.3.3.1　国际储备宏观管理

国际储备资产宏观管理的中心问题是确定和维持一国的最适度储备水平。以外汇储备为例，保持一定的外汇储备是调节外汇收支和市场总供求的重要手段。但是，外汇储备并非越多越好：①外汇储备增加，要相应扩大货币供给量。如果外汇储备量过大，则会增加对货币均衡的压力。②外汇储备表现为持有一种以外币表示的金融债权，并未投入国内生产使用。外汇储备过大，等于相应的资金“溢出”，对于资金短缺的国家来说自然是不合算的。③外汇储备还可能由于外币汇率贬值而在一夜之间蒙受巨大损失。

测算适度国际储备需求水平有不同的途径和方法，其中最为简便、使用最广的当数比例分

析法。一国国际储备的合理数量为该国年进口总额的 20% ～ 50%。实施外汇管制的国家，因政府能有效地控制进口，故储备可少一点，但不可以低于 20%；不实施外汇管制的国家，储备应多一点，但一般不超过 50%。对大多数国家来讲，保持储备占年进口总额的 30% ～ 40% 是比较合理的。

11.3.3.2 国际储备微观管理

在确定了最适度储备水平之后，一国中央银行如何持有和管理这笔储备资产，各类储备资产按什么比例分配，外汇储备中币种分配如何安排，如何进行储备资产的资产组合和风险分散等问题，构成了国际储备资产微观管理的主要内容。

国际储备微观管理的一般原则包括安全性、流动性和盈利性三个方面。安全性，即要求储备资产存放可靠；流动性，又称变现性，即要求储备资产能够随时兑现，灵活调拨；盈利性，即要求储备资产能够有较高的收益。

国际储备是一种资产，因而需讲求盈利，但国际储备首先是一国能随时动用的干预性资产，是实现宏观均衡的重要砝码，因此，储备资产的流动性是应该遵循的首要原则。其次应该是安全性。国际储备作为价值贮藏，其本金的安全性受各国中央银行的密切关注。所以，在国际储备管理中，流动性和安全性比盈利性更加重要。资产的安全性与流动性强，资产的风险就小，但风险小，盈利率也低。

安全性、流动性、盈利性这三个原则在实际管理中往往是相互排斥、相互矛盾的。一种管理措施的实施往往只有利于某一项原则，同时又有损于另一项原则。然而也应看到，这三项原则之间也存在一致性。例如就安全性和盈利性而言，资金的安全离不开资金的盈利。资金的安全是相对的，风险则是绝对的。特别是在当今国际金融市场风云变幻、难以捉摸的情况下，资金的风险是不可避免的。要保证资金完好无损，就必须要有盈利，只有盈利才是弥补资金风险损失的真正来源。由此可见，对国际储备的管理来说，在保证流动性和安全性的前提下，又要尽可能追求盈利性。如果这三项原则之间互相矛盾，只能做出妥协，而储备资产的流动性无疑应放在首位。

11.3.3.3 我国国际储备管理

我国国际储备的管理包括储备总量的确定和储备结构的管理两个方面。

1. 我国国际储备总量的确定

总量管理问题实为国际储备适度化问题。我国国际储备量究竟多少才算适宜？要回答这个问题，需要对我国国际储备需求因素进行分析。影响我国国际储备的一般因素有：平衡国际收支差额、偿还外债、稳定经济及应付突发事件。影响我国国际储备持有量的特殊因素有：人民币自由兑换、经济转型等。所有这些因素，对我国国际储备持有额均有影响。

（1）促使中国减少储备持有额的因素：①通货膨胀。中国外汇储备占款在国家信贷资金运用总额中的绝对数额，仅次于发放贷款和财政占款，居第三位。储备持有过多，会在一定程度上引发通货膨胀。②闲置资源有待利用。中国经济正处于快速发展期，大量的闲置资源有待利用，保持过多的储备必然带来较高的机会成本。

（2）促使中国增加储备持有额的因素：①国际收支调节因素。目前阶段，我国进出口结构还不尽合理，要改变这种结构需要长期努力，这就决定了我国国际收支调整的速度比较慢。加之，我国向外融资能力不足，因此必须持有足够的储备应对国际收支逆差。②维持人民币汇率的稳定。无数事实证明：一国货币汇率的稳定需要足够的储备资金。1994 年人民币汇率并轨后，汇率稳中有升，这与我国拥有大量国际储备是分不开的。未来人民币还将经历货币完全自由兑换的冲击，足够的国际储备是必不可少的。

2．我国国际储备结构的管理

国际储备的结构管理主要是要解决各储备资产间的比例结构问题。

对于黄金储备，我们还是应该持有基本稳定的观点。这是因为黄金价值稳定，在一定程度上可起到保值作用，一定量的黄金还有利于提高国家资信。但由于黄金的流动性差，黄金用于国际支付，要经过出售过程，势必延误时间。况且黄金不能生息，保存黄金还要负担保管费用等。因此，黄金储备不宜过多持有。

在 IMF 的储备头寸和 IMF 分配的特别提款权这两部分在我国现有的国际储备中占比很小。由于其来源具有特殊性，通常其数量多少及在整个国际储备中占比多少，并非全为我国所控制。因此，对它们的管理应集中在使用方面。在 IMF 的储备头寸，基本是用作偿还 IMF 对我国的各类贷款，如 IMF 的备用信贷和信托基金贷款等；对于分得的特别提款权，基本将其用于缴纳我国在 IMF 的国际储备中不断增长的份额。

外汇储备历来是我国国际储备的重头，因此，外汇储备的管理亦成为我国国际储备管理的重点。对于外汇储备管理的基本原则是：①货币储备多元化，以分散汇率变动风险。②掌握储备货币比例。一是根据支付进口商品所需要的货币币种和数量，确定该货币在储备中的比例；二是根据对外负债过程中遵循借、用、收、还货币一致性的原则，确定不同货币在储备中的比例；三是根据外汇汇率的变化，随时调整储备货币的比例。

总之，国际储备管理是当前我国金融工作一项十分重要的工作，尚需不断地研究与完善。

单元小结

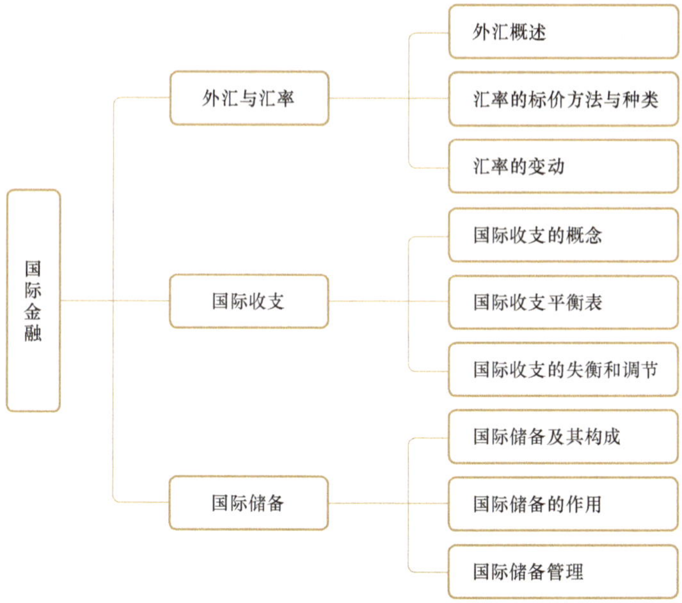

复习思考题

一、单项选择题

1. 以一定单位的外国货币为标准，折合为若干数额的本国货币的标价方法是（　　）。
   A. 直接标价法　B. 间接标价法　C. 美元标价法　D. 英国标价法
2. 一国国际收支平衡表中最基本、最重要的项目是（　　）。
   A. 经常账户　B. 资本账户　C. 金融账户　D. 储备资产
3. 一国国际收支平衡表中，反映居民与非居民之间投资与借贷的增减变化的是（　　）。
   A. 经常账户　B. 资本账户　C. 金融账户　D. 储备资产
4. （　　）实际上是以英镑为中心，黄金为基础的国际货币体系。
   A. 国际金本位货币体系　B. 布雷顿森林货币体系
   C. 牙买加协议货币体系　D. 欧元区的货币体系
5. 欧洲货币体系在 1979 年正式启动，它的核心是（　　）。
   A. 欧洲货币基金　B. 双重中心汇率
   C. 欧洲记账单位　D. 欧洲货币单位
6. 国际储备的作用在于（　　）。
   A. 调节国际收支顺差　B. 弥补国际收支逆差
   C. 支付进口　D. 以上答案都正确
7. 不属于国际储备结构管理的基本原则的是（　　）。
   A. 国际性　B. 安全性　C. 盈利性　D. 流动性
8. （　　）会增加一国的国际储备。
   A. 国际收支逆差
   B. 国际收支顺差
   C. 中央银行针对本国货币贬值对外汇市场所进行的干预活动
   D. 中央银行向国内居民出售黄金

二、多项选择题

1. 外汇的具体形式包括（　　）。
   A. 外国货币　B. 外币支付凭证
   C. 外币有价证券　D. 欧洲货币单位
   E. 特别提款权
2. 按政府对市场交易干预程度不同，外汇市场可分为（　　）。
   A. 自由外汇市场　B. 外汇黑市
   C. 批发市场　D. 官方外汇市场
   E. 零售市场
3. 按外汇买卖交割期限不同，外汇市场可分为（　　）。
   A. 零售外汇市场　B. 即期外汇市场
   C. 远期外汇市场　D. 外汇期货市场
   E. 零售市场

4. 国际收支平衡表中经常账户包括（　　　）。
A. 货物　B. 服务　C. 初次收入　D. 二次收入
E. 投资

5. 国际收支平衡表中金融账户包括（　　　）。
A. 直接投资　B. 证券投资　C. 其他投资　D. 金融衍生工具
E. 经常转移

三、问答题

1. 外汇常见的分类方法有哪些？
2. 外汇的作用有哪些？
3. 简述汇率制度的内容。
4. 如何查阅与分析一国的国际收支平衡表？
5. 简述国际收支的概念。如何调节国际收支？
6. 简述国际储备的构成。

四、案例分析

1. 泰国金融危机中的国际收支调节

1997 年席卷东南亚的金融风暴至今令人记忆犹新。1997 年 7 月 2 日，泰国政府和金融当局宣布放弃长达 13 年之久的泰铢与美元挂钩的汇率机制，随后，泰铢贬值高达 48%。之后，菲律宾、马来西亚、印尼、新加坡等国也相继爆发了金融危机。纵观该地区在 20 世纪 90 年代的经济金融发展，人们普遍认为，此次金融危机的爆发并非偶然。而在危机爆发前后，相关国家对国际收支差额的调整不当，也是诱发金融危机的一个主要原因。下面以泰国为例，分析在这一时期国际收支调节手段的作用和影响。

1988 年之后泰国的经常项目就一直维持赤字水平，并有不断扩大趋势，1995 年更是达到了其国内生产总值的 8.1%。面对这一情况，当时的泰国政府坚持认为，本国的出口增长较快，不必担心。于是在汇率上采取盯住美元的政策，将泰铢稳定在 1 美元兑换 25 泰铢的水平上，同时采取一系列放宽资本账户管制的政策，吸引外资。

从 1993 年起泰国为吸引外资，开放了资本账户，基本实现了资本项目下的可兑换，同时为扩大对外资的吸引力，泰国政府提高了利率水平，使国际游资得以进行套利活动。短期资本中净流入资本的比重在 1995 年达到 60%。通过上述几项政策，泰国的金融项目顺差不断扩大，到危机爆发前夕的 1995 年就已经达到了 219 亿美元。因而，虽然其经常项目逆差不断扩大，但在表面上国际收支差额仍然维持在一个较为均衡的水平上。

然而，随着泰国国际竞争力的降低与经常项目赤字的持续上升，泰铢贬值的压力日益增大。进入 20 世纪 90 年代，由于美国经济持续增长，美元币值坚挺，为维持泰铢对美元的固定汇率，泰国中央银行被迫干预外汇市场，大量抛售外汇，使国内银根抽紧，中央银行难以有效控制基础货币。为维持固定汇率制度，泰国付出了惨重的代价。

问题：（1）根据上述描述，在 20 世纪 90 年代，泰国为了解决经常项目赤字问题采用了哪些国际收支调节手段？它们对泰国的经济产生了什么样的影响？
（2）结合案例分析如何实现一国经济的内外部均衡发展。
（3）如何合理地搭配国际收支调节手段？

2．布雷顿森林体系形成及崩溃

1944 年 7 月，在美国新罕布什尔州的布雷顿森林召开由 44 个国家参加的联合国与联盟国家国际货币金融会议，通过了以“怀特计划”为基础的“联合国家货币金融会议的最后决议书”以及“国际货币基金组织协定”和“国际复兴开发银行协定”两个附件，总称为“布雷顿森林协定”。

布雷顿森林体系主要体现在两个方面：第一，美元与黄金直接挂钩；第二，其他会员国货币与美元挂钩，即同美元保持固定汇率关系。布雷顿森林体系实际上是一种国际金汇兑本位制，又称美元—黄金本位制。它使美元在第二次世界大战后国际货币体系中处于中心地位，美元成了黄金的“等价物”，各国货币只有通过美元才能同黄金发生关系。从此，美元就成了国际清算的支付手段和各国的主要储备货币。

以美元为中心的布雷顿森林体系的建立，使国际货币金融关系又有了统一的标准和基础，结束了战前货币金融领域里的混乱局面，并在相对稳定的情况下扩大了世界贸易：①美国通过赠予、信贷、购买外国商品和劳务等形式，向世界散发了大量美元，客观上起到扩大世界购买力的作用。②固定汇率制在很大程度上消除了由于汇率波动而引起的动荡，在一定程度上稳定了主要国家的货币汇率，这有利于国际贸易的发展。据统计，1948 ～ 1976 年世界出口贸易年平均增长率为 7.7%，而 1913 ～ 1938 年平均每年只增长 0.7%。③基金组织要求成员国取消外汇管制，也有利于国际贸易和国际金融的发展，因为它可以使国际贸易和国际金融在实务中减少许多干扰或障碍。

布雷顿森林体系是以美元和黄金为基础的金汇兑本位制。它必须具备两个基本前提：一是美国国际收支能保持平衡；二是美国拥有绝对的黄金储备优势。但是进入 20 世纪 60 年代后，随着资本主义体系危机的加深和政治经济发展不平衡的加剧，各国经济实力对比发生了变化，美国经济实力相对减弱。1950 年以后，美国除个别年度略有顺差外，其余各年度都是逆差，并且有逐年增加的趋势。至 1971 年，仅上半年，逆差就高达 83 亿美元。随着国际收支逆差的逐步增加，美国的黄金储备也日益减少。1949 年，美国的黄金储备为 246 亿美元，占当时整个资本主义世界黄金储备总额的 73.4%，这是战后的最高数字。此后逐年减少，至 1971 年 8 月尼克松宣布“新经济政策”时，美国的黄金储备只剩下 102 亿美元，而短期外债为 520 亿美元，黄金储备只相当于积欠外债的 1/5。美元大量流出美国，导致“美元过剩”，1973 年年底，游荡在各国金融市场上的“欧洲美元”就达 1 000 多亿美元。布雷顿森林体系前提的消失，暴露了其致命弱点，即“特里芬难题”。体系本身发生了动摇，美元国际信用严重下降，各国争先向美国挤兑黄金，而美国的黄金储备已难于应付，这就导致了从 1960 年起，美元危机迭起，货币金融领域陷入日益混乱的局面。为此，美国于 1971 年宣布实行“新经济政策”，停止各国政府用美元向美国兑换黄金，这使西方货币市场更加混乱。1973 年美元危机中，美国再次宣布美元贬值，导致各国相继实行浮动汇率制代替固定汇率制。美元停止兑换黄金和固定汇率制的垮台，标志着第二次世界大战后以美元为中心的货币体系瓦解。

问题：（1）布雷顿森林体系的积极作用是什么？

（2）什么是“特里芬难题”？

（3）为什么货币与黄金的联系最终会被切断？

技能实训

国际收支平衡表的分析

以美国为例，针对下列几笔国际经济交易，做出会计分录，编制美国的国际收支平衡表，并分析美国该年的国际收支状况。

（1）美国商人在美国购买价值为 50 万美元的汽车 50 辆，付款方式是从英国银行提出美元存款支付货款。

（2）美国公司向中国购买 100 万美元的纺织品，用纽约银行的美元支票付款。

（3）德国人在美国旅游，支付了 40 万美元的费用，旅游者所需的美元是在美国银行用欧元兑换的。

（4）在美国直接投资的日商将 200 万美元的投资利润汇回日本。这笔汇款是通过美国银行和日本银行之间的信用进行的，由日本银行代美国银行支付。

（5）美国政府向墨西哥提供了 80 万美元的援助。

（6）美国公民购买加拿大某公司发行的加元债券，折合美元价值为 300 万元。

（7）法国公民购买 500 万美元为期 10 年的美国公司债券。

单元 12

风起于青萍之末——回看金融风险与监管

学习目标

【能力目标】

- 能够分析金融风险案例。
- 能够正确处理风险问题。

【知识目标】

- 理解金融风险的含义、特点、种类。
- 熟悉金融风险的防范与监管。

【素质目标】

- 树立风险防范意识。
- 积极支持国家金融风险监管政策。
- 理解金融安全是国家安全的重要组成部分。

单元引例

历史上的金融危机

1．1637 年荷兰郁金香狂热

1637 年的早些时候，当郁金香还在地里生长时，它的价格就已上涨了几百甚至几千倍。一棵郁金香可能是 20 个熟练工人一个月收入的总和。这被称为世界上最早的泡沫经济事件。

2．1720 年英国南海泡沫

18 世纪，英国经济兴盛，使得私人资本集聚，社会储蓄膨胀，投资机会却相应不足。当时，拥有股票还是一种特权。1720 年，南海公司接受投资者分期付款购买新股，股票供不应求，价格超过了 1 000 英镑。1720 年 6 月，英国《反金融诈骗和投机法》通过，之后南海公司股价一落千丈，南海泡沫破灭。

3．1929 年美国股市大崩溃

1922 ～ 1929 年，美国空前的繁荣和巨额报酬让不少美国人卷入华尔街狂热的投机活动中，股票市场急剧升温，最终导致股灾，引发全球经济大萧条。

4．1994 年墨西哥金融危机

1994 ～ 1995 年，墨西哥发生了一场比索汇率狂跌、股票价格暴泻的金融危机。受其影响，不仅拉美股市暴跌，欧洲股市指数、远东指数及世界股市指数也出现不同程度的下跌。

5．1997 年东南亚金融危机

1997 年 7 月 2 日，泰国宣布实行浮动汇率制，当天，泰铢兑换美元的汇率下降了 17%，引发了一场遍及东南亚的金融风暴。这使得许多东南亚国家和地区的汇市、股市轮番暴跌，金融系统乃至整个社会经济受到严重创伤。

6．2007 年美国次贷危机

“次贷危机”源起美国“零首付”的买房政策，2007 年 8 月开始席卷美国、欧盟和日本等世界主要金融市场。美国次贷风暴掀起的浪潮一波高过一波，直至全球性金融危机的爆发。

从以上案例可知，风险无处不在。金融风险以其显著的集中性、潜在的破坏性和深远的传播性为主要特征。认识和管理风险已经不单纯是风险管理者必须关注的问题，也成为金融体系中每一个从业者都需要了解和掌握的内容，更是每一个经济主体都需要熟知的内容。

12.1 风险无处不在

案例引入

伊利诺伊银行成立于 1964 年，位于美国伊利诺伊州芝加哥市。它作为美国十大银行之一，曾坐拥 420 亿美元资产，1981 年的巅峰期成为美国第六大银行，是当时美国最大的商业和工业贷款人。20 世纪 70 年代末及 80 年代初，伊利诺伊银行的管理层实施了“做大做强”的公司战略，宣称要成为对美国工商业的最大贷款者。为此，该行着手拓展国际业务，建立了为原油、公用事业和金融公司客户提供特别服务的部门，创立了单独经营商业和住宅贷款的不动产部门。此外，伊利诺伊银行还实施了信贷扩张，允许信贷员发放大额贷款。为了赢得客户，其贷款利率往往低于其他竞争对手。在这一系列战略的推动下，伊利诺伊银行的贷款总额迅速膨胀，其总资产从 1976 年的 215 亿美元增长到 1981 年的 450 亿美元，贷款与资产比率从 1977 年的 57.9% 上升至 1981 年的 68.8%。然而快速扩张的资产规模背后却蕴藏着潜在的危机。

1982 年，石油危机的爆发引发了美国宝恩广场银行的倒闭，作为其最大的资金提供者，伊利诺伊银行也受到了牵连。1982 年伊利诺伊银行逾期 90 天未付息的贷款占总资产的 4.6%，银行问题贷款数量骤增，净利息收入下降，出现了大幅的亏损。当初贪图高利率的存款人与债权人听到市场消息后迅速取走未保险存款，引发了负债端的进一步恶化。至 1984 年年初，伊利诺伊银行的流动性危机愈发严重，银行同业见死不救，部分投行散布其廉价出售的谣言，再加上政府监管部门到小型银行检查时，质疑它们存放在伊利诺伊银行的资金安全性。这一切都加速了伊利诺伊银行挤兑状况的恶化。同年，伊利诺伊银行不得不从美国联邦储备银行借入36亿美元来填补流失的存款，以维持必要的流动性。与此同时，联邦存款保险公司也对公众保证该行的所有存款户和债权人的利益将得到完全保护，并宣布将和其他几家银行一起向该行注资。但是，上述措施并没有立即化解伊利诺伊银行的流动性危机，存款还在继续流失，该行在短短两个月内共损失了150亿美元的存款。1984年7月，联邦存款保险公司开始接管该银行，并采取了一系列措施，才得以帮助其度过危机。

请思考：金融风险都有哪些种类？

知识解读

12.1.1 金融风险的含义

金融风险是指在货币经营和信用经营活动中，各种因素随机变化导致的金融机构或者投资者的实际收益与预期相背离的不确定性及其资产蒙受损失的可能性。一家金融机构发生风险所带来的后果，往往超过对其自身的影响。金融机构在具体的金融交易活动中出现的风险，有可能对该金融机构的生存构成威胁；具体的一家金融机构因经营不善而出现危机，有可能对整个金融体系的稳健运行构成威胁；一旦发生系统风险，金融体系运转失灵，必然会导致全社会经济秩序的混乱，甚至引发严重的政治危机。

金融风险会破坏金融业务活动的正常进行，削弱和诋毁金融业本身存在的抵抗各种金融风险的能力，严重的甚至会危及金融安全和国家经济安全。金融风险可能发展到金融危机或金融风暴，它们可以不放一枪一炮就把一个国家的经济挤到崩溃的边缘，引发政治危机和社会动荡。历史上的和现有的，不同地区、国家乃至国际社会的金融危机都说明了这一点。

12.1.2 金融风险的特点

1. 普遍性

金融风险普遍存在于金融交易的各个环节，每个金融主体都会受到金融风险的影响。资金的融通具有偿还性的特点，资金供给方需要在未来收回本金，并获得利息；资金需求方要偿还本金，并支付利息。由于未来存在的各种不确定因素，资金供求双方可能存在无法按期完成信用活动的可能，这种可能性在金融活动中是普遍存在的。

2. 扩散性

金融是以信用为基础的资金融通，其本质是由多种金融参与者共同建立的信用网络体系。这种网络形成的是相互交织、相互联系的复杂系统，而不是一一对应关系，因此，任何一个环节的风险都会通过金融网络对其他参与者产生影响，任何一个链条的断裂，都有造成较大金融风险的可能。随着金融全球化的趋势，金融风险在全世界各国的传导会引发连锁反应，造成全球性的金融危机。

3. 隐蔽性

随着金融工具的不断发展，金融机构的信用创造能力不断增强，人们可以通过创造新的信用来掩盖问题。金融衍生工具的杠杆性、金融的不断创新，都会使金融风险不断累积，最终以突发的形式表现出来。

4. 复杂性

金融市场是一个复杂的系统，随着金融创新的加快，各种利益主体形成了错综复杂的关系，债权债务关系交叉其中，千头万绪，一个点出现问题，就会产生意想不到的后果。

即学即练

多选题

金融风险是指参与金融活动的各个经济主体在（　　）方面的风险。

A. 实际收益与预期收益相背离　　B. 资产遭受损失的可能性
C. 名义价值与实际价值相背离　　D. 预期收益与到期收益相背离
E. 资产获得收益的可能性

单选题

金融风险孕育于金融活动之中，哪里有金融活动哪里就会有金融风险。这说明（　　）。

A. 金融风险的内在属性　　B. 金融风险不可控制
C. 金融风险具有传染性　　D. 金融风险的发生是不确定的

12.1.3 金融风险的种类

1. 市场风险

市场风险是指金融机构在金融市场的交易头寸由于市场价格因素的不利变动而可能遭受的损失。市场风险可以分为利率风险、汇率风险（包括黄金）、证券投资风险和大宗商品风险，分别是指由利率、汇率、股票价格和商品价格的不利变动所带来的风险。随着金融机构在各种交易市场上的活跃表现，市场风险已成为金融机构难以回避的风险之一。

案例

亚洲金融危机

自 1997 年 7 月起到 1998 年年初，亚洲地区爆发了区域性金融危机，其波及范围之大、影响程度之深出人意料。1997 年 7 月 2 日，泰国宣布放弃固定汇率制，实行浮动汇率制，当天泰铢兑美元下跌了 17%，引发了一场席卷东南亚和东亚地区的金融大动荡。菲律宾比索、印度尼西亚盾、马来西亚吉林特相继成为国际炒家攻击的对象。在金融风暴几乎横扫东盟各国之后，中国香港股市和汇市也受到国际炒家的猛烈攻击。受东南亚金融风暴影响，再加上韩国经济形势恶化，到 11 月中旬韩国也爆发了金融危机。韩国金融危机的深化使在韩国有大量投资的日本的经济深受冲击，呆账、坏账大量增加，三洋证券、山一证券等金融机构相继破产。至此，东南亚金融风暴演变成亚洲金融危机。1998 年 8 月，俄罗斯宣布扩大卢布兑美元汇率的浮动幅度，并推迟偿还外债及暂停国债交易。9 月 2 日，卢布贬值 70%，使俄罗斯股市、汇市急剧下跌，并带动了欧美国家股市、汇市的剧烈波动。如果说在这以前亚洲金融危机还是区域性的，对世界影响有限，那么俄罗斯金融危机的爆发，则说明亚洲金融危机已超出区域性范围，而具有全球性意义。

亚洲金融危机的爆发主要有以下几点原因：

（1）金融监管乏力和不计代价地追求高速经济增长，盲目投资，导致经济发展畸形。以泰国为例，其金融监管当局在长期的经济发展过程中未能强化自身监管职能，致使国内许多金融机构忽视风险，将大量信贷资金投向股市和房地产业，而其他社会生产部门的运营资金相对缺乏，经济呈畸形发展状态。进入 20 世纪 90 年代后，泰国“房地产泡沫”破裂，房地产价格大幅回落，经济持续衰退，许多银行和金融机构的贷款无法收回，信贷资产质量严重恶化，一有风吹草动就极易引起银行大面积危机。

（2）金融市场自由化过早，金融制度安排不健全。多年来，东南亚经济一直保持着快速增长，但国内的储蓄率难以满足过度的投资要求，为此，这些国家的资金缺口主要通过引进外资来弥补。进入 20 世纪 90 年代以后，这些国家相继实行金融自由化，向外国资金开放自己的金融市场，但其监管制度远远未达到要求，以至于这些资金大部分投向房地产和股市，造成这些行业的虚假繁荣，当经济出现问题时，这些投资者丧失信心，纷纷撤资离境，迅速抽走股市和房地产资金，最终引发这次金融危机。

以泰国为例，1996 年年底泰国外债总额达 857 亿美元，占国内生产总值的 45%，远远超过了 8% 的国际警戒线，且在这些资金中 50% 以上是短期套利资金，外资结构极不合理，而泰国金融监管当局对这部分资金的监管存在颇多疏漏之处，允许其自由出入国内金融市场，使国内资本市场的资金流动很不正常，当金融危机爆发时，这部分资金快速逃离，给泰国经济带来沉重的打击。

（3）国际游资对东南亚货币进行攻击。正当东南亚各国经济步入困境，金融业危机四伏之时，国际游资乘虚而入，他们以问题最严重的泰国作为首选目标，利用远期合约大肆卖空泰铢，经过数次较量，终以泰铢失败而告终。之后这些炒家转而攻击亚洲其他地区，使危机继续扩散，引起了整个亚洲地区的危机。

2. 信用风险

信用风险是指债务人或交易对手未能履行合约所规定的义务，或信用质量发生改变而影响金融产品价值，从而给债权人或金融产品持有人造成经济损失的风险。随着现代经济的发展，以合约为基础进行生产或交易的情况已普遍存在，以保证经济有序进行。同时，以银行信用为主导的信用制度也已成为左右经济运行的关键因素，经济中的风险愈加体现在信用风险当中。可以说，在现代经济中，只要存在信用关系，就会有信用风险。信用风险的大小与金融机构在信用活动中所使用的信用工具的特征和信用条件的优劣紧密相关。

信用风险是一种非常复杂的风险，根据其成因可以分为违约风险和交易对手风险。违约风险是指有价证券发行人在证券到期时无法还本付息而使投资者遭受损失的风险，通常是针对债权而言的；交易对手风险是指交易对手未能履行契约中的义务而造成经济损失的风险。按照信用风险的性质可以将信用风险分为主观信用风险和客观信用风险。主观信用风险是指交易对手的履约意愿出现问题，即因主观因素形成的信用风险，这主要由交易对手的品格决定，这种信用风险在某些场合被称为道德风险；客观信用风险是指交易对手的履约能力出现问题，可以说是由客观因素造成的信用风险，这里的交易对手可以是个人或企业，也可以是主权国家。

3. 操作风险

操作风险是指金融机构由于人员失误、外部事件或内部流程及控制系统发生的不利变动而可能遭受的损失。操作风险的表现形式主要有：内部欺诈，外部欺诈，雇用合同及工作状况带来的风险事件，客户、产品及商业行为引起的风险事件，有形资产的损失，经营中断和系统出错，执行、交割和交易过程管理中出现的操作性问题。操作风险存在于金融业务的各个方面，具有普遍性。操作风险具有人为性、多样性、内生性、风险与收益的非对称性、关联性等特点。

4. 流动性风险

流动性风险是指金融企业无力为负债的减少或资产的增加提供融资而造成损失或破产的风险。当流动性不足时，金融企业无法以合理的成本迅速增加负债或变现资产来获得足够的资金，从而影响其盈利水平。

12.2 设法维护金融稳定

案例引入

党的二十大报告提出“健全国家安全体系”，同时指出，要强化国家安全工作协调机制，完善国家安全法治体系、战略体系、政策体系、风险监测预警体系、国家应急管理体系，完善重点领域安全保障体系和重要专项协调指挥体系，强化经济、重大基础设施、金融、网络、数据、生物、资源、核、太空、海洋等安全保障体系建设。习近平总书记强调：“保持经济平稳健康发展，一定要把金融搞好。”从中央政治局会议明确要“确保不发生系统性金融风险”，到集体学习时强调“金融安全是国家安全的重要组成部分”，一系列部署凸显了以习近平同志为核心的党中央对金融工作和金融安全的高度重视，充分说明金融工作和金融安全的重要地位和意义。

请思考：为什么习近平总书记在全国金融工作会议上强调“金融是国家重要的核心竞争力，金融安全是国家安全的重要组成部分”？

知识解读

12.2.1 金融监管及其必要性

12.2.1.1 金融监管的含义

金融监管有狭义和广义之分。狭义的金融监管是指中央银行或其他金融监管当局依据国家法律法规的授权对整个金融业（包括金融机构以及金融机构在金融市场上所有的业务活动）实施的监督管理。广义的金融监管除上述监管之外，还包括了金融机构的内部控制与稽核、同业自律性组织的监管、社会中介组织的监管等。

12.2.1.2 金融监管的必要性

金融监管的必要性主要体现在以下几个方面：

（1）金融是现代经济的核心，金融体系是全社会货币的供给者和货币运行及信用活动的中心，金融的状况对社会经济的运行和发展有着至关重要的影响，具有特殊的公共性和全局性。金融业在国民经济中处于特殊的重要地位，所以对金融业的监管是一个国家社会经济稳定发展的必然要求。

（2）金融业是一个存在诸多风险的特殊行业，关系千家万户和国民经济的方方面面。金融机构在经营中面临信用风险、流动性风险、市场风险和操作风险等诸多风险，一旦金融机构发生危机或破产倒闭，将直接损害众多债权人的利益，后果十分严重。金融监管可以帮助管理者将风险控制在一定范围之内，保证金融体系的安全。只有金融体系安全运行，才能维持公众对金融体系的信心，从而保证国民经济的健康发展。

（3）维护金融秩序，保证公平竞争，提高金融效率。良好的金融秩序是保证金融安全的重要前提，公平竞争是维持金融秩序和金融效率的重要条件。为了金融业的健康发展，金融机构须按照有关法律规定规范地经营，不能进行无序竞争和不公平竞争。也就是说，金融主管当局须通过金融监管来保证金融业运行有序、竞争公平且有效率。

从20世纪70年代以来，金融风险明显加剧，金融危机出现的频率加快，影响也越来越深。同时由于各类金融创新和大量衍生工具的出现，也加大了银行内外部监管的难度。尤其是从20世纪90年代以来，世界经济和国际金融市场发生了极大变化，无论是金融商品交易数量，还是交易地区的扩展及交易品种、交易方式等方面都是日新月异。但在快速发展的背后，金融风险也大大增加。世界范围内金融业的频繁动荡反映了各国经济在新形势下的调整与剧变，也使金融监管的必要性更加突出。

（4）金融监管是实施货币政策和金融调控的保障。中央银行根据货币政策目标，运用货币政策工具调节货币供给量和信用量的过程，也就是金融调控的过程。金融调控其实就是货币政策的制定和实施，虽然金融调控与金融监管的最终目标一致，但两者在实施手段、侧重点以及具体目标等方面有所不同。金融监管着眼于金融机构运作，而金融调控则着眼于金融总量。两者的联系表现在金融监管是实现金融调控的基础保障，金融调控工具的运用是实现金融监管目标的重要手段。具体来说，强有力的金融监管能确保金融统计数据和其他金融信息的真实、准确和及时，这是制定正确的货币政策的前提；强有力的金融监管能确保金融机构的稳健运行和金融体系的稳定，这是建立货币政策有效传导机制的关键，是有效实施货币政策的基础；金融调控工具的运用，如存款准备金、公开市场业务等在一定程度上也会促进金融监管目标的实现。

12.2.2 金融监管的目标与原则

12.2.2.1 金融监管目标

从金融监管的实践及其本质需求来看，金融监管的一般目标应该是促成建立和维护一个稳定、健全和高效的金融体系，保证金融机构和金融市场的健康发展，从而保护金融活动各方特别是存款人的利益，推动经济和金融发展。金融监管具体有以下几点目标，它们是实现金融有效监管的前提和监管当局采取监管行动的依据。

1. 维护金融体系的安全与稳定

这是金融业健康发展的重要标志，也是金融监管的重要目标。现代金融业作为国民经济的神经中枢，客观上需要相对稳定，一旦有一家金融机构因经营管理不善或因竞争失败而倒闭，在现代社会化分工高度细密的情况下，必然引起不良的连锁反应，甚至会导致整个金融业的恐慌，进而危及国民经济的健康发展。因此，金融监管者必须采取有效措施，促进金融机构依法稳健经营，降低和防范风险，防止金融机构的倒闭和“传染效应”的扩散。

2. 保护存款人、投资者和其他社会公众的利益

银行存款人和保险单的持有人是金融业的服务对象，投资者是金融市场的出资者，相对于金融机构而言，它们在信息取得、资金规模、经济地位等各方面居于弱者地位，但它们又是金融业的支撑者，是金融业生存和发展的前提，因为存款人和投资者若对金融市场丧失信心乃至退出金融市场，必将危及金融市场的存在。而实际上，处于社会弱者地位的存款人和投资者的利益极易受到金融机构的侵害，这不仅包括金融机构从事高风险经营不善倒闭所致的损害，还包括金融机构利用其优势地位直接侵害投资者和存款人的利益，例如银行拒绝支付、转移客户资金或进行非法投资等，以及证券经营公司利用内幕信息从事内幕交易和欺诈客户的行为等。所以，金融监管机构对这些社会弱者的利益提供保护，除应采取措施确保一个稳健、安全的金融体系之外，还应依法给予特殊保护。对金融业社会弱者利益的特殊保护，已日益成为世界各国金融立法关注的重点。

3. 促进金融体系公平、有效竞争，提高金融体系的效率

金融监管并非是压制和阻碍金融业的发展，而是要在确保安全与稳定的基础上促进金融体系的公平、有效竞争，这里所说的公平竞争体现在银行之间以及银行与其他金融机构之间，也体现在一国境内的内资金融机构和外资金融机构之间。金融监管当局一方面要依法为金融机构提供公平竞争的环境，确保其平等的法律地位和均等的市场机会，另一方面也要采取一些提高效率的管制措施，以提高自己的监管水平，完善监管体制，实施有效的和最低成本的监管。

小资料

世界其他国家的金融监管目标

各国历史、经济、文化背景和发展情况不同，因而具体的监管目标也有所差异。大多数国家的具体监管目标体现在中央银行法或银行监督管理法之中，其中也有一些国家的法规把中央银行的政策目标和其监管目标放在一起作为一个整体目标。从这些法规中可以看出其监管目标的侧重点，如美国《联邦储备法》规定，该法的目的之一是“建立美国境内更有效的银行监管制度”。具体有四个目标：维持公众对一个安全、完善和稳定的银行系统的信心；为建立一个有效的、有竞争力的银行系统服务；保护消费者；允许银行体系适应经济的变化而变化。英国《银行法》规定：“授权英格兰银行行使职权对接受存款的机构予以管制：对这些机构的存款人进一步予以保护，禁止使用欺骗的经济手段接受存款。”德国《银行法》规定：“联邦金融管理局监管所有的信贷机构，以保证银行资产的安全、银行业务的正常运转的良好结果。”日本《普通银行法》规定：“银行业务以公正性为前提，以维护信用、确保存款人的权益，谋求金融活动的顺利进行和银行业务的健全妥善运营，有助于国民经济的健全发展为目的。”韩国《银行法》规定，金融监管是为了“增进全国银行体系的健全运作，并发挥其应有的功能，以促进经济发展，并对全国资源做最有效的利用”。

12.2.2.2 金融监管的基本原则

1. 监管主体的独立性原则

巴塞尔委员会发布的《有效银行监管的核心原则》中提出，在一个有效的银行监管体系下，参与银行监管的每个机构要有明确的责任和目标，并应享有操作上的自主权和充分的资源。同时，促进有效银行监管需创造先决条件，这些条件主要有：稳健且可持续的宏观经济政策；完善的公共金融基础设施；有效的市场约束；高效率解决银行问题的程序；提供适当的系统性保护（或公共安全网）的机制。

2. 依法监管原则

虽然各国金融管理体制和监管风格有所不同，但在依法监管这一点上是共同的，这是由金融业的特殊地位所决定的。所以，金融监管最主要的体现有两点，一是金融机构必须接受国家金融管理当局的监督与管理，不能有例外；二是金融监管必须依法进行。必须保持管理的权威性、严肃性、强制性和一贯性，才能保证它的有效性。而要达到这一点，金融法规的完善和依法管理是不可缺少的。

3. “内控”与“外控”相结合的原则

世界各国金融监管工作，从管理风格上来说，差异较大。美国和日本以外部强制监督管理为特征，而英国与许多西欧国家则更强调在诱导劝说基础上的自我约束、自我管理。这些不同的风格产生于不同的社会背景之下。不同的监管风格各有利弊，可以相互补充。但是，无论是以“外控”为主，还是以“内控”为主的国家，都需要“外控”“内控”有机配合，缺一不可。

“外控”机构，即发照机关必须有权制定发照标准并拒绝一切不符合标准的申请。发照程序至少应包括审查银行等金融机构的所有权结构、董事和高级管理层、经营计划和内部控制，以及包括资本金在内的预计财务状况等。当报批的所有者是外国银行时，首先应获得其母国监管当局的批准。监管程序的一个重要部分是监管者有权制定和利用审慎法规和要求来控制风险，其中包括资本充足率、贷款损失准备金、资产集中、流动性、风险管理等预防性方面的监管。

“内控”，即内部控制的目的是确保银行等金融机构的业务能根据银行董事会制定的政策以谨慎的方式经营。内部控制包括三个主要内容：①组织机构（职责的界定，贷款审批的权限分离和决策程序）；②会计规则（对账、控制单、定期试算等）；③“双人原则”（不同职责的分离、交叉核对、资产双重控制和双人签字等）。

4. 稳健运营与风险预防原则

金融机构安全稳健地经营业务，是各国都要坚持的金融管理政策之一。安全稳健与风险预测及风险管理是密切相连的。安全稳健是一切金融监管当局监管工作的基本目标，而要达到这一目标就必须进行系统的风险监测与管理。因此，所有监管技术手段和指标体系，无一不着眼于金融业的安全稳健及风险预防管理。同时，监管者必须掌握完善的监管手段，以便在银行未能满足审慎要求，或当存款人的安全受到威胁时采取纠正措施。在极端的情况下，如果银行或其他金融机构已不具备继续生存的能力，监管者可参与决定该机构被另一家更健康的机构接管或合并。当所有的办法都失败后，监管者必须有能力关闭或者参与关闭一家不健康的金融机构以维护金融体系的稳定。

5. 母国与东道国共同监管原则

随着世界经济全球化的发展，跨国银行等金融机构日趋增多，跨国银行的母国与东道国对其监管应有明确的责任。《有效银行监管的核心原则》要求母国监管者的责任是：银行监管者必须实施全球性并表监管，对银行在世界各地的所有业务进行充分的监测并要求其遵守审慎经营的各项原则，特别是其外国银行、附属机构和合资机构的各项业务。东道国监管当局的责任是：银行监管者必须要求外国银行按东道国国内机构所同样遵循的高标准从事当地业务，而且从并表监管的目的出发，有权分享其母国监管当局所需的信息。母国与东道国建立联系，交换信息，共同完成跨国银行等金融机构的监管。

12.2.3 金融监管的内容

在市场经济和金融体制发展的不同历史阶段，一国的中央银行或货币管理当局执行金融监督管理的目的、内容、基本原则、方式等都不尽相同。从历史发展来看，最早的金融管理当局仅限于注册登记等行政管理，远未形成金融监管的目的性。金融业进一步发展以后，货币过度发行，因而逐渐由国家银行或中央银行独家垄断货币发行，随之解决货币发行准备不足问题，于是发行失控得到一定程度的抑制。发展到近现代，金融业的信贷扩张过快、清偿能力差以及金融风险剧增等成为金融监管的突出内容，各国通过中央银行的监管，贯彻执行国家的金融法令和政策，维护金融业的安全和稳定，调整金融业内部结构关系，维护公众利益，促进国民经济和社会的稳定发展。

中央银行或金融管理当局对金融业的监督包括对商业银行、非银行金融机构、金融市场（包括货币市场、资本市场、黄金市场、保险市场）、外资银行金融衍生工具等的监管。具体监管的内容有：金融机构的市场准入，金融机构的分支机构的设置，银行、非银行金融机构的业务范围，风险控制，流动性，资本充足性，准备金，盈利能力，存款保护，危机处理，国际合作等。归纳起来，包括三方面的内容：①为防止银行遭遇风险而设计的预防性监管；②为保护存款者的利益而提供的存款保险制度；③为避免银行遭遇流动性困难，由中央银行在非常状态下所提供的紧急救助。这三方面又被统称为金融监管的“三道防线”。

12.2.3.1 预防性监管

对金融风险的预防性监管旨在防止或缩小由于银行内控不严而引起的各种风险，其主要措施有：

1. 市场准入

所有国家的银行管理都是从市场准入开始。从金融监管的角度看，对市场准入的控制是保证金融业安全稳定发展的有效预防措施，把好这个“关口”就意味着将那些有可能对存款人利益或金融体系健康运转造成危害的金融机构拒之门外。市场经济国家的金融监管当局一般都参与金融机构的审批过程，只是在参与的程度和方式上，国与国之间还存在着差异。一家银行在被允许营业前必须符合多方面的要求，最起码要具有最低限度的自有资本。为抑制银行过度竞争和慎重起见，有些国家或地区通常对金融机构注册登记予以限制，如意大利、中国香港地区有时通过缓期登记来限制银行数量。对外国银行分支机构的注册管理更为严格，有的国家要求外国银行在本国设立分支机构时必须提交保证书，并限制其数量，保证总行对分支机构的债务负有全部责任。有些国家还以参加存款保险作为发放执照的先决条件。

2. 资本充足性

监管当局对银行等金融机构除最低资本要求外，一般还要求银行自有资本与资产总额、自有资本与存款总额、自有资本与负债总额以及自有资本与风险投资之间保持适当的比例。这些比例指标可以从不同角度反映银行的风险抵御能力。银行在开展业务时要受自有资本的制约，不能脱离自有资本而任意扩大业务，否则金融管理当局会出面干预。

小资料

巴塞尔委员会

巴塞尔银行监管委员会（简称巴塞尔委员会）是于1974年由10个国家的中央银行行长倡议建立的一个由中央银行和银行监管当局为成员的委员会，主要任务是讨论有关银行监管的问题。其办公地点设在国际清算银行的总部所在地——瑞士的巴塞尔。该委员会被广泛视为银行监管领域的首要国际组织。

巴塞尔委员会的主要宗旨在于交换各国的监管安排方面的信息、改善国际银行业务监管技术的有效性、建立资本充足率的最低标准及研究在其他领域确立标准的有效性。需要强调的是，委员会并不具备任何凌驾于国家之上的正式监管特权，其文件从不具备也从未试图具备任何法律效力。不过，它制定了许多监管标准和指导原则，提倡最佳监管做法，期望各国采取措施，根据本国的情况，通过具体的立法或其他安排予以实施。委员会鼓励采用共同的方法和共同的标准，但并不强求成员国在监管技术上的一致性。

巴塞尔委员会自2007年颁布和修订一系列监管规则后，2010年9月12日，由27个国家银行业监管部门和中央银行高级代表组成的巴塞尔银行监管委员会就《巴塞尔协议Ⅲ》的内容达成一致，全球银行业正式步入巴塞尔协议Ⅲ时代。根据协议要求，商业银行必须上调资本金比率，以加强抵御金融风险的能力。

《巴塞尔协议Ⅲ》规定，截至2015年1月，全球各商业银行的一级资本充足率下限从4%上调至6%，由普通股构成的“核心”一级资本占银行风险资产的下限从2%提高至4.5%。另外，各家银行应设立“资本防护缓冲资金”，总额不得低于银行风险资产的2.5%。该规定在2016年1月～2019年1月分阶段执行。

3．流动性管制

流动性管制又称清偿能力管制。各国对银行的流动性同资本充足性一样重视，只是测算和管制流动性的方法不同。有的国家不正式规定流动性的具体界限，但经常予以检查监督；有的国家对银行资产和负债分别设计比例，来监视银行的清偿能力；有的国家对吸收短期存款而进行长期投资的银行单独进行管理，对其长期性投资加以特殊限制。这种管制的重点是资产与负债结构在时间上的配合。流动性管制既包括本币流动性，也包括外币流动性，有的国家分开管理，有的国家合在一起管理，统一规定一个标准。在实践中，要想恰当地评价、准确地测量银行的流动性是很复杂的，也很困难。不过，适应金融环境变化、改进流动性监督方法势在必行。总的趋势是以考核银行资产负债和利率结构搭配是否合理为基础对流动性进行系统的评价。同时，要特别注意每个银行的实际情况和具体特点，提高针对性与灵活性。

4．业务范围的限制

银行可经营哪种业务、不可经营哪种业务是有限制的。一些国家把商业银行业务与投资银行业务分开，并禁止商业银行认购股票；一些国家则限制银行对工商企业的直接投资。有的国家禁止在银行内把银行业务与非银行业务混在一起，但允许通过银行控股公司、附属机构等参与某些风险较大的非银行活动；有的国家允许银行经营非银行业务，但限制其投资规模；还有的国家对银行经营的业务种类很少加以正式限制。在金融创新不断涌现、各类金融机构业务交叉和各种存款界限日趋模糊的条件下，在金融体制一体化和经营业务多样化、综合化的新形势下，银行业务的种种传统限制正在被逐步放松或取消。

学中做，做中学

《中华人民共和国商业银行法》（以下简称《商业银行法》）是规范我国商业银行市场准入、事项变更、业务经营、市场退出等一系列行为的基本法律，是对商业银行实施监管的重要依据。该法自 1995 年施行以来，经过了 2003 年、2015 年两次修订。近年来，我国银行业飞速发展，参与主体数量急剧增加，规模持续壮大，业务范围逐步扩展，创新性、交叉性金融业务不断涌现，立法和监管面临很多新情况，现有的大量条款已不适应实际需求，亟待全面修订。2020 年 10 月 16 日，中国人民银行发布了《中华人民共和国商业银行法（修改建议稿）》（以下简称《修改建议稿》），向社会公开征求意见。

学中做：收集整理《商业银行法》历次修订版本及 2020 年的《修改建议稿》，分析其中关于银行业务种类和业务范围的变化。

做中学：分析说明我国商业银行如何在业务经营方面进行风险防范。

5. 贷款风险的控制

追求最大限度的利润是商业银行的唯一目的，其总是把吸收的资金尽可能地用于贷款和投资，尽可能地集中投向能取得最大利润的方面。由于获利越多的资产风险越大，大多数国家的中央银行都尽力限制该风险的集中，通常限制一家银行对单个借款者提供过多的贷款，以分散风险。分散风险既是银行的经营战略也是金融监督的重要内容。经验表明，在经济、金融环境不断变化的情况下，任何形式的风险集中都有可能使一个营运正常的银行步入险境。因此，如何对风险集中进行准确的估计和有效的控制，成为备受各国关注的一个问题。如德国规定，每一笔“巨额贷款”都不得超过贷款银行资本的 15%，一旦超过，则必须立即报告有关监督当局。意大利规定，如不经意大利银行的特别批准，对每个客户的贷款都不得超过银行资本的 10%；巨额贷款，即超过银行资本 20% 的贷款，总计不得超过其银行存款的 25% ～ 40%。美国规定，对单个私人借款者的贷款不得超过银行实收资本和公积金的 10%。从风险管理与风险监督的角度来讲，仅对各种风险进行逐项控制是远远不够的，更重要的是将注意力放到各类风险之间的相互联系和相互影响上。既要考虑表内业务风险，也要考虑表外业务风险；既要注意资产风险，也要注意负债风险。金融监管当局深切地认识到，要在新形势下对银行的风险集中程度做出客观准确的评价，不仅要对银行的整体业务状况进行深入的了解，还必须有一套科学的考核参数和分析方法。

6. 准备金管理

银行的资本充足性与其准备金政策之间有着内在的联系。因此，对资本充足性的监督必须考虑准备金因素。监管当局的主要任务是确保银行的准备金是在充分考虑谨慎经营和真实评价业务质量的基础上提取的。如果认为准备金的提留不符合要求，监管当局将采取措施，监督有关银行达到要求。实践证明，只有采取有效措施，提高准备金水平，才能保持或增强银行的实力。各国金融监管当局已经普遍认识到准备金政策和方法的统一是增强国际金融体系稳健性的一个重要因素，并有助于银行业在国际范围内的公平竞争。因此，监管当局之间的协商与合作将会推动其在准备金问题上达成共识。

7．管理评价

拥有一个有声望的、有管理经验的经营管理层是监管当局批准银行登记注册的若干条件之一。银行管理层管理水平的优劣，既不能用计量方法简单地衡量，也不能从分析银行报表中完整地得出。但对于银行的健全发展来说，管理水平与资本、资产质量、收益以及流动资金等，都是同样重要的，不能因为管理水平评价的困难和无法计量而将它排除在预防性监管方法之外。管理水平的评价，在中央银行监管过程中的重要性已被大多数国家所认可。大多数国家把对银行管理水平的深入分析当作正当监管工作的一部分。管理水平的评价需要在综合分析一系列经济指标以后，在现场检查、实际观察的基础上做出，特别要判断银行内部与外部管理的一体化情况，判断管理机构的能力与胜任程度、内部组织结构、人际关系、决策过程和效率以及工作程序。

思考与提升

2023 年 2 月，党的二十届二中全会审议通过了《党和国家机构改革方案》（以下简称《方案》）。我国金融监管体系重塑，形成在中央金融委员会（下称中央金融委）和中央金融工作委员会（下称金融工委）集中统一领导下，由人民银行、国家金融监督管理总局、证监会、外汇管理局等行政部门具体落实的架构。这一改革内容强调了中央金融委在金融工作中的核心领导地位，强化了监管的统筹协调，有利于防范化解重大金融风险，更好助力实体经济健康发展。根据《方案》，中央金融委是党中央决策议事协调机构，将加强党中央对金融工作的集中统一领导，负责金融稳定和发展的顶层设计、统筹协调、整体推进、督促落实，研究审议金融领域重大政策、重大问题等；《方案》还明确，组建金融工委，统一领导金融系统党的工作，指导金融系统党的政治建设、思想建设、组织建设、作风建设、纪律建设等。

总结提高：此次金融监管机构改革，强化了金融监管之间的统筹协调，能够有效避免“九龙治水、各自为战”的局面，防止监管不足或监管过度，更好地防范系统性金融风险，有力、有效有序地引导金融服务实体经济。

12.2.3.2 存款保险制度

1．存款保险制度概述

存款保险制度是一种金融保障制度，是指由符合条件的各类存款性金融机构集中起来建立一个保险机构，各存款机构作为投保人按一定存款比例向其缴纳保险费，建立存款保险准备金，当成员机构发生经营危机或面临破产倒闭时，存款保险机构向其提供财务救助或直接向存款人支付部分或全部存款，从而保护存款人利益，维护银行信用，稳定金融秩序。

（1）存款保险制度的特征：①存款保险主体之间关系的有偿性和互助性。有偿性指投保银行需要按规定缴纳保险费；互助性指存款保险是由众多投保银行互助共济实现的。②时期的有限性。存款保险只对在保险有效期间倒闭银行的存款给予赔偿，而未参加存款保险，或已终止保险关系的银行的存款一般不受保护。③结果的损益性。存款保险是保险机构向存款人提供的一种经济保障，一旦投保银行倒闭，存款人要向保险人索赔，其结果可能与向该投保银行收取的保险费差距很大。④机构的垄断性。存款保险机构的经营目的不在于盈利，而在于通过存款保护建立一种保障机制，提高存款人对银行业的信心，一般具有垄断性。

（2）存款保险制度的组织形式：①由政府出面建立，如美国、英国、加拿大。②由政府与银行界共同建立，如日本、比利时、荷兰。③在政府支持下由银行同业联合建立，如德国。

（3）存款保险制度的保险方式：①强制保险，如英国、日本、加拿大。②自愿保险，如法国、德国。③强制与自愿相结合保险，如美国。

案例

国外存款保险制度的情况

在 20 世纪 30 年代的经济大萧条中，美国约有 9 000 家银行相继破产，百姓因此损失了 14 亿美元的存款—— 这些钱可能是某些家庭的活命钱，公众对美国银行体系完全丧失了信心。在这种情况下，为了挽回公众对银行业的信心，美国建立了存款保险制度，要求银行也得“上保险”。

1933 年，美国建立了联邦存款保险公司。银行向该保险公司缴纳保费后，联邦存款保险公司为每个储户提供限额 10 万美元的保险。一旦被保险的银行破产，由保险公司向该银行的储户提供保险限额以内的损失补偿。1934 年，美国又建立了联邦储蓄信贷保险公司，专门负责储贷协会的存款保险。目前，美国联邦存款保险公司为美国 9 900 多家银行和储蓄信贷机构的 8 种存款账户提供每户限额 10 万美元的保险，美国约有 97% 的储户都接受联邦存款保险公司的保险。

由于美国的存款保险制度比较健全，尽管时常发生金融机构破产倒闭案件，但在存款保险制度的保护下，存款人的利益不会受到严重侵害，也不会发生像 20 世纪 30 年代那样席卷全美国的挤兑风潮和由此带来的社会震荡。

在 2004 年俄罗斯的挤兑风潮中，存款保险制度可以说发挥了“定心丸”的作用。2004 年 6～7 月，在古塔银行（俄罗斯的一家商业银行）遭遇挤兑并出现支付危机之后，俄罗斯很多银行先后爆发挤兑风潮。正当人心惶惶之时，俄罗斯中央银行行长伊格纳捷夫于 7 月 7 日公开承诺为所有私人存款提供保证。第二天，中央银行的专家迅速起草了一项法案，要求立即实行存款保险制度。这项法案出台的速度快得令人难以置信，7 月 9 日，国家杜马就审议通过了该项法案。在此之后，银行系统内外的恐慌情绪立即得到控制，俄罗斯有惊无险地度过了席卷全国的挤兑危机。

2. 我国存款保险制度的实施

存款保险制度是保护存款人利益、维护金融体系稳定的重要制度安排，与中央银行最后贷款人、微观审慎监管共同构成金融安全网的三大支柱。当前，我国宏观经济正进入中高速发展的新常态，银行业发展增速放缓，与此同时，利率市场化、民营银行试点等重大改革全面推进，正是推出存款保险制度的最佳时机。银行业是我国金融行业的重要组成部分。伴随着改革开放的进程，我国银行业也经历了一个飞速发展的过程。为了使庞大的金融资产更加安全、稳定，依法保护存款人的合法权益，防范和化解金融风险，《存款保险条例》（以下简称《条例》）最终于 2015 年 2 月 17 日公布，自 2015 年 5 月 1 日起施行，意味着我国酝酿 22 年之久的存款保险制度正式推行。

3. 我国存款保险制度的核心机制与特点

《条例》主要就存款保险制度的覆盖范围、偿付限额、基金来源和运用、风险差别费率机制以及存款保险基金管理机构职责等方面内容做出了规定。其核心机制安排包括三个方面：①存款保险范围。包括中华人民共和国境内设立的商业银行、农村合作银行、农村信用合作社等吸收存款的银行业金融机构，被保险的存款既有人民币存款也有外币存款。②最高偿付限额。存款保险实行限额偿付，最高偿付限额为人民币 50 万元。根据人民银行的有关测算，按照 2013 年年底的存款数据，50 万元的偿付限额可以覆盖 99.63% 的存款人的全部存款。③存款保险费率。投保机构需要交纳保险费，费率由基准费率和风险差别费率构成，后者根据投保机构的经营管理状况和风险状况等因素确定。

与国际大多数经济体的存款保险制度相比，我国存款保险制度有三个特点：①保险范围广。保险范围是吸收存款的银行业金融机构，而且本外币存款均在保险范围内。②参保强制性。明确要求属于保险范围的银行业金融机构都要参加保险。《条例》施行前已开业的吸收存款的银行业金融机构，应当在存款保险基金管理机构规定的期限内办理投保手续。《条例》施行后开业的吸收存款的银行业金融机构，应当自工商行政管理部门颁发营业执照之日起 6 个月内，按照存款保险基金管理机构的规定办理投保手续。③保障水平高。最高偿付限额 50 万元，按人均收入 6 万元计算的保障比（偿付限额 / 人均收入）超 8 倍，高于世界多数国家和地区的保障水平。

4. 我国存款保险制度的目的和意义

（1）进一步提升我国金融体系稳健性。存款保险作为市场化的风险防范和化解机制，在理顺政府和市场的关系、完善金融机构运行机制、提升银行体系的稳健性方面有着独特优势，可以在促进银行业健康发展方面发挥重要作用。建立存款保险制度是对现有金融安全网的完善和加强，通过加强存款保险与央行金融稳定、宏观审慎管理以及金融监管的协调配合，共同提高我国金融安全网整体效能。通过实行基于风险的差别费率，促使银行审慎稳健经营。即使个别银行经营出现问题，存款保险作为市场化的处置平台，也可以灵活运用收购、承接等市场化的方式进行快速、高效的处置，在充分保护存款人、尽可能减少处置成本的同时，保持金融服务不中断，维护银行体系的稳健性。

（2）有利于各类银行的公平竞争，促进均衡发展。存款保险制度通过维护存款人利益和金融体系的稳定，能够有效缓解限制资本进入银行领域的监管顾虑，有助于降低市场准入门槛，促进各类银行公平竞争、均衡发展，保障多层次金融体系的正常运行。存款保险将使小银行的信用得到增强，推动形成一个有序竞争、可持续发展的小金融机构体系，有利于缓解“三农”和小微企业融资难的问题。

（3）有利于促进民营银行的发展。存款保险制度的出台是民营银行的一次发展机遇，将大型国有银行的国家隐性担保转变成一种面向市场的保险制度，参保银行的地位是平等的。如果没有存款保险，储户们会认为大银行的经营风险更小，出现偿付问题的概率也会更小，因而将钱存进资金雄厚的大银行更放心。而在存款保险制度下，有了存款保险基金管理机构的偿付做保障，将钱存进大银行还是小银行，对储户尤其是小储户来说几乎没有区别，这无形中增强了公众对民营银行的信心，提高了民营银行的竞争力。

（4）有助于保护存款人利益。存款保险实行最高偿付限额为人民币 50 万元的限额偿付，能够保障绝大多数（超过 99%）公众存款人的利益。超出最高偿付限额的部分也并不是没有保障，在实践中，存款保险大多采取收购与承接等方式进行市场化、专业化处置，通过规范的手段促成运营良好的银行收购问题银行资产、承接其存款，更好地保护存款人的合法权益。随着人们生活水平的不断提高，这一限额也会随之调整。

课堂讨论

截至 2020 年末，全国 4 024 家吸收存款的银行业金融机构按规定办理了投保手续。2020 年共归集保费 423.88 亿元。为推进金融风险化解，使用存保基金 676 亿元开展风险处置，为 1 024 亿元金融稳定再贷款提供担保，使用 165.6 亿元购买不良资产，使用 88.9 亿元认购徽商银行股份，100 亿元用作存保公司资本金，其中 66 亿元用于出资设立蒙商银行。截至 2020 年末，存款保险基金存款余额 620.4 亿元。

截至 2021 年末，全国 4 027 家吸收存款的银行业金融机构按规定办理了投保手续。2021 年共归集保费 467.05 亿元，基金利息收入 7.44 亿元，资金支持到期转回 107.33 亿元。使用存款保险基金 232.4 亿元归还金融稳定再贷款，使用 10 亿元认购辽沈银行股份。截至 2021 年末，存款保险基金存款余额 960.3 亿元。

请对我国存款保险制度的运行进行分析讨论。

12.2.3.3 紧急救助

紧急救助是指金融监管当局对发生清偿能力困难的银行提供紧急援助的行为。在各国金融监督管理技术手段体系中，预防性监管是经常性的监督管理活动，也是最有效的安全措施，存款保险制度则是一种辅助性的稳定器；而中央银行或有关金融管理当局对发生清偿能力困难的银行提供紧急救助，可以视为金融体系的最后一道防线。

金融监管当局一旦发现某一金融机构有不安全的资产，或经营管理不善时，应立即提请高级管理人员注意，以便及时加以纠正和调整。这种警告必须是强有力和果断的，否则可能使本来可以通过调整管理机构或改变政策而得以及时纠正的局面，突然变成爆炸性的挤提存款狂潮。这是金融监管当局必须警惕并尽力加以避免的问题，必要时，可以宣布停止该金融机构的有过分风险的业务活动，或运用其他直接干预手段。实行这些措施后，如果还不能有效地制止情况的继续恶化，那么金融监管当局有必要进一步采取措施，给予紧急救助。紧急救助的方法主要有：

1. 中央银行提供低利率贷款

中央银行向问题严重的银行提供低利率贷款时，其本身是以最后贷款人的身份出现，这是最受银行欢迎的方法。因为威胁银行安全的核心问题是支付能力的丧失，提供贷款就能解决这一问题。

这里需要注意，如果中央银行采用低利率贷款措施能使有问题银行恢复正常，其损失要比处理银行破产倒闭小得多，但是这其中也隐藏着一种暗示和危险。中央银行常常处于进退两难的境地：如果中央银行公开承认自己是最后的贷款人，那就等于对银行界肩负了一种承担风险的义务，这会促使银行取消或大大削弱日常实行的一系列谨慎性约束，进而从事风险更大的业务以获取更高的利润。这种冒险行动可能带来更多的收益，但更可能是频繁的灾难。这时中央银行会面临更复杂的局面，承受更大的压力。然而，若中央银行视而不管，情况会更加不可收拾。事实上，西方各国中央银行都不愿公开承认这一义务，而实际上却不得不充当最后贷款人的角色。所以中央银行必须在维持社会公众对银行体系信心的同时，尽量避免造成中央银行担保银行损失并助长银行从事风险较大业务的印象。

2. 存款保险机构的紧急救助

存款保险机构除提供存款保险外，在具有复合业务职能的国家还提供清偿能力紧急救助或紧急资金救助，如美国和日本。清偿能力紧急救助的对象是发生清偿能力困难的银行，救助的方式包括给予贷款、购买其资产或以资金储存于该行。紧急资金救助主要是用于破产金融机构的合并或营业转让，救助措施是向其他银行或投资人提供资金或保险协助，以利于其合并或接收经营失败的银行，即以特别低的利率贷款给愿意接收破产金融机构的那些银行。这种办法的优点在于存款保险机构能以少于破产倒闭应理赔的资金来维持社会公众对银行体系的信心和金融业本身健康稳定的发展。

3. 中央银行组织下的联合救助

在存在安全问题的银行中，小银行往往居多数，此时，中央银行可出面联合几家大银行集资救助（1973 年英格兰银行采用该办法挽救了 209 家经营房地产信贷面临破产的银行），或者安排大银行向中小银行贷款，或者依据一定条件让大银行兼并中小银行。

4. 政府援助

这种形式具体包括：①政府对发生安全问题的银行（一般是大、中银行）大量存款。②银行收归政府经营，全部债务由政府清偿，股东利益由政府保护。政府将有问题银行收归之后，往往交由中央银行具体负责，所以这种方式其实就是由中央银行接管。

以上谈及的紧急救助方法，在各国的具体做法并不完全相同。例如，美国处理破产银行的权力掌握在联邦存款保险公司手中。在紧急情况下，有以下几种可能的选择：全面接管清偿破产银行的所有存款者的债务；邀请一些银行宣布承担该破产银行的全部债务，并购买它的某些资产；提供直接的财政援助给有倒闭危险的银行；特殊情况下可打破常规，承担更大的责任。1985 年美国第八大银行——大陆伊利诺伊银行发生挤兑风潮时，联邦存款保险公司曾打破常规，宣布对该银行的全部储户和债权人的利益提供完全的保护，一场挤兑风潮才得以平息。而在日本，存款保险机构要提供紧急资金援助，必须有大藏大臣的紧急认定，并要得到被援助金融机构 4/5 以上股东的同意。除上述措施之外，中央银行或金融管理当局还可以采取官方任命经理、限期整顿或全面暂停业务、由当局全面接管、予以强制监督管理等措施。

拓展阅读 “一行一策”化解三家银行风险，银行业风险整体可控

2019 年，随着包商银行被托管，锦州银行被重组，恒丰银行获汇金公司入股，三家银行风险处置方案陆续出台。这三家银行不同的“救火”路线图反映出监管部门对于出现风险的银行采取“一行一策”方式，用不同的思路和手段有针对性地化解风险。总体来看，银行业整体经营稳健，风险可控，各项经营和监管指标处于合理区间，有些指标还远远高于监管要求，风险抵补能力较为充足。2019 年以来，银行的经营利润增长相对稳健，这也给银行消化风险提供了长期的支撑。

单元小结

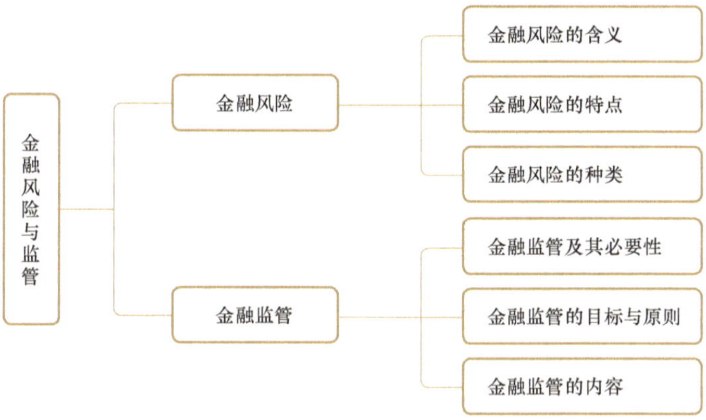

复习思考题

一、单项选择题

1．某银行面临存款人挤提存款的风险，这种风险属于（　　）。

A．利率风险　B．信用风险　C．流动性风险　D．诈骗风险

2．1995 年，英国巴林银行新加坡分行交易员尼克·里森越权购进大量日经指数期货，造成近 10 亿美元亏损，其起因属于（　　）。

A．信用风险　B．法律风险　C．操作风险　D．流动性风险

3．只要存在金融活动，就会伴随着金融风险，这是客观存在的，体现了金融风险的（　　）。

A．不确定性　B．隐蔽性　C．或然性　D．普遍性

4．金融风险并非只在金融危机爆发时才存在，金融活动本身的不确定性带来的损失很可能因信用关系而一直被良好的表象所掩盖，这体现了金融风险的（　　）。

A．普遍性　B．主观性　C．扩散性　D．隐蔽性

5．金融机构的风险损失不仅影响着其本身的生存和发展，而且会导致众多储蓄者和投资者的损失，这体现了金融风险的（　　）。

A．叠加性　B．扩散性　C．或然性　D．可转换性

二、多项选择题

1．市场风险包括（　　）。

A．信用风险　B．利率风险　C．汇率风险　D．股价波动风险

2．金融监管的基本原则有（　　）。

A．监管主体的独立性原则

B．依法监管原则

C．“内控”与“外控”相结合的原则

D．稳健运营与风险预防原则

E．母国与东道国共同监管原则

3. 金融监管的目标是（　　）。

A. 保护金融机构实现更多利润

B. 减少金融风险，确保经营安全

C. 实现公平、有效的竞争

D. 保护存款人、投资人和其他社会公众利益

三、问答题

1. 什么是金融风险？金融风险一般有哪些种类？
2. 金融监管的必要性主要体现在哪些方面？
3. 金融监管的基本原则是什么？
4. 金融监管的主要内容有哪些？

四、案例分析

冰岛国家破产

在 2008 年以前，冰岛以发展金融虚拟经济作为走向现代经济社会的突破口，取得了可观的成果。但是，小国做大金融，因没有巨大的实体经济做后盾，而必须和国际金融紧密相依。因此，当美国因次贷危机导致虚拟经济发生“多米诺骨牌”效应时，缺少实体经济支撑的冰岛这张小骨牌倾倒得非常彻底。渔业和旅游本是冰岛的两个实体支柱，但是此前因为虚拟经济的泡沫急速膨胀，使得其传统支柱削弱。

除了受金融海啸的巨浪冲击，全球变暖使得北极冰盖融化，对冰岛更是雪上加霜。据 2008 年 10 月 16 日《国际金融报》报道，这里是童话世界，冰雪覆盖的胜境让人流连忘返；这里是模范世界，冰岛多次夺下世界最幸福国家亚军。当无数经济学家都推崇北欧经济社会的优秀模式时，一场席卷世界的金融风暴却让它难以幸免。而且，一来就那么触目惊心——国家破产，如此可怕的名词，成为笼罩在冰岛上空挥之不去的梦魇。

冰岛，这个仅有 32 万人口，人均 GDP 却排到世界第四的北欧小国，却被笼罩上国家破产的阴影，冰岛政府不得不挑起 9 倍于 GDP 的银行负债重担。银行业成危机罪魁祸首。冰岛银行业多年来的海外扩张策略，为其带来了总理口中“近乎童话”的成长率和盈利能力。但随之而来的巨大风险成为高悬的“达摩克利斯之剑”。当华尔街“金融危机”爆发后，冰岛银行业也遭“海啸”席卷。2008 年 10 月 6 日，冰岛总理哈尔德发表讲话：“同胞们，这是一个真真切切的危险。在最糟的情况下，冰岛的国民经济将和银行一同卷进漩涡，结果会是国家的破产。”“如果有什么时候是需要冰岛人民站在一起，对逆境表现出坚毅，那么现在是时候了。虽然前景看起来令人担忧，但我们需要向我们的孩子解释，世界不是到了悬崖边缘，我们要找到内在的勇气来展望未来。”

冰岛过于庞大的金融链条是拖垮冰岛经济的主要原因。在此前经济高速发展的时候，冰岛的银行向海外发放了大量的贷款，银行因此成为国内最强大的机构。危机爆发之前，冰岛外债超过 1 383 亿美元，但国内生产总值仅为 193.7 亿美元。冰岛四大银行所欠的外债已超过了 1 000 亿欧元，而冰岛中央银行所能动用的流动外国资产仅有 40 亿欧元。因此，冰岛金融市场极易受到国际金融市场动荡的波及，这也使得金融业垮台成为冰岛政府不能承受之重。

10 月 8 日，冰岛排名第二和第三的银行全线被政府接管。对冰岛人来说，任何时候都没有像此时这样孤立无援：主要银行倒了、货币急剧贬值、股市暂停交易……冰岛前三大银行机

构均所欠债务共计 610 亿美元，以冰岛 32 万人口计算，大致相当于包括儿童在内的每名冰岛公民身负 20 万美元债务，这个国土面积 10.3 万平方公里的岛国成为全球范围内负债水平最高的国家之一。冰岛总理建议国民自行捕鱼来节省粮食开支。陷入严重金融困境的冰岛 11 日分别与英国及荷兰政府达成协议，同意通过相应形式确保两国个人储户能够取回在由政府接管的冰岛银行的存款。

由于金融危机不断加剧，冰岛政府试图通过他国援助恢复金融稳定的难度越来越大，不得不求助于国际货币基金组织。但接受国际货币基金组织金融援助是有前提条件的，即受援国必须接受这一组织就恢复财政货币稳定而提出的严格措施，相关政策施行会受到干预。最终冰岛迈出了求援这一步，成为第一个被这场金融风暴刮倒的主权国家。

问题：为什么在 2008 年金融危机中冰岛受到的危害如此大？

技能实训

金融风险研讨

1．学生分组对以下问题进行讨论：

（1）金融风险与金融危机之间是什么关系？

（2）把钱存在银行是绝对安全的吗？银行会不会破产？

（3）金融危机会造成哪些社会危害？

（4）金融危机能被终结吗？防范金融危机有哪些措施？

2．根据讨论结果形成实训报告。

3．教师引导点评，组织各小组汇报和讨论。

参考文献

[1] 圣才考研网．米什金《货币金融学》（第 12 版）笔记和课后习题（含考研真题）详解 [M]．北京：中国石化出版社，2022．

[2] 米什金．米什金《货币金融学》（第十二版）学习指导 [M]．徐蕾，等译．北京：中国人民大学出版社，2021．

[3] 黄达．金融学 [M]．北京：中国人民大学出版社，2009．

[4] 托马斯．货币银行学：货币、银行业和金融市场 [M]．杜朝运，译．北京：机械工业出版社，2008．

[5] 博迪，莫顿，克利顿．金融学（第二版）[M]．曹辉，曹音，译．北京：中国人民大学出版社，2018．

[6] 考夫曼．现代金融体系：货币、市场和金融机构（第六版）[M]．陈平，等译．北京：经济科学出版社，2001．

[7] 苏平贵．金融学 [M]．北京：清华大学出版社，2007．

[8] 姚长辉．货币银行学 [M]．3 版．北京：北京大学出版社，2005．

[9] 郑道平，龙玮娟．货币银行学原理 [M]．5 版．北京：中国金融出版社，2005．

[10] 西南财经大学金融学院货币教研室．《货币金融学》解读：习题与案例 [M]．北京：中国金融出版社，2005．

[11] 李艳芳，樊钰．金融市场 [M]．4 版．大连：东北财经大学出版社，2017．

[12] 张炳达，芮晔平．金融理论与实务 [M]．2 版．上海：立信会计出版社，2011．

[13] 刘建波．金融学概论 [M]．2 版．北京：清华大学出版社，2011．

[14] 翟建华，李军燕．金融学概论 [M]．4 版．大连：东北财经大学出版社，2015．

[15] 殷孟波．货币金融学 [M]．北京：清华大学出版社，2013．

[16] 彭兴韵．金融学原理 [M]．5 版．上海：上海人民出版社，2013．

[17] 易纲，吴有昌．货币银行学 [M]．上海：上海人民出版社，2014．

[18] 贾玉革．金融理论与实务 [M]．北京：中国财政经济出版社，2010．

[19] 朱疆．货币银行学 [M]．北京：清华大学出版社，2005．

[20] 丁辉关，郭晓晶，樊西峰．金融学 [M]．2 版．北京：清华大学出版社，2011．

[21] 李小丽．金融理论与实务 [M]．北京：北京理工大学出版社，2010．

[22] 李敏．现代货币银行学 [M]．上海：复旦大学出版社，2011．

[23] 罗剑朝．货币银行学 [M]．北京：清华大学出版社，2007．

[24] 戴国强．货币银行学 [M]．4 版．北京：高等教育出版社，2015．

[25] 万哨凯，何育林．金融学 [M]．北京：北京理工大学出版社，2010．

[26] 周晓志，何伟．金融学基础 [M]．北京：机械工业出版社，2009．

[27] 魏文静，牛淑珍．金融学 [M]．3 版．上海：上海财经大学出版社，2015．

[28] 张振东，周峰．每天懂一点金融学 [M]．北京：中国铁道出版社，2011．

[29] 韦明．每天读点金融常识 [M]．上海：立信会计出版社，2011．

[30] 王淑敏．货币银行学：原理与案例 [M]．北京：清华大学出版社，2008．